ファイナンス

井上光太郎／高橋大志／池田直史［著］

ベーシック＋プラス
Basic Plus

中央経済社

はじめに

本書は，ファイナンスをはじめて勉強する大学生，MBA 生，社会人向けの教科書です。大学院入試や公認会計士試験，証券アナリスト試験などの準備のための基本参考書としても最適です。

本書の特徴は，ファイナンス理論の基礎を忠実に押さえた上で，ファイナンス実務につながる橋渡しとなっている点です。日本のファイナンスの教科書には，研究者の書いた理論解説に重きを置いた教科書と，実務家が書いた実務に必要な知識のみを紹介し，理論的背景を解説しない教科書のいずれかに偏ったものが多いのですが，この教科書はちょうどその間のバランスをとった位置にあります。

この本は大学の専門科目に必要な理論的背景，専門資格試験などに必要な幅広い知識，ならびに M&A や資本調達，投資プロジェクトの評価・選択など企業財務や経営企画実務への適用の両方に対応できるものです。これは，この本の３人の著者のうち，井上と高橋がそれぞれ M&A などコーポレートファイナンス実務と年金運用など資産運用実務に豊富な経験を持つこと，また３人ともファイナンス研究者として大学生，大学院生，MBA 生，企業の経営幹部や財務担当者の教育，指導経験を豊富に持つことに裏付けられています。筆者たちは，日本の教科書の中には，ファイナンスの学問としての一貫性や精緻さと，実務としての面白さの両方をカバーするコンパクトな教科書がないことに気が付き，そうした本を目指して書きました。

筆者のうち，井上は銀行と外資系 M&A ファームで 15 年間のファイナンス実務を経験した後，名古屋市立大学経済学部助教授，慶應義塾大学ビジネススクール准教授として MBA 生を指導し，現在は東京工業大学工学院で理工系学生にファイナンスの研究指導をしています。また，過去には公認会計士試験の出題委員の経験もあります。高橋は，信託銀行の年金運用部門での実務経験を経て，慶應義塾大学ビジネススクールで，ファイナンスの中でも特に証券市場理論や資産運用についてMBA生や博士課程学生を指導しています。池田は，ファイナンスの理論と実証の両方に通じ，特に計量モデルに強い研究者として東京工業大学工学院助教を経て，2020年4月より日本大学法学部准教授としてファイナンスを指導しています。こうしたそれぞれの経験と知見を踏まえ，学部生，MBA生，実務家にとって必要なファイナンス知識に絞りながら，全体の理論の流れが直感的につかめるような教科書を目指して書きました。

ファイナンスは分野としてはミクロ経済学の応用分野に位置づけられますが，実際には，経営学部や理工系学部の学生でミクロ経済学を学ばずにファイナンスを勉強する学生，財務や経営企画部門に配属され，必要に迫られてファイナンスを初めて勉強する社会人も多いと思います。ファイナンスは，株式や債券など金融商品のリスクとリターン，リスクのある投資プロジェクトの価値の測定などを行うため，確率や統計の基礎知識も必要となりますが，本書では基礎数学の範囲を超えることなく，ファイナンスを理解できるように，直感的な解説を行っています。

▶本書の使い方

本書は全15章からなっており，大学の授業1回で1章ずつ進めば，15回で全体が終わるという設計になっています。**第1章**はファイナンスの世界を理解するための導入，**第2章**と**第3章**は投資意思決定で最も重要なNPV（正味現在価値）の理解を目指しています。

第4章から第6章の3章分はファイナンスの中でも中心的な理論の証券価格理論の解説を丁寧に行っています。**第4章**で，最初に直感的にCAPM（資本資産評価モデル）を理解します。その上で**第5章**は，その基本となるポートフォリオ理論を少し丁寧に解説しています。第4章を理解すれば，必要なCAPMに関する知識は押さえられます。第5章と第6章は少し発展的な内容も含めてCAPMを詳細に解説しています。特に**第6章**は，ファイナンスを大学院で研究する学生や資産運用実務を学ぶ社会人には必要ですが，その他の読者は完全に理解をしなくても，そのエッセンスをつかんでおけばよいでしょう。

第7章，**第8章**は株式価値評価，いわゆるバリュエーションを学びます。企業価値評価は，研究というよりはファイナンス実務で重要な知識であり，特に企業の財務担当者，投資銀行，経営コンサルタントなどを目指す人は確実に理解することが求められます。

第9章で債券を学んだ上で，**第10章**ではコーポレートファイナンス理論で最も重要な理論とも言える資本構成理論，**第11章**でペイアウト（配当政策）の理論をそれぞれ学びます。ここまでが，ファイナンスの基礎理論に当たる部分と言えます。

第12章と第13章は市場効率性とその限界を学びます。**第12章**は，それまでに学んだ証券価格理論を資産運用実務に橋渡しします。**第13章**の行動ファイナンスは，CAPMなどに代表される現代ファイナンス理論に反する事象や，その背景にある人間心理の非合理性などを学ぶのでなかなか楽しい章です。**第14章**はリスク管理と派生証券（デリバティブ）を学びますが，ここでは直感的理解に務め，数学的な複雑な議論や解説は行っていません。

第15章は，他の章とは異なり，コーポレートガバナンス（企業統治論）を学びます。コーポレートガバナンスは，企業価値の根幹に関係する議論で，ファイナンスに関する法制度や，企業経営を考える上でも重要なテーマです。ファイナンスの専門家だけでなく，すべての企業経営者が理解するべき章といえます。

この教科書は，最後にAppendixとして，「ファイナンス最重要定義式・公式集―これだけは押さえろ！―」を付けました。これは，試験前など，総まとめをするときに参考にしてもらえればと思います。この中の定義式や公式を見て，抜けているものがあればその部分を本文で復習すれば，効率よく試験対策ができます。

また，各章の章末には，その章の内容に関連する試験問題や課題などが挙げられていますので，資格試験やファイナンス実務でどの程度の理解度が求められているかを知ることができます。

ファイナンスは，学問としては数理的な一貫性のある理論体系ですが，現実世界では多くの投資家のもうけへの期待やリスクへの恐怖などが市場でぶつかり合う人間くさい営みと言えます。このため，筆者などは，ファイナンスを勉強することは，最終的には人間そのものを知ることに通じると考えています。また，ファイナンスを理解することは，皆さんの将来の個人資産を守り，賢い資産運用を実現するとともに，刺激に満ちたファイナンス実務の世界に入る切符にもなるでしょう。筆者たちは，皆さんがこの本でファイナンスを学ぶことが，皆さんのこれからの人生に向けた価値ある投資になることを祈ってやみません。さあ，それでは一緒にファイナンスの世界に足を踏み入れましょう。

2020年1月

執筆者を代表して　井上　光太郎

第1章 ファイナンスの役割と資本市場

Learning Points

- 本章では，ファイナンスという学問の領域とその全体像と，企業の重要な資本調達手段である株式と負債の概要について学びます。
- ファイナンスは資本市場と企業経営をつなげる資金の流れの管理とその評価に関する学問です。
- 企業の資金調達の手段として株式と負債があります。株価や負債の証券市場における価格付けが，経済全体における資金の配分において重要な役割を果たしています。

Key Words

資本市場　企業経営　市場価格　株式　債券

1 資本市場と企業経営

ファイナンスは，株式や債券などの証券を発行して資金調達を行う企業と，そうした証券を投資対象とする投資家の間の資金の流れと関係，その中での証券の価格付けに関する学問です。証券とは，一般に財産に関する権利や義務の記載された契約証書を指します。

図表1－1は，投資家から企業の生産活動までの資金の流れを表しています。図の左側は**資本市場**（株式市場や債券市場の総称）における資金の流れを示し，図の右側は資本市場と企業の間の資金の流れを示します。一番右の財市場は，企業が製品やサービスを顧客に提供し，売上を上げている市場です。

まず，投資家とは余剰資金を持つ個人や機関投資家，または銀行などを指します。機関投資家とは年金基金などの資金を金融市場で運用する投資信託，

図表1－1▶▶▶ファイナンスの現場

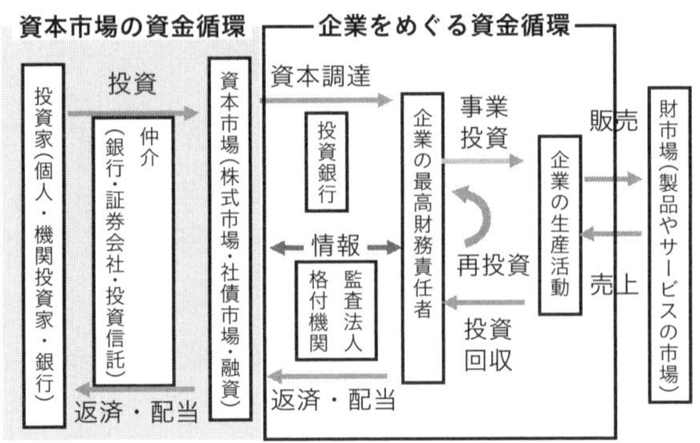

出所：筆者作成。

投資ファンドや信託銀行など，専門的投資機関のことをいいます。銀行や保険会社なども機関投資家の機能を持ちます。機関投資家の運用する資金のそもそもの出所は年金，保険の掛け金，個人の預金や投資が中心になっています。

機関投資家は，証券会社などの専門の仲介業者の仲介を経て資本市場に投資しています。ここで資本市場とは，企業などの活動原資となる資本の調達手段である株式や債券など証券を取引している株式市場や債券市場の全体を指します。個人や機関投資家が，株式市場や債券市場を通して，直接的に企業に投資することを**直接金融**と呼びます。一方で，銀行が個人や他の金融機関等から預金として資金を集め，これを企業に貸付などで投資することは，銀行を通した間接的な投資であることから**間接金融**と呼びます。

株式市場や債券市場では，多くの投資家が日々，株式や債券を市場で売買しています。一方で銀行などの貸付も，最近では証券化されて市場で売買されることが増えてきています。株式市場や債券市場の活発な取引のおかげで，投資家は証券に投資した資金を，市場取引を通して換金可能な状態を常に確保しています。

資本市場で売買される株式や債券を発行しているのは，主に企業です。また，債券については，国や地方公共団体も主要な発行体となっています。企業は株式または債券の発行により直接金融により資本を調達したり，銀行借

図表1－2 ▶▶▶ 直接金融と間接金融

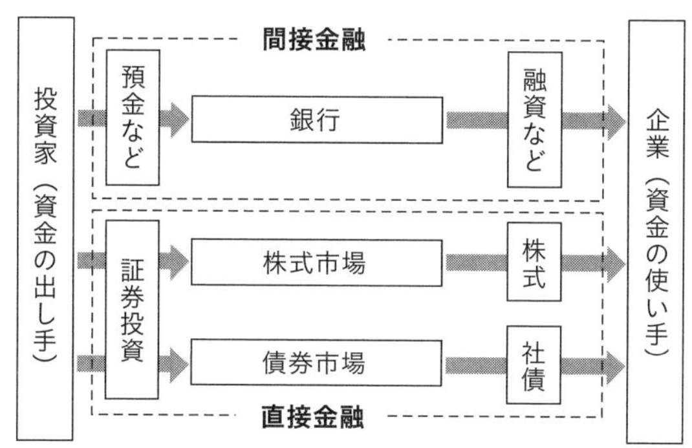

出所：筆者作成。

入を通して間接金融の形式で資本調達を行います。企業が株式発行または社債（企業の発行する債券）発行により，投資家から資本調達を行う市場を発行市場（プライマリーマーケット）と呼びます。発行市場で発行された株式や社債を，投資家が売買する株式市場や債券市場をまとめて証券流通市場（セカンダリーマーケット）と呼びます。証券流通市場の存在により株式や債券を低コストで即時に売買が可能になり，投資家は将来の資金の出入りの可能性を考慮せずに，資金運用することが可能になります。

高度に発展した証券流通市場があって，企業が多額の資本調達可能な発行市場が支えられています。証券会社の中でも，主として発行市場で企業の資本調達をサポートし，投資家との仲介機能を果たしている専門金融機関を投資銀行と呼び，流通市場で投資家の株式や債券の売買の仲介機能を果たす専門仲介業者をブローカーと呼びます。日本では，主として証券会社が投資銀行とブローカーの両方の機能を果たしています。**図表1－2**は，直接金融と間接金融の機能と概念を整理しています。

企業の側から見ると，自らの生産活動や販売活動で必要となる資金を，株式や負債（債券発行や銀行借入）によって調達しています。そして生産活動や販売活動からの利益を原資として，株式の配当金や債券の利息，元本の返済に充てます（配当金，利息，元本などについては，本章の第**2**節で解説します）。

このように資金は，個人や年金などの投資家から，仲介する金融機関を経て，企業の生産販売活動に投資され，そこで上がる利益が投資家に還元されることになります。これから学ぶファイナンスは，投資家の投資判断，資本市場の役割や機能，株式や債券の価格付け，企業の資本調達の判断，企業の生産活動への投資意思決定を分析・検討する学問です。このため，ファイナンスを理解するためには，資本市場の働きやそこでの価格付けにとどまらず，企業行動の経済性の全体を見渡す幅広い視点が必要となります。ファイナンスを理解することは，資本市場の仕組みのみならず，企業経営における財務的な意思決定の仕組みも理解することです。このため，ファイナンスは経営者の意思決定に関する極めて実務的な学問であるとも言えます。

ファイナンスの中でも証券の価格付けに関する理論と分析を学ぶ分野を**証券市場論**（**アセットプライシング**），企業の財務的意思決定に関して学ぶ分野を**経営財務論**（**コーポレートファイナンス**）と呼びます。

2 株式と負債

2.1 株　式

株式とは株式会社が資本金となる資金を調達するための手段です。株式会社は投資家に対し株券を発行し，その価値に見合った現金の払込を投資家から受け取ります。株式会社の株式を所有する投資家，すなわち株主は株式会社の最終的な意思決定機関である株主総会における議決権を保有します。議決権数は，投資家が保有する株券数により決定されます。基本的には一株一議決権となっています。株式会社では一般に，その経営者にあたる取締役の選任，利益の分配，会社の合併，新たな株式の発行可能枠の設定などの経営上の重要な事項について株主総会の決議をもって決定しています。したがって株主は，株式会社の経営に関する最終意思決定者の立場にあります。株主は配当請求権を持っており，株主総会での承認に基づいて，会社の生み出し

図表1－3▶▶▶株式の構造

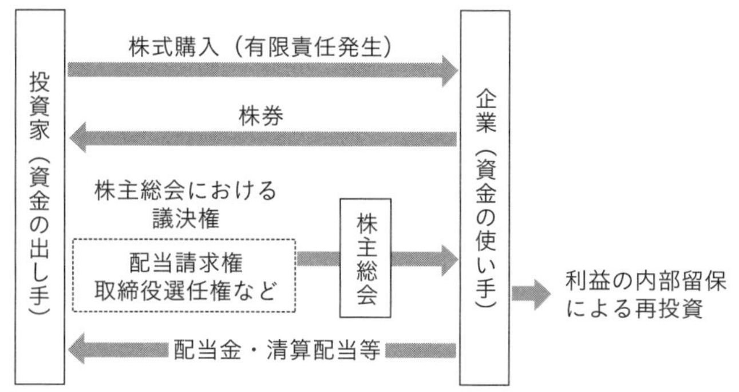

出所：筆者作成。

た利益からの配当金の支払いを受けることができます。また，株式会社が清算する際には，すべての負債を支払った後に残る残余財産に対する清算配当権を持ちます。このように株式は，利益および残余財産に対して配当請求権を伴っていることから，残余財産分配請求権を持つと表現されることもあります。こうした株式の構造を**図表1－3**に示しています。

株式会社では，財市場（製品やサービスの市場）での事業活動で生み出した利益のうち一部を内部留保として再投資し，残りを株主に配当金として還元します。したがって株式の価値は，株式会社の現在の利益や配当金だけでなく，内部留保の再投資から将来生み出されると期待される利益も反映することになります。このため株式市場で株式を売買する際の価格，すなわち株価は株式会社の現在の自己資本の金額や利益だけでなく，将来の利益やその長期的な成長性を反映した価格となります。企業が新たに株式を発行して資本金を調達する際には，その時々の株価が株式の発行価格の基準となります。

株式会社にとって株式発行によって調達した資金は，返済義務のない安定した資本であり，自己資本と呼ばれます。株式会社にとって自己資本は，会社が長期的に経営を行っていくための基盤となります。 企業の営む事業が一時的に赤字となっても，十分な自己資本を持っていれば，急に経営が不安定になることはなく，事業の継続や成長に必要な投資も一定期間は継続可能です。この点で，株式で調達された自己資本は企業が直面する短期的な損失に対するクッションの役割を果たしています。

株主の責任は，出資した金額の範囲内であり，もし出資先の株式会社が銀行借入など負債を返済できず倒産しても，株式を購入する際に出資した金額を超えて負担を求められることはありません。このため，株式は有限責任であるといわれます。株主は，企業業績の良いときには，配当請求権に基づいて企業の生み出す利益を上限なく享受できますが，企業業績の悪いときには株式を取得する際に支払った金額以上の負担はない投資対象となっています。このようにアップサイドのリターンは上限なく，ダウンサイドのリスクは最大でも出資金額に限定された株式は，高いリターンを求める投資家にとっては魅力的な証券です。そのことにより，企業は株式を幅広い投資家に対し発行することによる資本調達が可能になったのです。この点から株式という資本調達手段の発明が，近代以降の飛躍的な経済発展を可能にしたといわれています。

株式により調達された自己資本が損失により喪失しない限り，企業は半永久的に事業を継続することが可能です。このように，自己資本の存在により，企業が永久に事業を継続することが株式会社の前提となっており，この前提を**ゴーイングコンサーン**（**永久継続**）と呼びます。

このように株式会社は，株式を発行することで自己資本を調達し，その資本を活用して生産活動を行っています。 特に，不特定多数の多くの投資家に対し株式を発行する行為を公募増資と呼んでいます。一般的には，公募増資を行うためには，株式を取得した投資家が必要に応じてその株式を流通市場で売買できるように，株式市場に上場する必要があります。上場株式は，不特定多数の多くの投資家によって株式市場で取引され，その中で株価が決定されます。

このように不特定多数の投資家の取引で決定される市場の均衡価格としての株価は，幅広い情報を反映した透明性および客観性の高い価格であり，投資家は株価を信頼して取引することが可能となります。株式市場は，客観性の高い株価を形成することでより多くの投資家を取引に参加させ，そのことで上場企業は必要に応じて公募増資を実施可能となるメリットを享受します。

たとえば企業の増資に応募して株式購入を検討している投資家が，将来に保有株式を現金に換金する必要が生じても，保有株式を株式市場において短時間で適正な価格で売却可能なことを知っていれば，安心して新株購入を行えます。このように活発な株式の流通市場の存在は，企業による機動的な株式資本調達を可能にする株式の発行市場の発展につながっています。

2.2 負　債

株式会社にとって株式とならび重要な資本の調達手段が**負債**です。ここでファイナンスにおける負債とは，会計用語としての負債（liability）ではなく，有利子負債（debt），すなわち投資家と企業の間の金銭の貸借契約に基づく資本調達を指すことに注意してください。負債調達の代表的なものとして銀行などからの借入と社債があります。借入も社債も，借り手にとっては貸し手との契約に基づいて借り入れた金額（元本金額）の返済義務と利息の支払い義務が発生する点では同じです。両者の違いは，一般に借入は貸し手と借り手の１対１の個別の契約を前提にしており，貸し手は債権（元本金額の返済や利息の支払いを受ける権利）の第三者への譲渡を制約されていることが一般的ですが，社債は多数の投資家が同条件で小口化された債権を購入する形態をとり，投資家は保有する社債を自由に第三者に譲渡することが可能という性格を有しています。したがって，借入は主に銀行など金融機関が貸し手になるのに対し，社債の投資家は年金基金など機関投資家から個人まで幅広い投資家で構成されます。社債については第９章で詳しく説明します。

投資家にとって貸付や社債への投資は，利息や元本返済の金額とその支払いのスケジュールが契約で確定していること，もしそうした支払いが滞る場合（債務不履行またはデフォルトという）は，企業の支払い可能な範囲内で株式より優先して返済される点で，株式投資よりリスクの低い投資となっています。

2.3 株式と負債の契約上の性格の違い

ここまで見たように，負債では借り手である企業と貸し手である投資家の間の契約に基づき，事前に決められたスケジュールと金額で投資家に対する返済が行われます。一方で株式では，投資家（株主）は株券と呼ばれる権利証書を保有するだけです。株主に対する配当は企業が生んだ利益の範囲内で株主総会の決定に基づいて支払われます。このことから権利関係の視点からは，負債は**固定請求権**，株式は**残余財産分配請求権**となっています。一般に残余財産分配請求権は当該資産の所有者が持つ権利であることから，株主は株式会社の所有者に相当します。

債権者（貸し手や社債保有者）は事前に契約で定められた元本と利息以上のリターンは受け取れませんが，株主は受け取れる配当金は事前に契約などで確定されていない一方で，企業が大きな利益を上げた場合，その利益に対する配当請求権を持つため高いリターンを獲得できる可能性があります。このため，株式は貸付や社債に比較して，ハイリスク・ハイリターンの投資と位置づけることができます。

投資家は株式のハイリスク・ハイリターンに魅力を感じ株式投資を行いますが，このことで株式会社は株主に自社の事業に伴うリスクを負担させています。株主がリスクを負担しているからこそ，企業の経営者はリスクの高いビジネスへの参入が可能になり，新たなビジネス創出が可能になります。このように投資家にとって株式投資は企業のリスクを引き受ける投資であるため，株主は投資リスクに見合うリターンを確保できるように，企業統治（コーポレートガバナンス）というメカニズムを構築してきました。企業統治は，株式という資本調達を機能させるための重要なメカニズムです。企業統治については第 15 章で詳しく解説します。

2.4 株価や債券利回りの重要性

株式市場では，日々，投資家間で取引が行われ，そこで個々の企業の株式の価格，すなわち株価が決定されます。債券市場でも同様に投資家間で取引が行われ，そこで債券利回りが決定されます。こうした株価や債券利回りは，発行体である企業の収益性やリスクを表す指標となりますが，こうした市場で決定される価格は企業が資本調達を行うときの資本調達コストも決定します。

たとえば，ある特定の金額を株式で調達する場合，株価の高い企業のほうが新たに発行する株式数は少なくて済むので，将来の配当負担が小さくて済みます。同様に債券市場で決定される社債利回りは，企業が次に社債を発行する際の発行利回りを決定する重要な要素となります。自社の発行した社債が低い利回りで取引されている企業は，次に発行する社債の発行利回りも低く抑えることが可能となります。このように株式市場で高い株価で取引されている企業や，債券市場で低い利回りで社債が取引されている企業は，将来の資本調達コストを低く抑えることが可能となります。このため，ファイナンスは，株式や債券の市場価格に基づく**資本の分配メカニズム**ということができます。

3 企業のライフサイクルとファイナンス

3.1 創業から新規株式公開

本節では，企業の創業から，成長期，成熟というライフサイクルの中でのファイナンスの役割を解説します。図表１－４を参照してください。

起業家が最初に企業を創立する際，担保に提供できる資産を持たないことが一般的であるため，負債による調達を行うことは困難です。このため企業の創業時の資本調達の中心は株式になります。通常は創業時株式の原資は，起業家の自己資金や起業家の親族や親友，個人的支援者などの資金が中心となります。こうした親族や親友，個人的支援者などの創業時株主は，純粋にリターンを追求した投資というよりは，起業の応援を目的とした出資の性格

図表1－4▶▶▶企業の成長と株式調達

	創業	ベンチャー企業	株式上場	成長投資
株式資本調達方法	創業時 資本金	第三者割当増資	新規株式公開（IPO）	公募増資 第三者割当増資
主要株主	創業者 親族 支援者など	経営幹部 取引先 ベンチャーキャピタル	国内機関投資家 個人株主など	国内機関投資家 海外機関投資家 個人株主など
株主構造	集中保有	少数の大株主の保有	分散保有（大株主残る）	幅広い分散保有

出所：筆者作成。

を持つことから，エンジェル投資家と呼ばれます。創業直後の企業においてはその株式の大部分は創業者やその親族によって保有されることが多く，株主と経営者が一致していることが一般的です。この状態を会社の所有と経営の一致と呼びます。

創業企業のうち一部の企業が事業の立ち上げに成功し成長を開始します。成長の見込まれる若い企業はベンチャー企業と呼ばれます。ベンチャー企業は，さらに成長するための追加資本を必要としますが，まだ担保価値のある資産を保有しないことが多く，負債調達は困難な状態が続きます。また不特定多数の多くの投資家を納得させるだけの事業実績も持たないことから，株式を上場し，公募増資を行うことも困難です。こうした初期の成長ステージの必要資本を提供する投資家が，**ベンチャーキャピタル**と呼ばれる専門の機関投資家です。

ベンチャーキャピタルは，事業戦略や新規技術に詳しい専門家で構成され，ベンチャー企業の成長可能性を詳細に評価して株式への出資を行います。ベンチャー企業の事業はリスクが高く，経営者の経験も不十分なことが多いため，ベンチャーキャピタルは出資先のベンチャー企業に取締役を派遣して経営を監視し，アドバイスを提供します（ハンズオン投資）。ベンチャーキャピタルは，幅広いベンチャー企業に対して分散投資を行い，その中の一握りの成功企業が生み出す株式価値の大幅な上昇を追求します。

ベンチャーキャピタルの資本やアドバイスを得ることで，一部のベンチャー企業は成長を実現し，安定した事業基盤を構築していくことで，より幅広い投資家からの投資を受け入れる準備が整っていきます。こうしたベンチャー企業は，さらなる成長のための資本を調達するために株式上場（株式公開）の準備を進めます。企業が初めて株式市場に株式を上場し，公募増資を行うことを**新規株式公開または IPO**（Initial Public Offering）と呼びます。新規株式公開は成長ステージにある企業が初めて多額の自己資本調達を行う重要なイベントです。

株式市場を運営する証券取引所は，投資家の保護のため，株式市場に上場する企業に対し詳細な情報開示や企業統治体制の整備を要求します。そうした証券取引所の要求（上場基準）を満たした企業は，新規株式公開を実施し，機関投資家や個人株主など幅広い投資家に対し株式を発行します。企業の創業者やエンジェル投資家，ベンチャーキャピタルなど IPO 以前の株主の多くは，新規株式公開に際してその保有株式を売却し，リターンを獲得することが一般的です。このため新規株式公開後には，企業の株主構成が大きく変化し，同時に株主は大幅に分散化します。こうして生まれる会社の**所有と経営の分離**こそが近代的株式会社の特徴とされています。

3.2 会社の成長と成熟

新規株式公開によって，会社は多くの投資資金を持つようになり，さらなる成長投資が可能になります。会社の成長に伴い，債権者に担保として提供可能な資産も増加することから，銀行からの借入や社債発行による負債調達も比較的容易に実施できるようになります。このことは企業が自己資本と負債のバランスを自らの資本政策に基づいて決めることができるようになることを意味します。企業の最適な資本構成については第 10 章で詳しく論じます。この後企業は自社の成長に合わせ，株式の公募増資，銀行借入や社債発行を組み合わせながら必要となる資本を調達していくことになります。

株式の発行には，公募増資以外にも，特定の投資家に株式を割当発行する第三者割当増資を行うこともあります。その他，株式を直接発行するのではなく，一定の条件のもとで株式に転換可能な転換社債や，事前に決められた価格での株式の購入権利のついた新株予約権付社債など，株式と負債の両方の性格を持った社債で資金調達を行うこともあります。株式発行に加え，転換社債や新株予約権付社債の発行も株式調達の一種とみなせるため，まとめて**エクイティファイナンス**と呼びます。エクイティ（equity）とは株式のことを指します。

企業が生産活動を行っている財やサービスの市場が成熟化してくると，事業への投資機会が減少してきます。投資機会が縮小すると，株主が要求するリターンを上げる投資の実行が困難になり，会社には余剰資金が蓄積されるようになります。この段階に達すると，企業は配当金を増やして資金を株主に還元したり，借入金を返済するなどして，自己資本と負債を縮小したりするようになります。配当金の支払い以外にも，会社自身による自己株式の買入消却により，株主に対する資金の還元も行われます。株主への利益の還元については第 11 章で詳しく解説します。

また株式会社はその成長過程で別の会社から魅力的な会社と評価され，合併や買収（M&A）の対象となることもあります。合併や買収では，買い手となる会社によって，買収ターゲットとなる会社の株式が，それを保有する株主から直接取得されることになります。M&A のあとでは，買い手企業の子会社や事業部門として成長を目指していくことになります。M&A は，買い手とターゲットの双方の企業の将来のさらなる成長のために技術，人材，ネットワーク，市場アクセスなどの経営資源の獲得のために実施されることもあれば，成熟化した市場で過剰生産能力の整理のために実施されることもあります。M&A はターゲット企業の株主にとって重要な投資資金の回収手段となります。

3.3 財務的困難と企業再生

会社はいつも成功し成長できるとは限りません。ビジネスに失敗したり，経済ショックに見舞われたり，資本政策に失敗して過大な負債を抱えること

図表１－５ ▶▶▶ 財務的困難と企業再生

財務的困難状態

継続価値より清算価値が大きい場合　　清算価値より継続価値が大きい場合

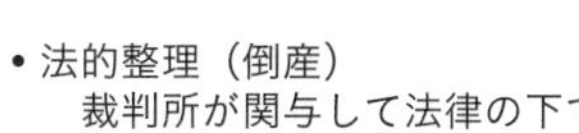

清算

• 債務返済（株主より優先）
• 残余財産があれば株主に清算配当

企業再生（負債契約の再交渉）

• 法的整理（倒産）
　裁判所が関与して法律の下で債務の整理を行い会社を存続
• 私的整理
　裁判所は関与せず，債権者と債務者の合意に基づいて債務の整理を行い会社を存続

出所：筆者作成。

で，契約で定めた支払いが困難となる状況に陥ることもあります。特に過剰な負債を抱え，その元本や利息の支払いが困難になる状況を**財務的困難状態**（financial distress）と呼びます。財務的困難状態の会社で，今後も利益を生み出すことが困難な状況であれば，資本提供者はこれ以上の損失を避けるため会社を清算することになります。この場合，会社は契約に基づく優先順位に従って従業員給与や取引業者への支払いを行った上で，会社に残った資産から借入や社債の元本や利息の支払いを行います。さらに残余財産があれば株主に対して清算配当として配当されます。

一般に財務的困難状態の会社には，借入や社債の全額を返済することが困難となっていることが多く，その場合，貸し手には貸倒れ損失が発生します。こうした場合には，株主は債権者より返済の優先順位が低いため，清算配当が支払われないケースが多くなります。ただし株主も債権者も有限責任であるため，投資を行った金額以上の責任を負うことはありません。

一方，負債返済の猶予や返済額の一部削減で財務困難状態を解消できれば，事業を継続することで大きな価値を生み出し，債権者にとっても会社を清算するより多額の資金回収が可能となる企業も数多く存在します。こうした企業は清算することなく，負債契約の再交渉を通して，貸し手や社債権者が契約で定められた貸付条件を緩和することで事業継続を可能にする**企業再生**が図られます。銀行や社債保有者などの貸し手が負債契約の再交渉に応じる理由は，会社を清算するよりも再交渉に応じたほうが投資の回収金額が大きくなると見込まれる場合に限られます。こうした負債契約の再交渉のうち，裁判所の監督のもとで行う再交渉を法的整理（倒産），裁判所が関与せずに債権者と会社の間で自発的に行われる再交渉を私的整理と呼びます。財務的困難と企業再生の概念を**図表１－５**にまとめています。

株式会社はそのライフサイクルの中で，それぞれの成長ステージに適した投資家に対して株式を発行することで自己資本を調達し，必要に応じて株主に資金を還元したり，別の企業に会社全体を売却したりしています。こうした取引は，会社の自己資本に関係する取引であるため資本取引と呼ばれます。1つ1つの資本取引は，その企業の価値を表す株価を基準として取引されます。その意味で企業の経営者が自社の株式価値を正確に把握することは，経営上非常に重要なことです。第８章では，株式価値の評価手法を学びます。

株主や債権者の権利と責任，さまざまな資本取引はそれぞれ会社法，金融商品取引法などの法律によって基本的なルールが定められています。また上場企業であれば，上場をしている証券取引所の規則によっても上場企業としてのルールが定められています。このように資本に関する法律や規則が整備されていることは，株式や債券を発行する株式会社と，株式や債券を購入する投資家の間の権利と義務を明確化し，資本取引に参加する関係者のリスクを低減します。こうした資本市場に関する法制度の整備により，資本市場が活性化し，企業が低コストで資本調達することが可能になるのです。

3.4 資本市場の整備とファイナンスの活性化

適切な価格で活発な取引の行われている株式市場や社債市場（証券流通市場）が存在することは，その国の企業の株式発行または社債発行を通した資本調達を容易にします。この点で活発な**証券流通市場**は，その国の経済の発展に対しても重要な条件となります。一方で先進国であっても，同じように株式市場，社債市場，または銀行システムが発展しているわけではありません。歴史的に見ても，アメリカやイギリスでは株式市場が資本市場の中心として発展し，ドイツ，フランスなどでは銀行が資本市場の中心的な役割を果たしてきました。日本では銀行中心の資本市場が発展してきましたが，同時に株式市場も発展してきました。株式市場中心の資本市場，銀行中心の資本市場は，それぞれ利点と問題点を抱えています。

株式市場中心の資本市場では，企業にとって数多くの投資家が取引に参加して決定される株価が重要になるため，株主保護が強化され，株主を主体としたコーポレートガバナンスが重視されます。また，事業の実績の乏しいベンチャー企業であっても，優れた技術やビジネスプランを持っていればベンチャーキャピタルや株式市場を通して，比較的容易に資本調達が可能になるという利点が指摘されています。一方で株式市場における過度な株価変動に国全体の経済が悪影響を受けたり，企業が株主の評価を気にし過ぎて長期的投資や従業員の雇用を犠牲に，短期的利益を追求する経営を行う可能性が高まるなどの問題点も指摘されています。

一方，**銀行中心の資本市場**の利点としては，その国の経済や社会にとって必要な事業に，政策的，計画的に資本を優先的に配分することが可能であること，企業が株価を気にすることなく中長期的な戦略に基づいて経営ができることなどがあります。また，銀行は債務者の資金繰りなどを監視（モニタリング）し，債務者が非効率な経営を行っているケースには必要に応じて介入するなど，銀行が企業経営の監視役を担うという利点が指摘されています。一方で担保に提供できる資産を十分に保有しないベンチャー企業には十分に資金が回らないために，ベンチャー企業の成長が不十分になり，結果的に産業内の企業の新陳代謝が遅れること，企業が負債返済を意識しすぎて過度にリスク回避的（保守的）な経営を行うこと，株主保護の意識が弱く株式市場の発展が遅れることなどの問題点があると指摘されています。

ファイナンスを学ぶことは，株式と負債の仕組みや価格付けだけでなく，企業経営のあり方や，世界の資本市場の向かっている方向，各国の企業に対する考え方の違いを理解することにもつながります。この教科書の前半では，企業の投資意思決定の理論，株式や社債など証券の価格付けの基本理論を学びます。さらに後半では株式市場の機能と限界，市場参加者の心理を考慮した行動ファイナンスと呼ばれる新しいファイナンスの視点，コーポレートガバナンスなど応用的な課題を勉強していきます。

Discussion　議論しよう

最近のニュースで，資本市場（株式市場や債券市場）や銀行に関連して注目を集めた話題を挙げて，どのようなことがファイナンスに関して話題になっているのか，なぜそれは重要な話題になったのかを話し合ってみよう。

第 2 章 投資意思決定と資本コスト

Learning Points

- ▶本章では，ファイナンスの基本である現在価値と，現在価値を利用した投資意思決定方法を学びます。
- ▶会社は複数の投資プロジェクトを持っており，その中でどの投資プロジェクトに投資するかの選択は経営上の重要な意思決定となります。
- ▶企業が，自社に対する投資家の利益に一致する投資プロジェクトの選択方法としてNPV法があります。

Key Words

投資プロジェクトの選択　割引現在価値　期待収益率　要求収益率　資本コスト　NPV法

1 投資プロジェクトの選択条件

一般に会社が実施する事業で，資金の投資時点と投資資金の回収時点のタイミングが離れているものを**投資プロジェクト**といいます。投資資金の回収時点は，投資プロジェクトの性格により1日先のこともあれば10年先のこともあります。また回収される資金も，投資対象が貸付や債券のように事前の契約で決まった金額のものもあれば，新規事業の投資プロジェクトや株式投資のように事前の契約では定められておらず，将来の事業の状況に依存して決定されるものもあります。それぞれの状況のもとで投資家や企業はそれぞれの投資機会の経済性を判断し，投資すべきか否かを決定します。

ファイナンスにおける投資の判断基準は，将来に投資から回収できる資金の価値が，現時点で投資する資金の価値と比較して大きいか（少なくとも同じ価値は維持されるか）で判断します。このとき，現在と将来という異なる時点の資金を，同じ価値基準で比較する必要があります。将来に回収できる資金の価値が，現在の投資額の価値を下回るなら，投資を行わないほうが現在保有している資金の価値を維持できることを意味します。したがって投資の判断においては異なる時点での金額を，同じ時点（タイミング）における金額の価値に調整して比較する必要が生じます。そこで，ファイナンスでは，異なる時点の金額の価値を，すべて現在の金額の価値に換算して比較することを行います。将来時点での金額の，現在の価値を**現在価値**（present value）と呼びます。

投資や資金回収の発生のタイミングの違いに加え，将来に回収を見込む金額がどの程度の確からしさで実現するかも，将来の回収金額の現在価値に影響を与えます。貸付や債券のように事前に契約で回収金額が定まっている場合に比較して，投資プロジェクトや株式投資のように回収の見込める金額が事前に定まらないケースでは投資家は相対的に高いリスクを感じ，将来の金額をそのリスクの高い分だけ割り引いた金額で評価したいと考えるのが一般的です。

このように，投資においては，どのタイミングでいくらの資金回収が見込めるか，そこで資金回収に関するリスクはどの程度かが投資の判断基準になります。こうした判断基準を反映した投資プロジェクトの評価方法が，**正味現在価値**（net present value：以下，NPVという）による評価です。NPVとは，投資プロジェクトから将来回収の見込める金額のリスク考慮後の現在価値から，当初の投資金額を引いた金額を指します。投資判断にあたっては，当初の投資金額と，その投資プロジェクトから将来に回収の見込める金額のリスク考慮後の現在価値を比較し，後者の金額のほうが大きい，または少なくとも同額の場合に，この投資は当初の投資金額以上の価値を持つことになります。すなわち，投資プロジェクトのNPVが少なくとも0以上の場合（$NPV \geqq 0$），その投資は投資金額以上の価値を持つため，投資条件を満たすと考えられます。これをNPV法（投資意思決定におけるNPVルール）といいます。

NPV 法（投資意思決定における NPV ルール）：
NPV ＝将来回収の見込める金額の現在価値 － 当初の投資金額
投資条件：NPV ≧ 0（NPV が負でない場合のみ投資）

2 お金の時間的価値と現在価値

本節では具体例で現在価値について考えます。最初はリスクのないケースを考えましょう。いま，2つのプロジェクトがあるとします。第1のプロジェクトは1年後に1億円の投下資金の回収が見込めるプロジェクト，第2の選択肢は10年後に同額の1億円の投下資金の回収が見込めるプロジェクトです。いずれのプロジェクトも確実に1億円の回収は実現すると仮定します。このように将来に確実に回収可能な金額が決まっている投資を無リスクの投資と呼びます。2つのプロジェクトを比較すると，多くの人が回収時期の近い第1のプロジェクトのほうが金額的に大きな価値があると考えるでしょう。回収時期が遠い将来になる第2のプロジェクトで獲得できる1億円の価値は，明日獲得できる1億円の価値を下回ると考えるのが自然です。この2つのプロジェクトの現時点における価値の差が，1億円の9年分（10年と1年の差）の**お金の時間的価値**（time value of money）に相当します。

このようなお金の時間的価値はなぜ発生するのでしょうか。ある人が投下資本の回収までの期間が10年間の投資に1億円を投じる場合，その人はその期間の1億円の消費を我慢する必要があります。このため，投資する際には現時点の消費を我慢し，10年後まで待つことの対価を求めるでしょう。

ある人が，現在の消費を我慢し，無リスクの投資として1億円を10年間の期間，銀行預金に預けていれば10年後には元本の1億円に利息を追加した金額を回収可能です。この利息金額の，預金の元本金額に対する一定期間における収益率は利子率（金利）と呼ばれます。ある人が現時点での消費を我慢して，銀行に10年間預金した場合獲得できる利息が，その10年間消費を我慢することに対する対価と言えます。ある人が10年間の預金で得られる利息のほうが，10年間消費を我慢することに対して求める対価よりも大きいと考えるならば，その人は預金しようと考えるでしょう。逆に10年間消費を我慢することに対して求める対価よりも得られる利息が小さいと判断するならば預金はせず，現時点で消費するでしょう。このように現時点と将来のお金の相対的な価値は，利子率というお金の収益率により決定されます。

現在と将来という異なる時点で発生する金額の比較問題を，**現在価値**を導入することで検討しましょう。いま，銀行に1年間預金する場合，1年後には元本に利子が付きます。たとえば，1万円を預金し，利子率が年率1%なら，1年後には10,100円が返ってきます。これを算式で示すと以下の式(2.1)となります。

$$10{,}000 \times (1 + 1\%) = 10{,}000 \times (1 + 0.01) = 10{,}100 \tag{2.1}$$

日本では銀行預金金利や国債（国の発行する債券）の金利は，**債務不履行**（**デフォルト**）となることが想定されていない，安全な利子率とみなすことができます。こうした事前に期待した収益が確実に獲得できる金融資産を**安全資産**と呼び，その収益率を**安全利子率**（**無リスク収益率**，risk free rate）と呼びます。上記の式(2.1)で，10,100円は10,000円を安全利子率で1年間運用して得られる価値であり，10,000円の1年後の将来価値と呼びます。

式(2.1)は，以下の式(2.2)のように変形できます。式(2.2)は，1年後にリスクをとらず10,100円を獲得するために必要な投資金額は10,000円であることを示します。この関係は，1年後の10,100円の現在価値は10,000円であることを示します。

$$\frac{10{,}100}{1 + 1\%} = \frac{10{,}100}{1 + 0.01} = 10{,}000 \tag{2.2}$$

もう1つ例を見てみましょう。いま1万円を2年間，安全利子率1%で運用する金融資産があるとします。この金融商品に1万円投資すると，2年後の価値は下記の式(2.3)で求められます。

$$10{,}000 \times (1 + 1\%)^2 = 10{,}000 \times (1 + 0.01)^2 = 10{,}201 \qquad (2.3)$$

ここで（1 + 1%）を2乗していることは，1万円の1年後の将来価値である10,000 ×（1 + 1%）を，さらに1年間年利1%で再運用することを意味しています。この考え方は利息の利息を反映していることから，**複利**と呼び，金融商品や投資プロジェクトの価値評価ではこの複利の考え方を用います。

ここまでの説明を一般化すると，1年間の安全利子率をr，現在の投資額をIとすると，Iを安全利子率で運用する場合のt年後の将来価値は下記の式(2.4)で表せます。

$$\text{投資金額}\,I\,\text{の}\,t\,\text{年後の将来価値} = I\,(1 + r)^t \qquad (2.4)$$

式(2.3)で求めた10,201円は，現在の10,000円の2年後の将来価値となります。反対に，2年後の10,201円の現在価値は，以下の式(2.5)の通り10,000円です。現在の10,000円，1年後の10,100円，2年後の10,201円は，すべて現在価値では10,000円で同じ価値を持ちます。

$$\frac{10{,}201}{(1 + 1\%)^2} = \frac{10{,}201}{(1 + 0.01)^2} = 10{,}000 \qquad (2.5)$$

一般化すると，1年間の安全利子率をr，t年後の確実なキャッシュフローをCF_tとすると，CF_tの現在価値$PV(CF_t)$は下記の式(2.6)の通りです。キャッシュフローとは，連続したタイミングで順次発生する投資資金や収益の流列を意味します。

$$PV(CF_t) = \frac{CF_t}{(1+r)^t} \tag{2.6}$$

式(2.6)は，将来発生する**キャッシュフローの現在価値**を求める一般式であり，ファイナンスの最も基本となる数式です。投資プロジェクトの生み出す予想将来キャッシュフローをすべて現在価値で評価することで，そのプロジェクトの生み出す将来キャッシュフローをすべて現時点の金銭価値で評価可能となります。

次の **Case 2－1** で，複数回の利払いのある金融商品の価値を求めてみましょう。この金融商品は，利払いと元本の支払い金額は確定している安全資産とします。

Case 2－1　安全資産の現在価値　例題

金融商品の基本情報

元本	100円
償還	2年後（2年後に元本返済）
利息	1年後と2年後にそれぞれ元本の2%の利息が確実に支払われる。

この金融商品から投資家が受け取れる金額を図示すると次の**図表2－1**のようになります。

図表2－1 ▶▶▶ 投資家の受け取るキャッシュフロー

（単位：円）

時期	1年後	2年後
利息支払い	2	2
元本返済		100
キャッシュフロー	2	102

この金融商品の現在価値はいくらになるでしょうか。この金融商品は金利や元本の支払いが確実（デフォルトリスクがない）な安全資産のため，将来キャッシュフローの現在価値を求める際に使用する割引率は安全利子率となります。ここでは安全利子率は，2%とします。

このとき，1年後の2円の現在価値は，1.96円です。

$$\frac{2}{1+2\%}=1.96\text{円}$$（小数点以下3桁四捨五入で表示）

2年後の102円の現在価値は，98.04円です。

$$\frac{102}{(1+2\%)^2}=98.04\text{円}$$（小数点以下3桁四捨五入で表示）

このとき，1年目の2円には$\frac{1}{1+2\%}=0.980392$，2年目の102円には$\frac{1}{(1+2\%)^2}=0.961169$を乗じています（いずれも小数点以下7桁を四捨五入）。この乗数を**割引ファクター**と呼びます。割引ファクターは1年目よりも2年目のほうが小さく，現在から遠い将来のキャッシュフローのほうが現在価値への変換においては大きく割り引かれることを示します。1年目の利息の現在価値は1.96円，2年目の利息と元本返済額の合計102円の現在価値は98.04円となり，その合計は100円です。この100円は，この金融商品を保有することで得られる将来のキャッシュフローの現在価値の合計が100円であることを表します。

図表2－2▶▶▶投資家の受け取るキャッシュフローの現在価値

（単位：円）

時期	1年後	2年後
利息支払い	2	2
元本返済		100
キャッシュフロー	2	102
× 割引ファクター	0.980392	0.961169
現在価値	1.96	98.04
現在価値合計	100.00	

3　リスクの反映

2.2 項で説明したように利子率の中でも債務不履行のリスクのない確定した利子率は，安全利子率と呼びます。安全利子率の代表的な例として，日本においては国が資金を調達するために発行する債券である国債の利子率があります。

一方，企業の株式や事業上の投資プロジェクトに投資するときは，将来にいくらの資金が回収できるのか，いつ回収できるかの確実な予測はできないことが一般的です。これは，投資から生まれる将来のキャッシュフローにばらつきがあることを意味します。このように将来キャッシュフローにばらつきが存在する投資を，リスクの存在する投資と呼びます。リスクの存在する投資の場合，投資家は安全利子率より高いリターンが期待できなければ投資をしないでしょう。言い換えると，投資家はリスクの分だけ安全利子率より高いリターンを要求します。このリスクに伴い追加的に要求されるリターンを，**リスクプレミアム**と呼びます。安全利子率，リスクのある資産に投資家が要求するリターン，リスクプレミアムの関係は以下の式(2.7)で表せます。リスクの大きさに比例してリスクプレミアムも大きくなります。

リスクのある資産に投資家が要求するリターン
＝安全利子率＋リスクプレミアム　(2.7)

4　リスクプレミアム

リスクプレミアムの意味は，以下のシンプルな Case 2－2 で考えると，直感的に理解できます。

Case 2－2 リスクプレミアムの意味 例題

最初に以下の Q1 を考えてみて下さい。

Q1 いま，2つのくじがあります。くじAは確実に5万円がもらえ，くじBは50％の確率で10万円，50％の確率で0円がもらえます。あなたは，A，Bどちらか一方のくじを引けます。どちらのくじを引きますか？

皆さんはどちらを選びますか。くじA，くじBとも期待値は50で同じですが，多くの人がくじAを選択したのではないでしょうか。これは，リターンにばらつきのないケースを，ばらつきのあるケースより好ましいと思っていることを示します。もう1問，クイズに答えてください。

Q2 いま，2つのくじがあります。くじAは確実に5万円がもらえます。くじBは，X％の確率で10万円がもらえますが，(100－X) ％の確率で0円になります。あなたは，X％が少なくとも何％を上回ればくじBを選びますか？

X％が50％のケースがクイズ1のくじBと同じ条件です。今回のクイズでも，多くの人が50％より大きな確率（60％や70％）を答えたと思います。たとえば70％と回答した人は，くじBの期待値が7万円になれば確実に5万円獲得できるくじAと同程度に好ましいと考えています。つまり，ばらつきのないケースと比較して，ばらつきのあるケースでは追加的な収益（7万円－5万円＝2万円）を要求しているのです。この2万円が，上記のクイズで70％と回答した人が要求するリスクに対する対価，すなわち**リスクプレミアム**です。

上の Case 2－2 のクイズ1で多くの人がくじAを選択することでわかるように，一般に人々がリスクのあるケースより，リスクのないケースを好むことを**リスク回避的**であるといいます。一方で，くじAでもくじBでもどちらでも構わない（無差別）と考える人をリスク中立的，くじBを選択する人をリスク愛好的と呼びます。ほとんどの人がリスク回避的であることがわかっており，ファイナンス理論もリスク回避的投資家を前提に構築さ

図表2－3▶▶▶リスクと要求収益率の関係

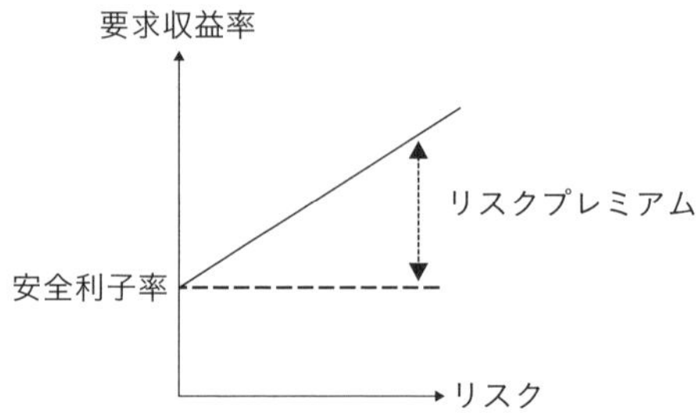

れています。また，Ｑ２の回答でわかるように，リスク回避的な人はリスクの存在する投資に対してリスクプレミアムを要求するのです。投資家の要求する収益率は**要求収益率**と呼ばれ，これを数式で表すと次の式(2.8)になります。式(2.8)は式(2.7)を正確な用語で書き換えたものです。

$$\text{要求収益率} = \text{安全利子率} + \text{リスクプレミアム} \tag{2.8}$$

式(2.8)を図示すると**図表２－３**の通りになります。この図は，リスクの大きさに応じて要求収益率が高くなる関係を示します。

5　要求収益率と期待収益率

リスクのある投資プロジェクトの例として，証券投資について考えましょう。リスクのある証券に対する投資家の要求収益率は，証券市場に同等のリスクの証券があれば，その証券に投資して得られると期待できる収益率と一致するはずです。ここで，ある証券に対して期待できる収益率をその証券の**期待収益率**といいます。

資本市場では，多くの投資家がリスクに対して最大のリターンの獲得できる少しでも有利な投資対象を探して取引します。リスクが同等で，その他の条件も同一な証券が異なる期待収益率の下で取引されているなら，投資家は期待収益率の低いほうの証券を売却し，期待収益率の高いほうの証券を購入することでより有利な投資を行おうとするでしょう。このように，リスクが同等な2つの証券の期待収益率の差（または価格差）から利益を得ようとする取引を，**裁定取引**（**アービトラージ取引**）と呼びます。日本や米国の証券市場のように発達した証券市場では，この裁定取引がよく働いています。この裁定取引の議論は，第4章の第**2**節で詳しく解説します。こうした裁定取引の結果として実現する市場の均衡状態（これ以上，裁定取引しても利益の得られない状態）では，同等のリスクの証券は同じ期待収益率で取引されます。

このため，ある証券に対する投資家の要求収益率と，証券市場における同等のリスクの証券の期待収益率は，均衡状態で一致します。

$$\text{証券に対する投資家の要求収益率} = \text{その証券の期待収益率} \tag{2.9}$$

図表2－3で示したように，リスクに応じて投資家の要求収益率は上昇するので，証券のリスクが高いほど，その証券の期待収益率は高くなります。したがって，証券市場ではファイナンスでの鉄則ともいえるハイリスク・ハイリターン，ローリスク・ローリターンの関係が成立します。

事業投資など，証券投資以外の投資プロジェクトのケースにも，上記と同じことが言えます。事業投資と同等のリスクの証券が市場で取引されているなら，事業投資に対する投資家の要求収益率は，その同等のリスクの証券の期待収益率と一致します。なお，要求収益率は投資家にとっては同等のリスクの他の投資機会をあきらめることに対する見返りを意味することから，資本の機会費用ともいいます。

6 資本コスト

ある投資プロジェクトや証券に対する投資家の要求収益率は，投資家から資本を集めて投資プロジェクトを実行する企業にとっては，企業が満たすべき収益率となるので，**資本コスト**（cost of capital）と呼ばれます。この関係は以下の式(2.10)で表すことができます。

ある投資プロジェクトに対する投資家の要求収益率
　= 証券市場における同等のリスクの証券の期待収益率
　= 投資プロジェクトの資本コスト　(2.10)

(2.10)で示す関係は，投資家の要求収益率が，投資プロジェクトを行う企業にとっての資本コストとなるが，それは市場で決定される期待収益率を通して一貫性を持ったものであることを示します。つまり，投資家，企業，市場が同じ割引率（判断基準）で投資プロジェクトを評価しているという点が重要な点となります。これを，この章の第**2**節で出てきた式(2.6)を利用して，投資プロジェクトの価値の視点から確認してみましょう。

$$PV(CF_t) = \frac{CF_t}{(1+r)^t} \tag{2.6}$$

式(2.6)は投資が生む将来のキャッシュフローとその現在価値を一般化した式なので，リスクが存在する投資の場合も成立します。ただし，将来のキャッシュフロー CF_t にリスクが存在する場合，式(2.6)の割引率 r は，安全利子率ではなく，リスクを反映した期待収益率（＝投資家の要求収益率）となります。

投資家が，ある企業が実施する投資プロジェクトに投資するかどうかをNPV 法に基づいて判断する際に，投資プロジェクトが生む将来のキャッシュフローについて，その投資プロジェクトに対する期待収益率（＝投資家の要求収益率）を用いて現在価値を求めることで，その投資プロジェクトの価値を評価することが可能となります。一方で，投資プロジェクトを実行する企業側も，同じ期待収益率を資本コストとして用いて，投資プロジェクトの価値を評価します。投資家も企業も同じ割引率，すなわち同等のリスクの投資機会の期待収益率を採用しているため，両者にとっての投資プロジェクトの価値は一致することになります。

7 正味現在価値（NPV）

本節では，投資プロジェクトの NPV を実際に試算してみましょう。

Case 2－3　投資プロジェクトのNPVの評価　例題

A 社は，自社が検討している投資プロジェクトに対する投資家の要求収益率を把握しています。A 社は検討中の投資プロジェクトが，投資家の要求収益率を満たす，または上回るキャッシュフローを生みだすことが可能と予測するなら，その投資プロジェクトを実行します。それでは A 社はどのように検討中の投資プロジェクトが，少なくとも投資家の要求収益率を満たす投資であると確認できるでしょう。以下の**図表２－４**は，A 社の投資プロジェクトで必要となる初期投資と，そこから上がる将来のキャッシュフローを示しています。

図表２－４ ▶▶▶ A 社の投資プロジェクトの初期投資と将来キャッシュフロー

（単位：億円）

	0 年目	1 年目	2 年目	3 年目	4 年目	5 年目
キャッシュフロー	－200	30	60	90	50	30

上記の１年目以降の将来キャッシュフローは予想値なので，投資プロジェクトの将来の**期待キャッシュフロー**（expected cash flow），または**キャッシュフロー・プロジェクション**（cash flow projection）と呼ばれます。最初に 200 億円の初期投資（表中の０年目の－200）が必要であり，その後に収益としてのキャッシュフローが発生する予想であり，６年目以降にキャッシュフローは発生しないと予想しています。

すでに学んだように，複数期間にわたる投資プロジェクトの価値はそのプロジェクトから発生するキャッシュフローの現在価値の合計から算定します。この投資プロジェクトのリスクを反映した投資家の要求収益率は6%です。したがって，企業Aにとってのこの投資プロジェクトの資本コストは6%になります。そのとき，この投資プロジェクトの将来の毎年のキャッシュフローの現在価値は以下の**図表２－５**の通り計算されます（数値は四捨五入しています）。

図表２－５▶▶▶投資プロジェクトのキャッシュフローの現在価値

（単位：億円）

	0年目	1年目	2年目	3年目	4年目	5年目
各年のキャッシュフロー	－200	30	60	90	50	30
各年の現在価値算出式		$=\frac{30}{1+6\%}$	$=\frac{60}{(1+6\%)^2}$	$=\frac{90}{(1+6\%)^3}$	$=\frac{50}{(1+6\%)^4}$	$=\frac{30}{(1+6\%)^5}$
キャッシュフロー現在価値	－200	28.3	53.4	75.6	39.6	22.4
1～5年目の現在価値合計		219.3				
0～5年目の現在価値合計	19.3					

図表２－５において資本コスト6%を用いて算出した1年目から5年目の期待キャッシュフローの，現在価値の合計は219.3億円となります。つまり，現時点（0年目）で200億円の投資を実行すれば，現在価値で219.3億円のキャッシュフローの獲得が見込まれます。この初期投資（－200億円）と将来キャッシュフローの現在価値（219.3億円）の合計19.3億円が投資プロジェクトにより増加する価値，すなわち投資プロジェクトのNPVを示します。この投資プロジェクトのNPVは正値なので，資本コスト6%を上回る投資価値を持つことを示します。

もう一度復習としておくと，投資プロジェクトのNPVの算出式は，以下の式(2.11)の通りとなります。

$$\text{NPV} = (-\text{当初投資額}) + \text{将来の期待キャッシュフローの現在価値の合計} \tag{2.11}$$

投資のNPVが正値の投資プロジェクトは，投資家の要求収益率を上回る価値を上げていることを意味します。NPV＝0の投資プロジェクトも，投資家の要求収益率をちょうど満たす投資なので，これを実施することは問題がないでしょう。このことから，投資プロジェクトを実施することの条件は，NPVが0以上（非負）であることとなります。Case 2－3 では，A社の投資プロジェクトのNPVは19.3億円のプラス（正値）なので，この投資プロジェクトは，実施条件を満たしています。

投資意思決定のNPVルール（NPV法）：
投資のNPVが0以上（非負）であること

NPV法は，企業の投資意思決定の全体に適用することができる重要なルールです。NPVと投資プロジェクトの価値の関係は以下のようにまとめられます。

NPV ＞ 0：投資プロジェクトから投資額を上回る価値が獲得できる
NPV ＝ 0：投資プロジェクトから投資額と同額の価値が獲得できる
NPV ＜ 0：投資プロジェクトから投資額未満の価値しか獲得できない

企業にとってはNPVが正の投資プロジェクトをすべて実行することが，企業価値最大化につながります。一方で複数の投資プロジェクトの候補があり，それらを同時に実行できない場合には，NPVが大きい順番（ただし，NPVは0以上）に選択することが投資の経済価値を最大化し，合理的といえます。

これは投資プロジェクトを検討している会社の資金が，NPVが正の投資プロジェクトすべてを行うには不足している場合でも成立します。なぜなら，NPVの計算においては，投資プロジェクトに必要となる初期投資額は，投資家の要求収益率を調達コストとして外部から資金調達を行うことを前提にしているからです。

Training　解いてみよう

下の表に示す将来キャッシュフローが予測されている投資プロジェクトがあります。このプロジェクトを始めるための現時点での初期投資は100億円に対し，プロジェクトから生まれるキャッシュフローは5年間合計で130億円と予測されています。6年後以降は，キャッシュフローは生まれません。この投資プロジェクトと同等のリスクの証券が市場では8%で取引されています。

この投資プロジェクトのNPVを計算し，投資すべきか否かを評価しなさい。

（単位：億円）

時期	現時点（0年）	1年	2年	3年	4年	5年
投資金額	100	0	0	0	0	0
キャッシュフロー	0	5	15	40	50	20

第3章 投資意思決定とNPV

Learning Points

- ▶本章では，さまざまな投資意思決定の手法を比較し，NPV法が相対的に優れた手法であることを学びます。
- ▶効率的な証券市場では，NPVが正値の証券は即座にNPV＝0の水準まで買われて価格修正されるため，NPVが正値の投資機会は消滅します。
- ▶NPV法以外の投資の評価方法として内部収益率法（IRR法）があります。IRR法は，一般的な証券の評価には適していますが，投資プロジェクトの評価では適用に問題があります。
- ▶キャッシュフローが永久継続を想定する投資プロジェクトの評価として，定額配当割引モデル（永久年金の公式）があります。

Key Words

効率的市場　NPV法　IRR法　定額配当割引モデル（永久年金の公式）定率配当割引モデル

1 資本市場と財市場におけるNPV

第1章の「**図表1－1**：ファイナンスの現場」（p. 12）をもう一度見てください。発達した資本市場では多くの投資家が，NPVが正の投資機会を求めて証券を取引しています。このため，もしNPVが正の証券があったとすると，その証券を多くの投資家が購入しようとするため，すぐにNPV＝0の水準まで価格が上方修正（期待収益率は下落）されるでしょう。資本市場ではどのような投資家でも，このような取引を容易にできるため，NPVが正（負）の証券があればすぐに購入（売却）します。このため，高度に発達した証券市場においては，NPVが正の投資対象を見つけることは困難であり，一般に投資のNPVはゼロとなります。このように正のNPVの投資機会がない証券市場は，**効率的市場**と呼ばれます。このことを称して，「効率的な資本市場にはフリーランチ（ただ飯）はない」と言われます。

一方，財市場（ビジネスの現場）における投資プロジェクト（事業投資）は，誰でも容易に実行できるものではありません。投資プロジェクトを実現するための技術や経験，機械・工場など設備や専門知識を持った人材などが必要になります。このため，財市場においてはNPVが正の投資プロジェクトの機会が数多く存在します。この点が資本市場における投資と，財市場における投資プロジェクトへの投資の前提が大きく異なる点です。

2 企業の資金調達と投資判断の分離原理

企業は，株式や債券など証券で資本調達し，それを投資プロジェクトに投下します。このとき，株式や債券などの証券が市場で適切に価格付けされていれば，そうした証券への投資はNPVがゼロの投資となっています。したがって株式や債券を発行して資本調達する企業にとっても，資本調達のNPVはゼロとなります。このため，企業にとっての投資のNPVは，資本調達手段の選択に影響を受けず，投資プロジェクトからのみ生まれることになります。企業の投資判断は，資本調達手段から分離して，投資プロジェク

図表3－1 ▶▶▶ NPV法と分離原理

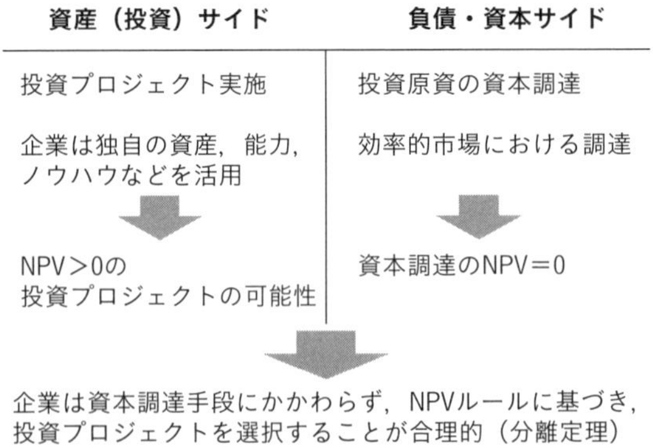

資産（投資）サイド	負債・資本サイド
投資プロジェクト実施	投資原資の資本調達
企業は独自の資産，能力，ノウハウなどを活用	効率的市場における調達
⬇	⬇
NPV＞0の投資プロジェクトの可能性	資本調達のNPV＝0

⬇

企業は資本調達手段にかかわらず，NPVルールに基づき，投資プロジェクトを選択することが合理的（分離定理）

トのNPVのみ注意すればよいことになります。これは，分離原理と呼ばれて，投資プロジェクトの評価において使用する割引率は，資本調達手段に関係なく，投資プロジェクトのリスクのみを考慮して決定すればよいことを示します。この関係は**図表3－1**に整理しています。

3 内部収益率

証券の評価において，**内部収益率**（Internal Rate of Return：**IRR**）と呼ばれる収益率が使用されることがあります。これは，証券の現時点の価格（投資プロジェクトにおいては，当初投資額）と，将来のキャッシュフローの現在価値の合計を等しくする割引率のことを指します。すなわち，IRRは投資のNPV＝0を満たす割引率ということができます。

IRRを投資プロジェクトの評価に使用するとどうなるでしょう。いま，t期までキャッシュフロー（CF_1，CF_2，CF_3，‥‥CF_t：ただし，CFの添え字は発生時期を示す）が発生する投資プロジェクトがあるとき，以下の式(3.1)を満たす割引率rがこのプロジェクトのIRRとなります。

$$CF_0 + \frac{CF_1}{1+r} + \frac{CF_2}{(1+r)^2} + \frac{CF_3}{(1+r)^3} + \cdots\cdots + \frac{CF_t}{(1+r)^t} = 0 \qquad (3.1)$$

いま，第2章で使用した Case 2－3 の数値事例を再度，使用して考えましょう。この章での Case 3－1 とします。最初にこのケースの投資プロジェクトのNPVは，資本コストを6%と置いたときには，19.3でした。この投資プロジェクトのIRRを，式(3.1)を使って求めます。なお，実際にIRRの計算は，関数電卓や表計算ソフトのIRRを求める関数機能などを使用すれば簡単に求められます。

Case 3－1　IRRの算出　例題

資本コスト＝6%のときのNPV

	0年目	1年目	2年目	3年目	4年目	5年目
各年のキャッシュフロー	－200	30	60	90	50	30
各年の現在価値算出式		$\frac{30}{1+6\%}$	$\frac{60}{(1+6\%)^2}$	$\frac{90}{(1+6\%)^3}$	$\frac{50}{(1+6\%)^4}$	$\frac{30}{(1+6\%)^5}$
FCFの現在価値	－200	28.3	53.4	75.6	39.6	22.4
NPV	19.3					

この投資プロジェクトのIRRは，下記の式を満たす9.5%となります。

$$-200+\frac{30}{1+IRR}+\frac{60}{(1+IRR)^2}+\frac{90}{(1+IRR)^3}+\frac{50}{(1+IRR)^4}+\frac{30}{(1+IRR)^5}=0$$

図表3－2は上記の Case 3－1 の事例について，割引率とNPVの関係を図示したものです。割引率＝9.5%においてNPV＝0となっており，この9.5%がIRRであることを示しています。割引率がIRRを下回るとNPVは正になっており，たとえば割引率が資本コストである6%の場合に，NPV＝19.3となっています。割引率が9.5%以下であれば，NPVが0以上

図表3－2 ▶▶▶ Case3－1における割引率とNPVの関係

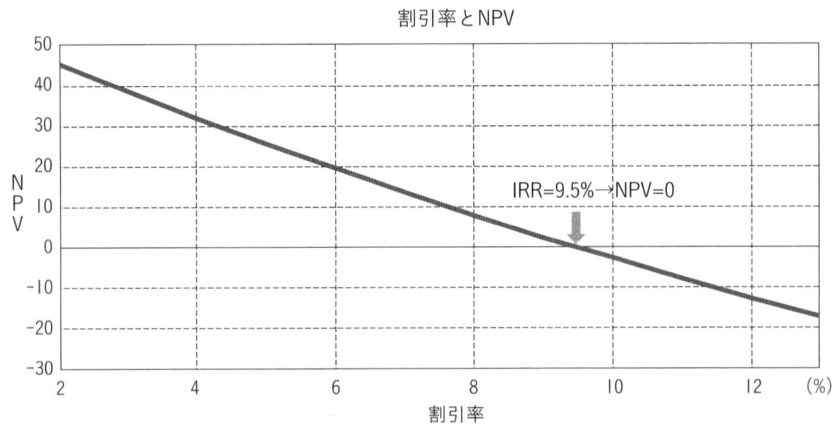

の領域であることを示しています。また，6%と推定した資本コストに関して誤差がある場合でも，その誤差が3.5%以内の過小な見積もりであれば，真の資本コストは9.5%以下に収まり，投資プロジェクトを採択するという意思決定に誤りはないことを示します。**図表３－２**に示すような関係を把握しておくことは，資本コストの誤差がNPVに与える影響を理解する上で有用です。

4　NPV法とIRR法

上記の**図表３－２**を見ると，投資プロジェクトの資本コストをIRRが上回る限り，NPVは正値になるため，IRRが資本コストを上回るか否かを投資プロジェクトの採用基準に使用できるように見えます。しかし，投資決定の手法としてIRRを基準に判断することは，不適切な場合があるので注意が必要です。これはIRR法には計算上，いくつかの問題点が存在するためです。

通常の債券など投資開始時にのみ投資（負のキャッシュフロー）が実施され，その後の期間は資金の回収のみが行われるケースでは，NPV法とIRR法は同じ判断に到達します。以下の Case 3－2 では，投資プロジェクトのキャッシュフローが債券投資と同様なパターンになっており，NPV法とIRR法は同じ判断に達します。

Case 3－2　債券型キャッシュフローのNPVとIRR　例題

キャッシュフロー発生時点（年）	0	1	2	3	4	5
投資金額	－100	0	0	0	0	0
回収金額	0	8	8	8	8	108
キャッシュフロー	－100	8	8	8	8	108
資本コスト	5.0%					
キャッシュフロー現在価値	－100.00	7.62	7.26	6.91	6.58	84.62
NPV	12.99					
IRR	8.0%					

Case 3－2 では，投資プロジェクトの資本コストは5％で，NPVは12.99となり，NPVは正なのでこの投資プロジェクトは採択すべきとなります。一方，この投資プロジェクトのIRRは8％であり，これは資本コスト5％を上回ります。このようにキャッシュフローが最初はマイナスですが，その後の期間は継続してプラスのケースではNPV法とIRR法は同じ結論に到達します。

一般に，最初に投資が発生してマイナスのキャッシュフローで始まり，途中からは資金回収により安定してプラスのキャッシュフローが発生する投資プロジェクトにおいては，IRRが資本コストを上回ればNPVも正となり，その投資プロジェクトに投資すべきという判断をしてもよいことが言えます。

一方で以下の Case 3－3 のような資金流入の先行するキャッシュフローを持つ投資プロジェクトにおいては，IRRと資本コストの比較による投資判断はできません。

Case 3－3 資金流入が先行するケースのNPVとIRR　例題

キャッシュフロー発生時点（年）	0	1	2	3	4	5
投資金額	－40	0	0	－150	0	0
回収金額	0	180	0	0	0	20
キャッシュフロー	－40	180	0	－150	0	20
資本コスト	5.0%					
キャッシュフロー現在価値	－40.00	171.43	0.00	－129.58	0.00	15.67
NPV	17.52					
IRR	－5.2%					

NPV法ではNPVが17.52で正値なので投資すべきとの結論ですが，IRRは－5.2％であり，資本コストの5％を下回るので投資すべきでないという結果になり，両者は不一致となります。このケースは，大きな資金流入が1年目に先行して生じ，3年目に大きな資金支出が発生するパターンとなっており，全体としては借入のような性格のキャッシュフローを持つ投資プロジェクトと

なっています。こうしたケースでは，一般にIRRを資本コストと比較することでは適切な投資判断ができなくなっています。借入では，金利が低いほうが有利な資金調達であることから，IRRが資本コストより低いことが正のNPVを生んでいると解釈できます。

このほかにも，キャッシュフローが正値と負値を繰り返し往復するようなケースは複数のIRRが存在し，IRRと資本コストの比較によって投資判断することができないケースとなります。実は Case 3－3 もそのケースであり，－5.17％に加え，非現実的ケースですが329.85％もNPVが0となるIRRになり，解釈は複雑になります。このようにIRR法は投資決定に使用可能なケースと使用できないケースがあるため，一般に投資プロジェクトの投資決定においてはNPV法を使用することが基本的ルールとなります。

5 残存価値と定額配当割引モデル

ここまで，将来のキャッシュフローが一定期間内で完了するケースを用いて，NPVを説明してきました。それでは，将来のキャッシュフローが永久に継続するようなケースでは，NPVはどのように算定できるでしょうか。実際に企業が実施する多くの投資プロジェクトでは，1つの事業の中で次々と連続的に新製品が投入され，そこから発生するキャッシュフローも永続的に継続することが一般的です。次の**図表3－3**は，将来5年目以降は毎年発生するキャッシュフローが横ばいとなることが予測される投資プロジェク

図表3－3▶▶▶投資プロジェクトのキャッシュフロー

（単位：億円）

キャッシュフロー発生時点	現在	1年後	2年後	3年後	4年後	5年後以降
投資に要するコスト	－100	－100	－50	－30	－30	－30
投資からの収益	0	0	30	40	50	60
ネット・キャッシュフロー	－100	－100	－20	10	20	30

トのキャッシュフローを示しています。なお，このプロジェクトへの投資家の期待収益率はrとします。

図表３－３の５年後以降のように，定額のキャッシュフローが継続する場合の評価は**定額配当割引モデル**（**永久年金の公式**）により，その価値の評価が可能です。永久年金の公式は，永久に継続する定額のキャッシュフローの現在価値の総計を求める数式であり，以下の式(3.2)で示されます。

$$\text{将来キャッシュフローの現在価値の総計} = \frac{\text{1年当たりのキャッシュフロー}}{r} \tag{3.2}$$

なお，式(3.2)は，初項 $= \dfrac{\text{1年当たりのキャッシュフロー}}{1+r}$，公比 $= \dfrac{1}{1+r}$ の等比数列の和の公式により導くことができます。初項A，公比Rの等比数列の第N項までの和Sを求める公式は，式(3.3)になります。

$$S = \frac{A(1-R^N)}{1-R} \tag{3.3}$$

キャッシュフローが永久に継続することを前提にNを極大化すると，公比 $= \dfrac{1}{1+r}$ より，式(3.3)におけるR^Nは限りなく0に近似できます。

そのとき，式(3.3)に初項 $= \dfrac{\text{1年当たりのキャッシュフロー}}{1+r}$，公比 $= \dfrac{1}{1+r}$ を代入し，整理すると，$S = \dfrac{\text{1年当たりのキャッシュフロー}}{r}$ と整理できます。

いま，資本コストrを6％とすれば，４年目における５年後以降のキャッシュフローの現在価値合計は以下の式(3.4)により500と算出できます。

図表3－4 ▶▶▶定額配当割引モデルを使用した現在価値評価

（単位：億円）

	現在	1年後	2年後	3年後	4年後	5年後以降
投資に要するコスト	－100	－100	－50	－30	－30	－30
投資からの収益	0	0	30	40	50	60
キャッシュフロー	－100	－100	－20	10	20	30
						（4年目における残存価値 500）
現在価値算出式	－100	$\frac{-100}{1+6\%}$	$\frac{-20}{(1+6\%)^2}$	$\frac{10}{(1+6\%)^3}$	$\frac{20}{(1+6\%)^4}$	$\frac{500}{(1+6\%)^4}$
現在価値	－100.00	－94.34	－17.80	8.40	15.84	396.05
現在価値の合計	208.15					

$$\frac{30}{(6\%)} = \frac{30}{0.06} = 500 \tag{3.4}$$

この4年目における5年目以降の永久に継続するキャッシュフローの現在価値の合計を4年目における**残存価値**（terminal value）と呼びます。ここでは，500が4年目における残存価値となります。このため，**図表3－3**に示したキャッシュフローを持つ投資プロジェクトの価値は**図表3－4**のように求められます。

この投資プロジェクトのNPVは208.15億円で正値になりますが，その回収額の大きな割合は4年目における残存価値，すなわち5年後以降に継続するキャッシュフローから発生していることがわかります。このことは，一定のキャッシュフローが将来にわたり継続して発生する投資プロジェクトの価値における残存価値の重要性を示しています。

ところで，残存価値の算出の前提で，将来永久にキャッシュフローが継続するという前提は，非現実的に感じるかもしれません。しかし，現在価値で考えると，そうでもありません。永久にキャッシュフロー30が継続するとして，その毎年の現在価値を表計算ソフトを使用して求めてみてください。たとえば40年後までのキャッシュフローの現在価値合計は451で，定額配当割引モデルによる算出価値500に対して90%に達します。20年後までのキャッシュフローの現在価値合計でも344で70%近くに達しています。つまり，将来永久に固定のキャッシュフローが継続するという前提を置いても，現在価値を基準に考えると実際には今後40年間程度のキャッシュフローが主として評価されていると解釈可能です。

図表3－4では，5年後以降のキャッシュフローは毎年定額であることを仮定しましたが，キャッシュフローが毎年一定の比率で成長することを仮定したほうが現実的な投資プロジェクトも多いでしょう。毎年のキャッシュフローの成長率をg%とすると，その将来キャッシュフローの現在価値の合計は，以下の式(3.5)で求められます。

$$\text{将来キャッシュフローの現在価値の総計} = \frac{\text{1年当たりのキャッシュフロー}}{r-g} \tag{3.5}$$

式(3.5)は，**定率成長を前提にした永久年金公式**と呼ばれ，初項＝$\dfrac{\text{1年当たりのキャッシュフロー}}{1+r}$，公比＝$\dfrac{1+g}{1+r}$の等比数列の和の公式から求めることができます。

来期のキャッシュフローが30で，毎年1%の成長が期待できる場合，割引率が6%ならそのキャッシュフローの現在価値は次のように求められます。

$$\frac{30}{6\% - 1\%} = \frac{30}{0.05} = 600 \tag{3.6}$$

式(3.4)と式(3.6)を比較すると，成長率1%を考慮した式(3.6)の価値が100だけ価値が大きくなっていますが，これが成長率1%分の価値と解釈できます。

一般に，投資プロジェクトの将来の詳細なキャッシュフローは今後5年間程度しか信頼性のある予測はできません。こうした場合も，5年後以降の継続可能なキャッシュフローを予測し，永久年金の公式を使用することで投資プロジェクトのNPVの評価は可能になります。上記のケースでは，今後5年後までのキャッシュフローだけではNPVは正値にならず，4年後における5年目以降の継続価値である残存価値を反映することでNPVが正値になりました。このように投資プロジェクトの評価や企業価値の算定において，その残存価値の評価は，投資意思決定を左右する重要な分析となります。

6 投資回収年限法

投資決定においては，多くの企業では伝統的手法として**投資回収年限法**が採用されてきました。投資回収年限法は，投資プロジェクトに投下した資本が，5年や10年などあらかじめ会社内でルールとして決定された基準年限以内に回収できるかで投資判断をする手法です。この手法では現在価値の概念は使用されず，投資プロジェクトに対する投下資本金額とそこから生み出されるキャッシュフロー累積額の比較となります。

この手法の利点は投下資本の早期回収という視点で投資プロジェクトを評価するため，管理がシンプルであること，投資原資を借入金で調達している場合にはその元本返済の管理が容易であることなどです。歴史的に日本企業は銀行借入が資金調達の中心だったため，投資回収年限法は多くの日本企業において設備投資など投資プロジェクトの評価に使用されてきたのです。

一方でこの手法の難点は，当初の数年間に発生するキャッシュフローは小さいが，その後の長期にわたり発生するキャッシュフローが継続的に成長するプロジェクトや，継続的に投資を行うことで成長性が高まる投資プロジェクトなどが，適正に評価できない点です。NPV法は投資プロジェクトから発生する将来のすべてのキャッシュフローを，その発生タイミングとリスクの両方を反映して評価可能であり，投資回収年限法より優れた投資決定の判断基準であると言えます。

具体例として**図表３－４**の投資プロジェクトはNPV法では採用すべきものですが，５年間の投資回収年限法の下では，当初２年間の初期投資200億円を５年間では回収できず，不採用となってしまいます。このように，投資回収年限法は，NPVが正のプロジェクトを不採用としてしまうケースや，逆にNPV法では不採用の投資プロジェクトを採用してしまうといった問題点が発生します。

7 NPV法における感応度分析

投資プロジェクトを実施するかどうかの意思決定においては，IRR法や投資回収年限法などもありますが，ここまで説明したとおり，NPV法はどのようなパターンのキャッシュフローの価値評価にも適用可能な点で最も適切な評価方法です。NPV法は，将来の期待キャッシュフロー，残存価値計算における成長率，資本コストなどの計算要素を変更することで簡単に感応度分析を行えるなど，企業の投資意思決定の検討にも有用です。**図表３－４**のキャッシュフローを再度使用して，将来の期待キャッシュフロー，成長率，

図表３－４ ▶▶▶ 定額配当割引モデルを使用した現在価値評価（再掲）

（単位：億円）

	現在	1年後	2年後	3年後	4年後	5年後以降
投資に要するコスト	－100	－100	－50	－30	－30	－30
投資からの収益	0	0	30	40	50	60
キャッシュフロー	－100	－100	－20	10	20	30
						（4年目における残存価値500）
現在価値算出式	－100	$\frac{-100}{1+6\%}$	$\frac{-20}{(1+6\%)^2}$	$\frac{10}{(1+6\%)^3}$	$\frac{20}{(1+6\%)^4}$	$\frac{500}{(1+6\%)^4}$
現在価値	－100.00	－94.34	－17.80	8.40	15.84	396.05
現在価値の合計	208.15					

資本コストなどを変更し，感応度分析を行ってみましょう。

まず比較対象となるベースケースですが，**図表３－４**では，資本コスト6%，４年目における残存価値計算の将来成長率0%を前提にNPVは以下のように算出されました。

現実社会では，事業環境の変化や，予想外の障害などにより，当初の予測よりも収益が上ぶれ，下ぶれしたり，収益化が早まったり，遅れたりすることがあります。このため，実際に発生するキャッシュフローは，期待キャッシュフローのとおりとはならず，一定の分布範囲にばらつきます。このキャッシュフローの分布の範囲が大きいほど，投資プロジェクトのリスクは大きくなります。投資プロジェクトのNPVを計算する際に，安全利子率にリスクプレミアムを加算した要求収益率を使用する理由は，このリスクへの対応です。

7.1 感応度分析１—収益化の遅れ—

いま，**図表３－４**に示したキャッシュフローで，２年後から発生する見込みだった投資からの収益が，発生のタイミングが見込みよりも１年ずつ遅れる可能性があるとします。投資に要するコストは変化しないとします。この

図表３－５▶▶▶収益発生が１年遅れる場合

（単位：億円）

	現在	1年後	2年後	3年後	4年後	5年後	6年後以降
投資に要するコスト	－100	－100	－50	－30	－30	－30	－30
投資からの収益	0	0	0	30	40	50	60
キャッシュフロー	－100	－100	－50	0	10	20	30
							（5年目における残存価値 500）
現在価値算出式	－100	$\frac{-100}{1+6\%}$	$\frac{-50}{(1+6\%)^2}$	$\frac{0}{(1+6\%)^3}$	$\frac{10}{(1+6\%)^4}$	$\frac{20}{(1+6\%)^5}$	$\frac{500}{(1+6\%)^5}$
現在価値	－100.00	－94.34	－44.50	0.00	7.92	14.95	373.63
現在価値の合計	157.66						

場合，NPVはどのように変化するでしょう。この場合のNPVを**図表３－５**に示します。

図表３－５をみると，収益の発生が１年遅れることで，NPVが約50億円も下がっています。この理由は，将来収益の発生時点が１年先になったことで，投資からの収益の現在価値が低下したためです。このことは，キャッシュフローの発生タイミングがNPVに対して大きな影響を持つことを示しています。

7.2 感応度分析２—将来成長率—

図表３－４のベースケースにおいて，５年後以降のキャッシュフローは一定と置きました。一方で事業が成長分野であれば，将来にわたりキャッシュフローも成長する可能性があります。いま，５年目以降のキャッシュフローが年率2%で成長するという楽観的シナリオを仮定しましょう。この場合，６年目のキャッシュフローは30 ×（1 + 2%）= 30.6となることに注意しましょう。このケースのNPVの算定を**図表３－６**に示します。**図表３－６**と

図表３－６ ▶▶▶ ６年目以降の成長率が２%の場合のNPV

（単位：億円）

	現在	１年後	２年後	３年後	４年後	５年後	６年後
投資に要するコスト	－100	－100	－50	－30	－30	－30	
投資からの収益	0	0	30	40	50	60	
キャッシュフロー	－100	－100	－20	10	20	30	＝30（1＋2%）
残存価値算出式							（５年目における残存価値 $\frac{30(1+2\%)}{6\%-2\%}$）
残存価値の現在価値							765
現在価値算出式	－100	$\frac{-100}{1+6\%}$	$\frac{-20}{(1+6\%)^2}$	$\frac{10}{(1+6\%)^3}$	$\frac{20}{(1+6\%)^4}$	$\frac{30}{(1+6\%)^5}$	$\frac{765}{(1+6\%)^5}$
現在価値	－100.00	－94.34	－17.80	8.40	15.84	22.42	571.65
現在価値の合計	406.17						

図表３－４との違いは，**図表３－６**では５年目における残存価値の計算に定率成長を前提にした永久年金の公式を使用する点です。

図表３－６では，NPV が約 406 億円と**図表３－４**のベースケースの約 208 億円の２倍近くに上昇しています。**図表３－４**から変化したのは残存価値の算出の条件だけなので，上記の結果の差は，残存価値における成長率の影響の大きさを示しています。**図表３－４**と**図表３－６**の残存価値を比較してみましょう。

$$\textbf{図表３－４}\text{の残存価値：}\frac{30}{6\%} = 30 \times 16.666\cdots = 500$$

$$\textbf{図表３－６}\text{の残存価値：}\frac{30 \times (1 + 2\%)}{6\% - 2\%} = 30.6 \times 25 = 765$$

２つの残存価値の違いは，永久年金の公式で使用される成長率から発生します。ここで使用される成長率は，将来永久に持続すると仮定される成長率なので慎重に決める必要があります。現時点での成長ビジネスでも，次々に新規参入者が登場したり，代替製品・サービスが提供されたりすることで，数年後には個々の企業の成長余地は限られてくることが往々にしてあります。日本経済の成熟化の下で，2%の永久成長率は少し楽観的かも知れません。

Column　NPV 法では過去の投資はどのように評価されている？

NPV 法の計算では，評価の対象となる投資プロジェクトに関して過去に実施済みの投資があっても評価には反映されません。NPV 法は現時点で投資をするか否かの投資判断の手法です。過去にすでに投資をしていてもそれは現時点で撤回できないものであり，現時点の投資判断には影響を与えるべきではありません。これは，経済学におけるサンクコスト（埋没費用）の考えと一致しています。

Training　解いてみよう

下記の期待キャッシュフローの投資プロジェクトがあります。この投資プロジェクトと同等のリスクの事業を行っている上場企業の株式の期待収益率は7%です。5年後以降はコストも収益も発生しません。この投資プロジェクトは行うべきでしょうか？　また，この投資プロジェクトのIRRは何%でしょうか？IRRの計算はExcelのIRR関数などを使用して求めましょう。

キャッシュフロー発生時点	現在	1年後	2年後	3年後	4年後
投資に要するコスト	－200	－50	－50	－30	－30
投資からの収益	0	40	130	150	120
キャッシュフロー	－200	－10	80	120	90

第4章 株式市場における リスクとリターンの関係

Learning Points

- ▶金融資産の収益性を測る代表的な指標として期待収益率，リスクを測る代表的な指標として収益率の標準偏差を学びます。
- ▶分散投資によって消すことのできるリスクとできないリスクがあります。前者を固有リスク，後者をシステマティックリスクと呼びます。リスクプレミアムはシステマティックリスクを負担することに対してのみ支払われます。

Key Words

期待収益率　収益率の標準偏差，要求収益率　リスクプレミアム
分散投資　システマティックリスク　固有リスク

1 収益性とリスクの尺度

金融資産の収益性はどのように測ればよいでしょうか。また，リスクはどのように測ればよいでしょうか。まずはこの2点について学びます。

なお，この章（第4章）から第6章までの議論は，市場に存在する一般のリスク資産（将来の収益が不確実な資産）について成立しますが，具体的なイメージをつかみやすくするために，リスク資産が株式のみであると考えて議論を展開します。

1.1 不確実性の扱い方―確率分布―

株式を保有すると配当が支払われます。このように資産の保有中に得られる収益のことをインカムゲインといいます。しかし，株式を保有することで得られる収益は配当だけではありません。もし，購入時の価格よりも高い価格で売れば，その差額が収益となります。これを**キャピタルゲイン**といいます。反対に，もし低い価格で売れば，その差額が損失となります。これを**キャピタルロス**といいます。

したがって，配当とキャピタルゲイン（ロス）の和が株式を保有することで得られる収益額となります。そして，これを購入時の株価で割ったものを株式の**収益率**と呼びます。たとえば，購入時の価格が100円，売却時の価格が105円，配当が5円の場合，収益率は$\{(105-100)+5\}\div 100=0.10$となり，パーセント表示にすれば10%となります。一般に，購入時である現在時点の株価をP_0，将来時点（1期後）における売却時の株価をP_1，その株式を保有することで将来受け取れる配当をD_1とすると，株式の収益率rは次の式で定義されます。

$$\text{収益率：}r=\frac{P_1-P_0+D_1}{P_0} \tag{4.1}$$

現時点で購入時の株価P_0は知ることができます。しかし，現時点で将来の株価P_1を知ることはできません。同様に，将来受け取れる配当D_1も知ることはできません。そのため，株式の収益率には，現時点で将来の収益を知ることができないという不確実性が存在します。

この不確実性を扱うために，収益率は確率変数であると考えます。ここで，

図表4－1▶▶▶収益率の確率分布

現在の株価P_0	100		
将来の景気	不景気	不変	好景気
配当D_1	0	5	10
将来の株価P_1	80	105	130
収益率r	－20%	10%	40%
各景気の起きる確率	0.25	0.50	0.25

図表4－2 ▶▶▶ 収益率の確率分布

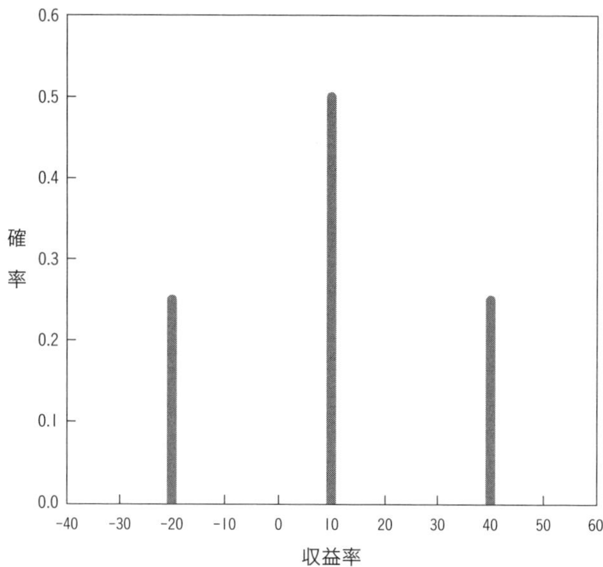

確率変数とは，取りうる値にあらかじめ確率が与えられた変数のことです。また，確率変数の取りうる値の各々に確率を対応させたものを**確率分布**と呼びます。たとえば，ある投資家が将来の景気の変化とその変化に対応する株式のキャピタルゲイン（ロス）と配当，そして，それらから計算される収益率について**図表4－1**のような確率分布を予想しているとしましょう。この収益率の確率分布を視覚的に表すと**図表4－2**のようになります。なお，ここでは，簡単化のために，起きうる状態が「不景気」，「不変」，「好景気」の3つと考えましたが，無数にあるとしてかまいません。

1.2 収益性の尺度―期待収益率―

収益性を測る1つの尺度が**期待収益率**です。これは収益率の期待値のことで，平均的に予想される収益率と解釈できます。ここからは，期待収益率を$E[r]$（期待値：expected value）と記します。期待収益率$E[r]$は次の式で表せます。

$$\text{期待収益率}：E[r] = \sum_{s} Pr\ (\text{状態}\ s)\ r_s \tag{4.2}$$

ここで，r_sは投資家が想定する状態s（前の例では，不景気，不変，好景気）のときの収益率であり，Pr（状態s）は状態sが生じる確率を表しています。Σ（シグマ）記号は，すべての状態について計算し，足し合わせることを意味しています。すなわち，期待収益率は，取りうる収益率を確率でウエイト付けた加重平均となります。一般に，期待値$E[\cdot]$は取りうる値を確率でウエイト付けた加重平均を意味します。

先ほどの**図表4－1**の数値を使えば，期待収益率は次のように計算できます。

$$\begin{aligned} E[r] &= Pr(\text{不景気}) \times (-20\%) + Pr(\text{不変}) \times 10\% + Pr(\text{好景気}) \times 40\% \\ &= 0.25 \times (-20\%) + 0.50 \times 10\% + 0.25 \times 40\% \qquad (4.3) \\ &= 10\% \end{aligned}$$

1.3 リスクの尺度—収益率の標準偏差—

リスクの尺度としてよく使われる指標が収益率の**分散・標準偏差**です。これは，期待収益率からどれだけ乖離するか，すなわち，確率分布のばらつき度合いを表す指標です。直感的に言えば，予想が外れてどれだけ変動するかの程度を表す指標と解釈することができます。

最初に，収益率の分散を計算してみましょう。そのためには，まず取りうる収益率と期待収益率との差を計算します。これを偏差と呼びます。しかし，偏差そのものは負の値を取ることがあるため，この偏差を利用してばらつきの指標を計算することはできません。なぜなら，取りうる値が期待収益率よりもかなり小さい場合，偏差は大きな負の値を取るにもかかわらず，これは

図表4－3▶▶▶分散の計算の準備

将来の景気	不景気	不変	好景気
収益率 r	－20％	10％	40％
偏差 $r-E[r]$ （注：$E[r]$ ＝10％）	－20％－10％ ＝－30％	10％－10％ ＝0％	40％－10％ ＝30％
偏差の2乗 $(r-E[r])^2$	0.09	0.000	0.09
各景気の起きる確率	0.25	0.50	0.25

確率分布のばらつきが大きいことを意味するからです。

そこで，偏差の2乗を計算します。これは，収益率と期待収益率との距離の2乗と一致します。この偏差の2乗を確率でウエイト付けした加重平均が分散です。**図表4－3**には，分散を計算する準備として，偏差と偏差の2乗が計算されています。

この**図表4－3**の数値を使って，収益率の分散を計算すれば次のようになります。

$$
\begin{aligned}
\text{収益率の分散} &= Pr(\text{不景気}) \times (-20\% - E[R])^2 \\
&\quad + Pr(\text{不変}) \times (10\% - E[R])^2 \\
&\quad + Pr(\text{好景気}) \times (40\% - E[R])^2 \\
&= 0.25 \times (-20\% - 10\%)^2 + 0.50 \times (10\% - 10\%)^2 \\
&\quad + 0.25 \times (40\% - 10\%)^2 \\
&= 0.25 \times 0.09 + 0.50 \times 0.000 + 0.25 \times 0.09 \\
&= 0.045
\end{aligned} \tag{4.4}
$$

この計算からわかるように，分散は偏差の2乗の期待値を計算すれば求められます。

次に，標準偏差を計算します。一般に，標準偏差は分散に平方根を取ったもので定義されます。分散と標準偏差を大きい順に並べた場合，その順序は同一になります。この意味で，両者は同じ情報を持つと言えます。しかし，リスクの尺度としては，元の収益率と計測単位が同じになる標準偏差のほうが簡単に解釈できます。なお，ファイナンスでは収益率の標準偏差のことを**ボラティリティ**と呼びます。**図表４－１**（あるいは，**図表４－３**）の例では，以下のようになります。なお，数値は四捨五入しています。

$$（収益率の標準偏差）= \sqrt{0.045} = 21\% \tag{4.5}$$

一般に，収益率の分散 $Var[r]$（分散：variance）と収益率の標準偏差 $SD[r]$（標準偏差：standard deviation）は，以下の式で定義されます。

$$\begin{aligned} 収益率の分散：Var[r] &= E[(r - E[r])^2] \\ &= \sum_s Pr(状態\ s)(r_s - E[r])^2 \end{aligned} \tag{4.6}$$

$$収益率の標準偏差：SD[r] = \sqrt{Var[r]} \tag{4.7}$$

1.4 実現収益率から期待収益率と収益率の標準偏差の推定

実際には，将来の収益率の確率分布を観察することはできません。そのため，期待収益率や，収益率の標準偏差も当然計算することができません。しかし，収益率の確率分布が時間的に変化しないならば，過去に実現した収益率から期待収益率や標準偏差を推定することができます。

いま，T 期間観察した結果，$(r_1, r_2, \cdots, r_T)$ という実現収益率が得られたとします。このとき，期待収益率は，以下で定義される実現収益率の標本平均 $\bar{r}$ で推定できます。

$$実現収益率の標本平均：\bar{r} = \frac{1}{T}(r_1 + r_2 + \cdots + r_T) = \frac{1}{T}\sum_{t=1}^{T} r_t \tag{4.8}$$

ここで，Σ記号は，期間 t を $t = 1$ から順に T まで変化させて，すべて足し合わせることを意味しています。

また，収益率の分散・標準偏差は以下で定義される実現収益率の標本分散 $\widehat{Var[r]}$，標本標準偏差 $\widehat{SD[r]}$ で推定できます（$\hat{\cdot}$ は推定値であることを意味しています)。

実現収益率の標本分散： (4.9)

$$\widehat{Var[r]} = \frac{1}{T-1}\{(r_1-\bar{r})^2+(r_2-\bar{r})^2+\cdots+(r_T-\bar{r})^2\}$$
$$= \frac{1}{T-1}\sum_{t=1}^{T}(r_t-\bar{r})^2$$

実現収益率の標本標準偏差：$\widehat{SD[r]} = \sqrt{\widehat{Var[r]}}$ (4.10)

ここで，標本分散を計算するときに T でなく $T-1$ で割るのは，統計学的に望ましい性質を持たせるためです。

例として，ある銘柄の実現収益率を12期間観測した結果，**図表4－4**のようなデータが得られたとします。

紙面の都合上，途中の式はすべて書きませんが，このときの実現収益率の標本平均，および標本分散・標本標準偏差は以下のように計算されます。なお，いずれの値も四捨五入しています。

$$\bar{r} = \frac{1}{12}\times(-2\%+5\%+\cdots+18\%) = 14.1\% \quad (4.11)$$

図表4－4 ▶▶▶ 1銘柄の実現収益率

期間	1	2	3	4	5	6	7	8	9	10	11	12
収益率	−2%	5%	43%	11%	13%	46%	20%	−17%	−5%	1%	36%	18%

$$\widehat{Var[r]} = \frac{1}{12-1} \times \{(-2\% - 14.1\%)^2 + (5\% - 14.1\%)^2 + \cdots + (18\% - 14.1\%)^2\} = 0.038536 \quad (4.12)$$

$$\widehat{SD[r]} = \sqrt{0.038536} = 19.6\% \quad (4.13)$$

ただし，収益率の標本平均や収益率の標本分散・標本標準偏差は，真の期待収益率や収益率の分散・標準偏差ではなく，あくまでも実現収益率から計算される推定値であることに注意してください。将来の収益率の確率分布は観察できないため，（過去の）実現収益率を使用して推定値を計算しているのです。

2 市場の均衡
リスクとリターンのトレードオフ

ここでは，期待収益率と要求収益率の関係を考えましょう。先に述べたように，期待収益率とは平均的に予想される収益率のことを指します。ここで，期待収益率は次のように表現できることに注意してください（たとえば，**図表４－１**の数値を使って確認できます)。

$$E[r] = \frac{E[P_1] - P_0 + E[D_1]}{P_0} \quad (4.14)$$

一方で，要求収益率は，少なくともこれ以上の収益率がなければ，その株式を保有しない（資本を提供しない）という収益率です。要求収益率は，安全利子率と，リスクを負担することに対する報酬である**リスクプレミアム**で構成されます。

要求収益率 ＝ 安全利子率 ＋ リスクプレミアム (4.15)

要求収益率と期待収益率の定義から考えて，両者は全く別の概念であり，一致する保証はどこにもありません。しかし，以下で述べるように，投資家の自然な行動を考えると，両者は一致することがわかります。このことは第3章ですでに説明しましたが，もう少し詳しく解説します。

もし，期待収益率が要求収益率よりも大きいとしましょう。要求する収益率よりも見込まれる収益率が高いわけですから，投資家の「買い」が殺到します。すると，価格 P_0 がただちに上昇します。これは，購入時の価格の上昇ですので期待収益率の下落を意味します。この行動は期待収益率と要求収益率が一致するところまで続くと考えられます。言い換えれば，割安な株価は存在しなくなります。

逆に期待収益率が要求収益率よりも小さいならば，誰もそのような資産を保有したくないので「売り」が殺到します。すると，価格 P_0 がただちに下落します。これは期待収益率の上昇を意味します。先ほどと同様，この行動は期待収益率と要求収益率が一致するところまで続くと考えられます。言い換えれば，割高な株価は存在しなくなります。

両者が一致しているところでは，投資家は「売り」も「買い」も行おうとはしません。この意味で市場が**「均衡」状態**にあると言えます。

$$均衡：E[r] = 要求収益率 \tag{4.16}$$

均衡では，株価の割高・割安が存在せず公正な価格がついていると言えます。

要求収益率は安全利子率とリスクプレミアムで構成されることを思い出せば，均衡におけるこの関係は次のように表せます。

$$均衡：E[r] = 安全利子率 + リスクプレミアム \tag{4.17}$$

このことから，リスクが高いほどリスクプレミアムは高くなるので，リスクが高い金融資産は期待収益率が高くなることがわかります（ハイリスク・ハイリターン）。反対に，リスクが低い金融資産は期待収益率が低くなります

（ローリスク・ローリターン）。

3 システマティックリスクと固有リスク

3.1 分散投資のリスク低減効果

それでは，収益率の標準偏差で測ったリスクを負担することに対して，報酬は支払われるのでしょうか。結論を先に言うならば，収益率の標準偏差で測ったリスクのうち，誰もがコストをかけずに減らせるリスク部分に対して報酬は支払われません。どういうことか説明しましょう。

投資家が複数の証券を保有することを分散投資といいます。また，複数の証券の組み合わせのことを**ポートフォリオ**といいます。実は，収益率の標準偏差は分散投資をすることで低減させることができます。たとえば，海外に製品を輸出している企業と，海外から原材料を輸入している企業の株式からなるポートフォリオを保有するとします。このとき，もし為替が円安に振れれば，輸出企業は有利に，輸入企業は不利になるので，前者の株式の収益率が高くなり，後者の株式の収益率は低くなることが予想されます。そうすると，ポートフォリオ全体で見ると両者の収益率の変動が相殺されポートフォリオのリスクが低減します。

このリスク低減効果（リスク分散効果ともいいます）を直観的に示したのが図表４－５です。ここには，銘柄１と銘柄２の（実現）収益率が示されています。銘柄１と銘柄２を等しい比率で保有することを考えましょう。すると，２つの収益率の変動が相殺され，ポートフォリオ全体で見れば収益率の変動が小さくなっていることがわかります。

では，分散投資を進めていけば，リスクをゼロにすることができるのでしょうか。答えは否です。なぜなら，収益率の変動にはすべての株式に共通する変動部分が存在するからです。

収益率は「企業に固有のショック」と「経済全体に影響を与えるショッ

図表4－5▶▶▶分散投資によるリスク低減効果の直観的理解

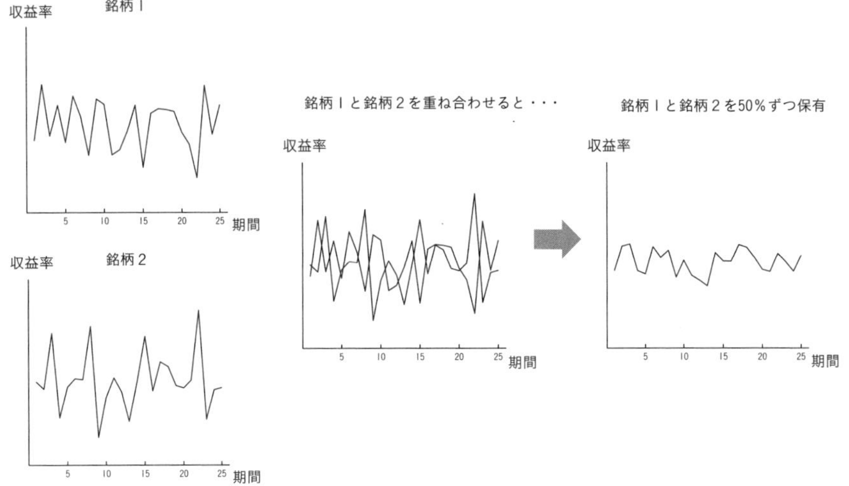

ク」の2つによって変動すると考えられます。企業固有のショックとして，たとえば，製品の欠陥の発覚によるリコールや経営者交代などが考えられます。このショックによる収益率の変動を固有リスクといいます。この固有リスクを個別リスク，あるいは**非システマティックリスク**ともいいます。経済全体に影響するショックとして，たとえば日本銀行の予期せぬ政策変更などが考えられます。このショックによる収益率の変動を**システマティックリスク**といいます。システマティックリスクを別の言い方で市場リスクともいいます。

固有リスクは分散投資によって減らすことができます。なぜなら，企業固有のショックは，ある企業ではポジティブなショック，別の企業ではネガティブなショックというようにランダムに発生すると考えられるからです。そのため，分散投資をすれば，ポジティブなショックによる収益率の変動とネガティブなショックによる収益率の変動は相殺されて，投資対象を分散するほど固有リスクはゼロに近づきます。

一方で，システマティックリスクは分散投資によって減らすことができません。なぜなら，経済全体に影響するショックは，すべての企業に影響を及ぼすため，たとえ分散投資をしたとしても，このショックからくる収益率の変動は相殺されることがないからです。

以上のことから，個別の銘柄における収益率の変動は，システマティックリスクと固有リスクの２つに分けられることがわかります。そして，それらの和が**トータルリスク**です。

$$\text{トータルリスク} = \text{システマティックリスク} + \text{固有リスク} \tag{4.18}$$

1.3 項で出てきた個々の株式の収益率の標準偏差はトータルリスクの尺度であって，システマティックリスクの尺度ではありません。

分散投資とシステマティックリスク・固有リスクの関係を示したのが**図表4－6**です。保有するポートフォリオの銘柄数を増やし十分に分散投資をすれば，固有リスクは限りなくゼロにすることができます。一方で，システマ

図表 4 − 6 ▶▶▶ポートフォリオのシステマティックリスクと固有リスク

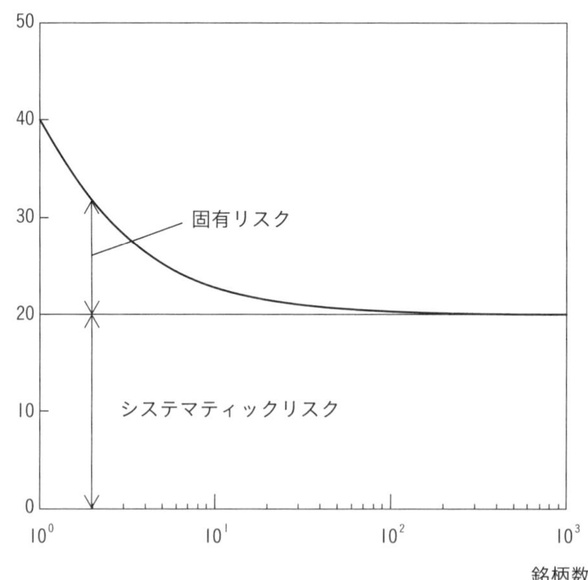

ティックリスクは分散投資によって消すことができません。このことから，分散投資によって消すことのできるリスクを固有リスク，消すことのできないリスクをシステマティックリスクと定義することもできます。

投資家が十分な分散投資をせずに固有リスクを負担しても，市場はその固有リスクに対してリスクプレミアムを支払いません。なぜなら，固有リスクは分散投資を行うことで誰でもコストを支払うことなく減らせるからです。リスクプレミアムは投資家が負担するシステマティックリスクに対してのみに支払われます。

3.2 資本資産評価モデル（その1）

分散投資によって固有リスクは消すことができることを学びました。この分散投資の究極の形が，市場に存在するすべての株式を含んだポートフォリオということができます。このポートフォリオを**市場ポートフォリオ**（あるいは，マーケットポートフォリオ）と呼びます。詳しくは第5章と第6章で説明しますが，市場ポートフォリオの各銘柄の構成比率は，市場全体の時価総額に対するその株式の時価総額の割合です。市場ポートフォリオは理論的な概念ですが，日本では，この市場ポートフォリオの代理指標として，東京証券取引所の上場銘柄の時価加重平均指数であるTOPIX（トピックス）を用いることが多いです。

市場ポートフォリオは，十分に分散化されているため，システマティックリスクのみを含むポートフォリオです。市場ポートフォリオのリスクプレミアムは，市場ポートフォリオの期待収益率から安全利子率を減じたものになります。これを**市場リスクプレミアム**と呼びます。安全利子率を減じるのは，リスクのない安全資産を保有しても少なくとも安全利子率の分は得られるためです。

$$\text{市場リスクプレミアム} = \text{市場ポートフォリオの期待収益率} - \text{安全利子率} \quad (4.19)$$

市場ポートフォリオを保有することで負担するリスクを1としましょう。この市場ポートフォリオのリスクを1として，システマティックリスクの大きさを表す指標を**ベータ**と呼びます。ベータは市場ポートフォリオの収益率の変化に対する個別株式の収益率の感応度を表しています。一般に個別株式のリスクプレミアムは次のようになります。

個別株式のリスクプレミアム = ベータ × 市場リスクプレミアム (4.20)

たとえば，ある株式Aの収益率が市場ポートフォリオの収益率の変化に対して2倍の変化をするとします。市場ポートフォリオはシステマティックリスクのみからなるポートフォリオなので，この株式Aは市場ポートフォリオの2倍のシステマティックリスクを持つことを意味します。したがって，そのリスクプレミアムは市場リスクプレミアムの2倍となります。この2が株式Aのベータの値です。

株式Aのリスクプレミアム = 2 × 市場リスクプレミアム (4.21)

ここで，リスクプレミアムと安全利子率の和が投資家の要求収益率であることを思い出せば，一般に以下の式が成り立ちます。

要求収益率 = 安全利子率 + ベータ × 市場リスクプレミアム (4.22)

そして，均衡では，要求収益率と期待収益率が一致するので以下の式が成立します。

$E[r]$ = 安全利子率 + ベータ × 市場リスクプレミアム (4.23)

これが，**資本資産評価モデル**（Capital Asset Pricing Model：**CAPM**）としてよく知られた式です。以上の議論から，CAPMは要求収益率を決める

図表4－7 ▶▶▶ **証券市場線（Security Market Line：SML）**

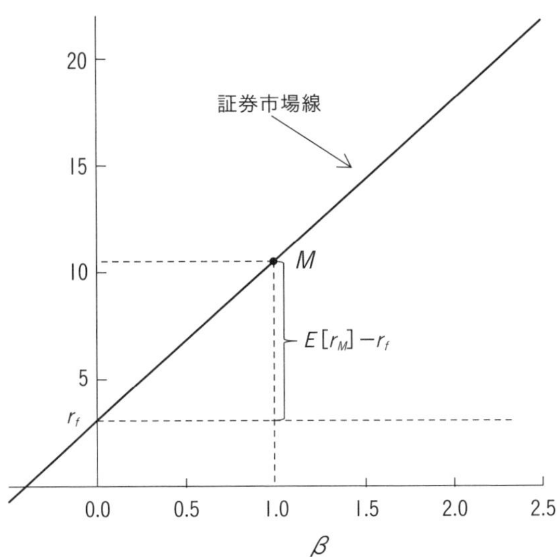

理論と言えます。

この式を記号で表しておきましょう。ベータをβで表し，市場ポートフォリオの期待収益率を$E[r_M]$，安全利子率r_fと書けば，当該銘柄の期待収益率$E[r]$は以下のように書けます。

CAPMの式：

$$E[r] = r_f + \beta\left(E[r_M] - r_f\right) \tag{4.24}$$

このCAPMの式を，ベータを横軸，期待収益率を縦軸にして描いたものは，**証券市場線**（Security Market Line：**SML**）と呼ばれます（**図表4－7**）。

第5章と第6章では，このCAPMについてより詳しく述べていきます。

4 株式の評価

この節では，CAPMを使って株式を評価することを考えます。将来にわたって，期待収益率と要求収益率が等しいという均衡が続くならば，株価は将来の期待配当の現在価値で計算されます（(4.25)式）。これは，**配当割引モデル**と呼ばれます。割引率は株主の要求収益率である**株式資本コスト**です。株式資本コストは第**3**節で紹介したCAPMから求めることができます。いま，株式資本コストをr_Eと書くと（下添え字のEは，equityの頭文字です），株式資本コストがCAPMで決まるとすれば，$r_E = r_f + \beta\,(E[r_M] - r_f)$ です。

$$
\begin{aligned}
\text{株価} &= \text{将来の期待配当の現在価値} \\
&= \frac{E[\text{配当}_1]}{1+\text{株式資本コスト}} + \frac{E[\text{配当}_2]}{(1+\text{株式資本コスト})^2} + \cdots \\
&= \sum_{t=1}^{\infty} \frac{E[\text{配当}_t]}{(1+\text{株式資本コスト})^t} \qquad (4.25)
\end{aligned}
$$

ここでのΣ記号は∞（無限大）までの合計値を意味しています。

この式を導出してみましょう。均衡では要求収益率と期待収益率が等しいので，(4.16)式から$r_E = E[r]$なので，

$$
r_E = \frac{E[P_1] - P_0 + E[D_1]}{P_0} \Leftrightarrow P_0 = \frac{E[D_1]}{1+r_E} + \frac{E[P_1]}{1+r_E} \qquad (4.26)
$$

が成り立ちます。均衡が将来（時点1）でも成立するなら，将来（時点1）においても，

$$P_1 = \frac{E[P_2]}{1 + r_E} + \frac{E[D_2]}{1 + r_E} \tag{4.27}$$

が成り立ちます。ここで，P_2 は時点 2 での価格，D_2 は時点 2 での配当です。この(4.27)式を現在の価格 P_0 の(4.26)式に代入すると，

$$P_0 = \frac{E[D_1]}{1 + r_E} + \frac{E[D_2]}{(1 + r_E)^2} + \frac{E[P_2]}{(1 + r_E)^2} \tag{4.28}$$

が得られます。さらに，均衡が将来にわたって続くとすると，この操作を永久に繰り返せば，

$$P_0 = \sum_{t=1}^{\infty} \frac{E[D_t]}{(1 + r_E)^t} \tag{4.29}$$

となります。このことから，株価は将来の期待配当の現在価値で計算できることが示されました。

今の議論は一般の金融資産にも成り立ちます。すなわち，均衡において金融資産の価格はその資産が生み出す将来の期待キャッシュフローの現在価値と一致します。ここで，割引率は投資家の要求収益率です。価格が将来の期待キャッシュフローの現在価値と一致するということは，価格に割安・割高が存在しないことを意味します。

なお，配当割引モデルは，理論上，株価の評価モデルとして問題ないのですが，実務上，配当割引モデルを使用して株価評価を行うのには困難を伴います。なぜならば，将来の 1 株当たりの配当は，たとえば，将来の発行済み株式数の変化や負債利用による利子支払いの変化に依存するため，それらを正確に予測するのは難しいからです。第 8 章では，企業価値および株式価値の評価モデルとして，一般的によく使われている割引フリーキャッシュフローモデルを紹介しています。

Working 調べてみよう

好きな銘柄を選んで，過去60カ月の月次の実現収益率を計算してみましょう（配当は無視してかまいません）。計算した実現収益率から，期待収益率と収益率の標準偏差を推定してみましょう。なお，株価のデータは「Yahoo! ファイナンス」などのウェブサイトから入手できます。

第5章 ポートフォリオのリスクと期待収益率

Learning Points

- ▶この章と次の章では，第4章で紹介したCAPMを詳しく学びます。
- ▶複数の資産の組み合わせのことをポートフォリオと呼びます。この章では，ポートフォリオ全体で見たときに，その期待収益率と，収益率の標準偏差がどのように記述できるかを学びます。
- ▶ポートフォリオの期待収益率は，投資比率をウエイトとした各銘柄の期待収益率の加重平均で表現できます。
- ▶一方で，ポートフォリオの収益率の標準偏差は，分散投資のリスク低減効果によって，投資比率をウエイトとした各銘柄の収益率の標準偏差の加重平均以下になります。

Key Words

ポートフォリオ　共分散　相関係数　投資機会集合

1 ポートフォリオの期待収益率

1.1 2つの株式からなるポートフォリオの収益率

投資家は必ずしも1つの資産のみを保有するわけではなく，普通は複数の資産を保有します。複数の資産の組み合わせのことをポートフォリオと呼びます。この章では，ポートフォリオの収益率はどのように記述できるのか，また，その期待収益率と，収益率の標準偏差はどのように記述できるのかを学びます。そして，収益率の標準偏差を横軸，期待収益率を縦軸とした平面上で投資家が選択可能な集合がどのように表現できるのかを学びます。

まず，2つの株式からなるポートフォリオを考えます。たとえば，ある投

図表5－1 ▶▶▶ 銘柄1と銘柄2の収益率の確率分布

状態 s	円高	不変	円安
銘柄1の収益率 r_1	－24%	24%	8%
銘柄2の収益率 r_2	24%	8%	－8%
確率	0.125	0.750	0.125

資家が将来の為替相場の状態と2つの株式（銘柄1と銘柄2）の収益率について，**図表5－1**のような確率分布を想定しているとします（一般に，円安のときに輸出企業が有利で，円高のときに輸入企業が有利なので，銘柄1は輸出企業，銘柄2は輸入企業と解釈できます）。

まずは，それぞれの銘柄の期待収益率と，収益率の標準偏差を計算しておきましょう。銘柄1の収益率を r_1，銘柄2の収益率を r_2 で表すと，銘柄1の期待収益率と，収益率の標準偏差は，それぞれ $E[r_1]=16\%$ と $SD[r_1]=16\%$ となり，銘柄2の期待収益率と，収益率の標準偏差は，それぞれ $E[r_2]=8\%$ と $SD[r_2]=8\%$ となります（第4章**1.2**項と**1.3**項を参考にして，練習問題として計算してみてください）。

次に，銘柄1に30%，銘柄2に70%の割合で投資することを考えます。このポートフォリオの収益率 r_p は以下の式で表せます。

$$r_p = 0.30 \times r_1 + 0.70 \times r_2 \tag{5.1}$$

一般に，銘柄1への**投資比率**を w_1，銘柄2への投資比率を w_2 とするポートフォリオの収益率 r_p は以下のようになります。

$$r_p = w_1 r_1 + w_2 r_2 \tag{5.2}$$

したがって，ポートフォリオの収益率は，それぞれの銘柄の投資比率をウエイトとした収益率の加重平均ということができます。ここで，投資比率の和（$w_1 + w_2$）は1であることに注意してください。

1.2 2つの株式からなるポートフォリオの期待収益率

次に，ポートフォリオの期待収益率を考えましょう。期待値に関して，「和の期待値」は「期待値の和」に等しくなるという性質があります。また，確率変数でない変数は期待値の外に出すことができます。これらの性質をポートフォリオの収益率に適用すれば，ポートフォリオの期待収益率は次のように計算されます。

$$
\begin{aligned}
E[r_p] &= E[w_1 r_1 + w_2 r_2] \\
&= w_1 E[r_1] + w_2 E[r_2] \qquad (5.3)
\end{aligned}
$$

言葉で表現すれば，**ポートフォリオの期待収益率**は，それぞれの銘柄の投資比率をウエイトとした期待収益率の加重平均になります。

図表５－１の数値を使うと，銘柄1を30%，銘柄2を70%の割合で投資したとき，ポートフォリオの期待収益率は次のように計算できます。

$$
\begin{aligned}
E[r_p] &= 0.30 \times E[r_1] + 0.70 \times E[r_2] = 0.30 \times 16\% + 0.70 \times 8\% \\
&= 10.4\% \qquad (5.4)
\end{aligned}
$$

銘柄1の投資比率 w_1 をいろいろと変化させれば（$w_2 = 1 - w_1$ であるので w_1 を与えれば w_2 は決まることに注意してください），それに対応するポートフォリオの期待収益率 $E[r_p]$ が計算できます。銘柄1の投資比率 w_1 を横軸に，期待収益率 $E[r]$ を縦軸にとって，ポートフォリオの期待収益率をグラフに描くと**図表５－２**のようになります。ポートフォリオの期待収益率と投資比率は直線の関係になることがわかります。

図表5－2▶▶▶2つの株式からなるポートフォリオの期待収益率

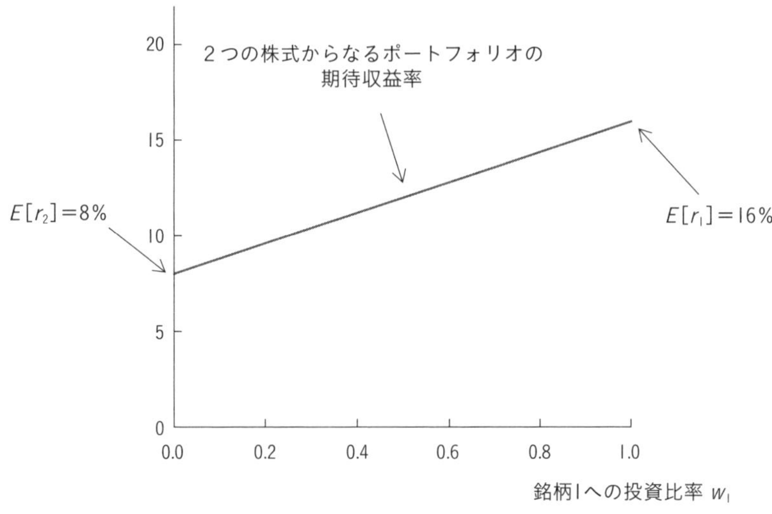

2　ポートフォリオの収益率の標準偏差

2.1　2つの収益率の関係：共分散・相関係数

前章では，複数の株式に投資をすると，個々の収益率の変動が相殺されリスクが低減することを学びました。この**リスク低減効果**を厳密に記述するためには，2つの銘柄の収益率がどの程度同じような動きをするのか（共変動の程度）を表す指標を考える必要があります。2つの収益率は次の関係が考えられます。

- 1つの収益率が「大きい」値をとるとき，もう1つの収益率が「大きい」値をとる傾向
- 1つの収益率が「小さい」値をとるとき，もう1つの収益率が「小さい」値をとる傾向

これは，同じの方向に動く傾向があると言えます。一方で，

- 1つの収益率が「大きい」値をとるとき，もう1つの収益率が「小さい」

値をとる傾向

- 1つの収益率が「小さい」値をとるとき，もう1つの収益率が「大きい」値をとる傾向

これは，逆の方向に動く傾向があると言えます。

これらの表現中の「大きい」と「小さい」を決める基準に，それぞれの収益率の期待収益率を採用して，2つの収益率の共変動性を測ったのが**共分散** $Cov[r_1, r_2]$（共分散：covariance）です。一般に，共分散 $Cov[r_1, r_2]$ は次の式で定義されます。

銘柄1と銘柄2の収益率の共分散：

$$Cov[r_1, r_2] = E[(r_1 - E[r_1])(r_2 - E[r_2])] \tag{5.5}$$

$$= \sum_s Pr(\text{状態}\ s)(r_{1,s} - E[r_1])(r_{2,s} - E[r_2])$$

ここで，$r_1 = r_2$ のとき，$Cov[r_1, r_1] = E[(r_1 - E[r_1])^2] = Var[r_1]$ となるので，共分散は分散の一般化と捉えることができます。

2つの収益率が同じ方向に動く傾向があるとき，共分散は正となります。このとき，2つの収益率には**正の相関**があるといいます。反対に，2つの収益率が逆の方向に動く傾向があるとき，共分散は負となります。このとき，2つの収益率には**負の相関**があるといいます。

たとえば，**図表5－1**の数値例では，円高の状況では銘柄1は高い収益率，銘柄2は低い収益率となり，円安の状況では銘柄1は低い収益率，銘柄2は高い収益率となっています。すなわち，2つの収益率は逆の方向に動く傾向があると言えます。そこで，実際に，銘柄1の収益率と銘柄2の収益率の共分散は負となるか計算してみましょう。

図表5－3には，銘柄1の収益率の偏差，銘柄2の収益率の偏差，そして，それらの積が示されています。

この**図表5－3**を使って，式(5.5)に基づいて**図表5－1**における銘柄1と銘柄2の収益率の共分散を具体的に計算すれば以下のようになります。

図表5－3▶▶▶共分散の計算の準備

状態 s	円高	不変	円安
銘柄1の収益率 r_1	－24%	24%	8%
銘柄2の収益率 r_2	24%	8%	－8%
銘柄1の収益率の偏差 $r_1 - E[r_1]$	－24%－16% ＝－40%	24%－16% ＝8%	8%－16% ＝－8%
銘柄2の収益率の偏差 $r_2 - E[r_2]$	24%－8% ＝16%	8%－8% ＝0%	－8%－8% ＝－16%
偏差の積 $(r_1 - E[r_1])(r_2 - E[r_2])$	－0.0640	0.0000	0.0128
確率	0.125	0.750	0.125

$$
\begin{aligned}
Cov[r_1, r_2] = &\ Pr(\text{円高})(r_{1,\text{円高}} - E[r_1])(r_{2,\text{円高}} - E[r_2]) \\
&+ Pr(\text{不変})(r_{1,\text{不変}} - E[r_1])(r_{2,\text{不変}} - E[r_2]) \\
&+ Pr(\text{円安})(r_{1,\text{円安}} - E[r_1])(r_{2,\text{円安}} - E[r_2]) \\
= &\ 0.125 \times (-24\% - 16\%) \times (24\% - 8\%) \\
&+ 0.750 \times (24\% - 16\%) \times (8\% - 8\%) \\
&+ 0.125 \times (8\% - 16\%) \times (-8\% - 8\%) \\
= &\ 0.125 \times -0.064 + 0.750 \times 0.000 + 0.125 \times 0.0128 = -0.0064
\end{aligned}
\tag{5.6}
$$

この計算からわかるように，期待値は取りうる値に確率をかけて足し合わせたもの（取りうる値を確率でウエイト付けた加重平均）であることを思い出せば，共分散は2つの収益率の偏差の積の期待値で計算されます。

実は，共分散は計測単位に依存して大きさが変化します。そこで，それぞれの標準偏差で基準化して計測単位に依存しない共変動の指標を考えます。これを**相関係数** $Corr[r_1, r_2]$（correlation）と呼びます。

銘柄1と銘柄2の収益率の相関係数：

$$
Corr[r_1, r_2] = \frac{Cov[r_1, r_2]}{SD[r_1]SD[r_2]} \tag{5.7}
$$

相関係数は－1から1までの値を取り（$-1 \leq Corr[r_1, r_2] \leq 1$），次のように整理できます。

$$
\begin{array}{ll}
Corr[r_1, r_2] = -1 & ：完全な負の相関 \\
-1 < Corr[r_1, r_2] < 0 & ：負の相関 \\
Corr[r_1, r_2] = 0 & ：無相関 \\
0 < Corr[r_1, r_2] < 1 & ：正の相関 \\
Corr[r_1, r_2] = 1 & ：完全な正の相関
\end{array}
$$

図表5－1の数値を使って，相関係数を計算すれば以下のようになります。

$$Corr[r_1, r_2] = \frac{-0.0064}{16\% \times 8\%} = -0.50 \tag{5.8}$$

なお，相関係数の定義から，

$$Cov[r_1, r_2] = Corr[r_1, r_2] SD[r_1] SD[r_2] \tag{5.9}$$

と変形できます。この変形はよく使うので覚えておいてください。

2.2 実現収益率から共分散・相関係数の推定

実際には，収益率の確率分布を観察することはできません。そのため，共分散や相関係数は当然計算することができません。しかし，前章**1.4**項の期待収益率や，収益率の標準偏差の推定の議論と同様，収益率の確率分布が時間的に変化しないならば，過去に実現した収益率から共分散や相関係数を推定することができます。

一般に，T期間観察した結果，$\left((r_{1,1}, r_{2,1}), (r_{1,2}, r_{2,2}), \cdots, (r_{1,T}, r_{2,T})\right)$という実現収益率の組が得られたとします。このとき，共分散は，以下で定義さ

れる実現収益率の標本共分散で推定できます。

実現収益率の標本共分散：

$$\widehat{Cov}[r_1, r_2] = \frac{1}{T-1}\sum_{t=1}^{T}(r_{1,t} - \bar{r}_1)(r_{2,t} - \bar{r}_2) \quad (5.10)$$

ここで，$\bar{r}_1$は銘柄1の実現収益率の標本平均，$\bar{r}_2$は銘柄2の実現収益率の標本平均です。なお，標本共分散を計算するときにTでなく$T-1$で割るのは，統計学的に望ましい性質を持たせるためです。

そして，相関係数の推定値である標本相関係数は次の式で定義されます。

実現収益率の標本相関係数：

$$\widehat{Corr}[R_1, R_2] = \frac{\widehat{Cov}[r_1, r_2]}{\widehat{SD}[r_1]\,\widehat{SD}[r_2]} \quad (5.11)$$

ここで，$\widehat{SD}[r_1]$は銘柄1の実現収益率の標本標準偏差，$\widehat{SD}[r_2]$は銘柄2の実現収益率の標本標準偏差です。

たとえば，いま2つの銘柄の実現収益率を12期間観察した結果，**図表5－4**のようなデータが得られたとします。

このとき，銘柄1の収益率の標本平均$\bar{r}_1$ = 17.6%，標本標準偏差$\widehat{\mathrm{SD}}[\mathrm{r}_1]$ = 14.0%，また，銘柄2の収益率の標本平均$\bar{r}_2$ = 7.0%，標本標準偏差$\widehat{\mathrm{SD}}[\mathrm{r}_2]$ = 8.6%です（前の章の復習として計算してみてください。なお，数値は四捨五入して示しています。）。紙面の都合上，式はすべて書きませんが，標本共分散と標本相関係数は次のように計算できます。なお，いずれの

図表5－4 ▶▶▶ 2銘柄の実現収益率

期間	1	2	3	4	5	6	7	8	9	10	11	12
銘柄1	8%	40%	13%	27%	6%	34%	22%	2%	29%	28%	0%	2%
銘柄2	8%	4%	21%	−3%	7%	7%	8%	23%	−8%	3%	9%	5%

値も四捨五入して示しています。

$$\widehat{Cov}\,[r_1, r_2] = \frac{1}{12-1} \times \{(8\% - 17.6\%) \times (8\% - 7.0\%) + (40\% - 17.6\%) \times (4\% - 7.0\%) + \cdots + (2\% - 17.6\%)(5\% - 7.0\%)\} = -0.006336 \tag{5.12}$$

$$\widehat{Corr}\,[r_1, r_2] = \frac{-0.006336}{14.0\% \times 8.6\%} = -0.53$$

ただし，収益率の標本共分散・標本相関係数は，真の収益率の共分散・相関係数ではなく，あくまでも実現収益率から計算される推定値であることに注意してください。

2.3 2つの株式からなるポートフォリオの収益率の標準偏差

これで，ポートフォリオの収益率の分散・標準偏差を計算する準備ができました。2つの株式からなるポートフォリオの収益率の標準偏差は以下のように計算されます。

$$Var[r_p] = E[(r_p - E[r_p])^2] = w_1^2\,Var[r_1] + w_2^2\,Var[r_2] + 2w_1\,w_2\,Corr[r_1, r_2]\,SD[r_1]\,SD[r_2] \tag{5.13}$$

$$SD[r_p] = \sqrt{Var[r_p]} = \sqrt{w_1^2\,SD[r_1]^2 + w_2^2\,SD[r_2]^2 + 2w_1\,w_2\,Corr[r_1, r_2]\,SD[r_1]\,SD[r_2]} \tag{5.14}$$

ここで，$-1 \leq Corr\,[r_1, r_2] \leq 1$ であることを思い出せば，ポートフォリオの収益率の標準偏差は，投資比率をウエイトとした各銘柄の収益率の標準偏差の加重平均（$w_1\,SD[r] + w_2\,SD[r_2]$）以下になることがわかります。

また，2つの株式からなるポートフォリオの収益率の標準偏差は次のようにも表現できます。

$$SD[r_p] = w_1\,Corr[r_1, r_p]\,SD[r_1] + w_2\,Corr[r_2, r_p]\,SD[r_2] \qquad (5.15)$$

この式から，個別銘柄の収益率の標準偏差（トータルリスク）のうち，ポートフォリオと相関する部分のみがポートフォリオの収益率の標準偏差に寄与することがわかります。相関係数は－１から１までの値をとるので，この式からもポートフォリオの収益率の標準偏差は，投資比率をウエイトとした各銘柄の収益率の標準偏差の加重平均以下になることがわかります。

図表５－１の数値を使って，具体的にポートフォリオの収益率の標準偏差を計算してみましょう。たとえば，銘柄１に30%，銘柄２に70%の割合で投資したとき，このポートフォリオの収益率の標準偏差は次のように計算できます。

図表５－５ ▶▶▶ ２つの株式からなるポートフォリオの収益率の標準偏差

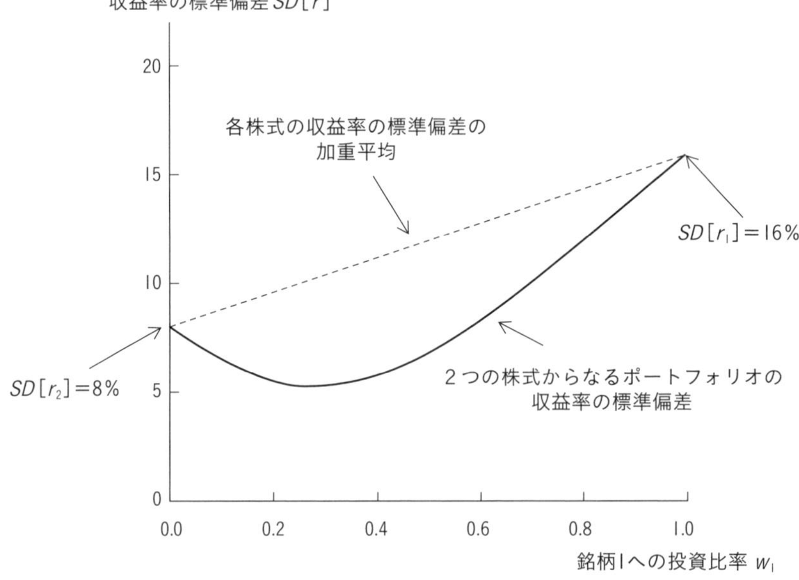

$$SD[r_p] = \sqrt{0.3^2 \times (16\%)^2 + 0.7^2 \times (8\%)^2 + 2 \times 0.3 \times 0.7 \times (-0.50) \times 16\% \times 8\%}$$
$$= 5.2\% \qquad (5.16)$$

この値は投資比率をウエイトとした各銘柄の収益率の標準偏差の加重平均0.3・16% ＋0.7・8%＝10.4%よりも小さいことがわかります。

銘柄1の投資比率 w_1 を横軸に，収益率の標準偏差 $SD[r]$ を縦軸にとって，ポートフォリオの収益率の標準偏差をグラフにすると**図表5－5**のようになります。この図からも2つの銘柄を組み合わせると収益率の標準偏差が小さくなることがわかります。すなわち，2つの銘柄に分散投資すると**リスクが低減**することを示しています。

3 投資機会集合

3.1 2つの株式からなるポートフォリオの投資機会集合

図表5－2と**図表5－5**を使って，収益率の標準偏差・期待収益率平面上において投資家の投資可能な集合を描いてみましょう。**図表5－6**を見てください。右上が投資比率とポートフォリオの期待収益率の関係を描いたものです（**図表5－2**）。右下が投資比率とポートフォリオの収益率の標準偏差の関係を描いたものです（**図表5－5**）。左下は45度線で縦軸の値をそのまま横軸に変換する役割を果たします。これらを使って，投資家が投資可能な収益率の標準偏差と期待収益率の組み合わせが左上に描けます。

このようにして描いた左上の図は**投資機会集合**（2つの資産の場合は**投資機会軌跡**）と呼ばれ，投資機会集合上の点と投資比率が1対1に対応しています。したがって，投資家が投資機会集合上のどの点を選択するかがわかれば，投資家の各銘柄への投資比率，すなわち，投資家の保有するポートフォリオが決定されることになります。

次に，2つの株式の相関係数を変えたとき，投資機会集合の形状がどう変

図表5－6 ▶▶▶ 2つの株式からなるポートフォリオの投資機会集合の導出

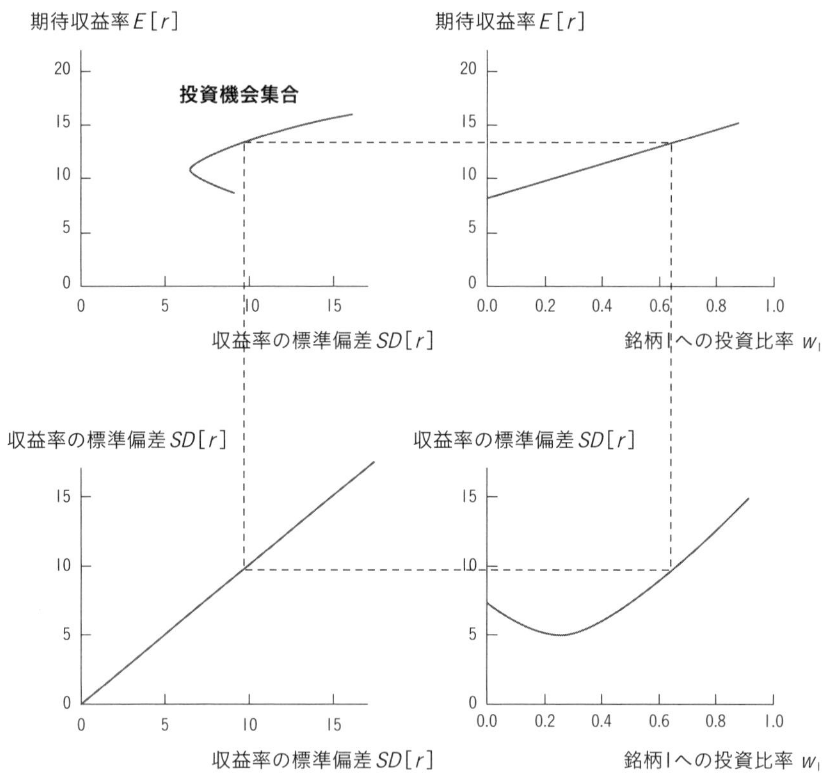

化するのかを考えましょう。**図表5－7**では，完全な正の相関（相関係数が1），無相関（相関係数が0），完全な負の相関（相関係数が－1）の場合を示しています。完全な正の相関の場合は，分散投資によって収益率の標準偏差を減らすことはできません。これは，2つの収益率が全く同じように動くため，2つの収益率の変動が相殺されないからです。しかし，それ以外ならば，相関係数が小さければ小さいほど，**収益率の標準偏差**を減少させることができることがわかります。特に，完全な負の相関の場合，収益率の標準偏差をゼロにするような投資比率が存在します。

図表５－７ ▶▶▶ 異なる相関係数のときの投資機会集合

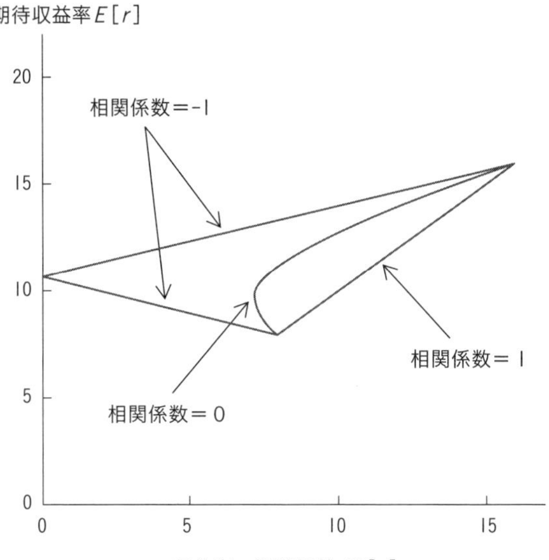

3.2 ３つ以上の株式からなるポートフォリオの投資機会集合

今度は，３つの株式からなるポートフォリオを考えましょう。銘柄３の収益率は銘柄１と銘柄２の収益率と無相関（相関係数がゼロ）で，その期待収益率と，収益率の標準偏差はそれぞれ４%と８%とします。すなわち，銘柄３は銘柄２と収益率の標準偏差は同じですが，期待収益率が小さいという点で劣っています。はたして，このような銘柄をポートフォリオに組み込むことに意味があるのでしょうか。

図表５－８には，銘柄１と銘柄２からなるポートフォリオと銘柄３を組み合わせた場合の投資機会集合が示されています。この図からわかるように，銘柄１と銘柄２からなるポートフォリオよりも，銘柄３を加えることで収益率の標準偏差を減少させることができています。したがって，リスクを低減させる効果があることから一見劣っているようにみえる銘柄３を加えることに意味があると言えます。なお，**図表５－８**の右図は**空売り**を認めた場合，

図表5－8▶▶▶3つの株式からなるポートフォリオの投資機会集合

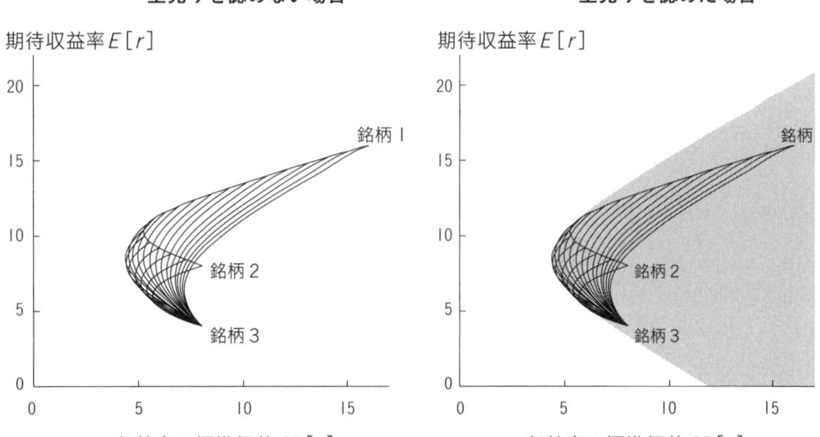

すなわち，投資比率が負であることを認めた場合の投資機会集合が示されています。これまでは投資比率はゼロ以上としており，ある銘柄の「買いポジション」を持つことだけを考えてきましたが，空売りとはある銘柄の「売りポジション」を持つことをいいます。空売りを認めた場合は，最終的な投資機会集合は灰色で塗られた部分に広がります。空売りが可能なほうが，同じ収益率の標準偏差に対して期待収益率が高くなるような投資機会が増えることがわかります。

株式が4つ以上の場合も同様に投資機会集合を描くことができます。複数の株式をポートフォリオに組み入れることで，リスク低減効果によって投資家の投資機会集合が左方向に広がります。

3.3 安全資産と株式ポートフォリオを組み合わせたポートフォリオの投資機会集合

ここでは，株式に加えて，安全資産を導入します。株式のみからなるポートフォリオ（表記の簡単化のため，以下では「**株式ポートフォリオ**」と呼びます）の投資機会集合にある任意の株式ポートフォリオ q と安全資産をそれぞれ y と $1-y$ の比率で組み合わせたポートフォリオ p を考えます（ここでは簡単化のため，$y>0$ を仮定します）。安全利子率 r_f はその定義から確率変数ではなく，収益率の標準偏差もゼロであることに留意すれば，ポートフォリオ p の期待収益率 $E[r_p]$ と収益率の標準偏差 $SD[r_p]$ は次のように計算できます。

$$
\begin{aligned}
E[r_p] &= (1-y)\,r_f + yE[r_q] \\
&= r_f + y\,(E[r_q] - r_f)
\end{aligned}
\tag{5.17}
$$

$$
\begin{aligned}
SD[r_p] &= \sqrt{(1-y)^2 SD[r_f]^2 + y^2 SD[r_q]^2 + 2y\,(1-y)\,Cov[r_f, r_q]} \\
&= ySD[r_q]
\end{aligned}
\tag{5.18}
$$

収益率の標準偏差 $SD[r_p]$ の(5.18)式より，$y = SD[r_p]/SD[r_q]$ なので，これを $E[r_p]$ の(5.17)式に代入すると，

$$
E[r_p] = r_f + \underbrace{\frac{E[r_q] - r_f}{SD[r_q]}}_{\text{シャープレシオ}} SD[r_p] \tag{5.19}
$$

となります。これが，任意の株式ポートフォリオと安全資産からなるポートフォリオの投資機会集合です。すなわち，切片が r_f，傾きが（$E[r_q] - r_f$）$/SD[r_q]$ の直線となります。この傾きは株式ポートフォリオの収益率の標準偏差1単位に対する株式ポートフォリオの安全資産と比較した超過収益率であり，**シャープレシオ**と呼ばれます。なお，詳しくは第11章で述べますが，実現収益率から推定したシャープレシオは，資産運用のパフォーマンスを評価する際の重要な指標の1つとなっています。

安全資産と株式ポートフォリオ q を組み合わせたときの投資機会集合は**図表5－9**に示されています（安全利子率は3%としています）。なお，この

図表５－９▶▶▶安全資産と株式ポートフォリオｑを組み合わせたときの投資機会集合

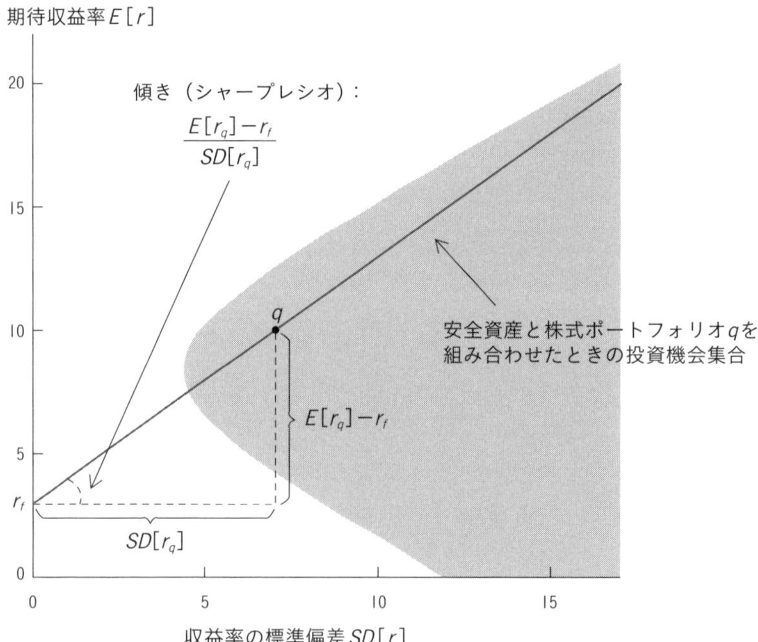

注：灰色で塗られた部分は株式のみからなるポートフォリオの投資機会集合

直線上の点qよりも右側の直線上の点は，安全資産の利子率で借り入れて（安全資産を空売りして），その資金を株式ポートフォリオqに投資する場合を表しています。

投資機会集合にある株式ポートフォリオqの選び方によって，この直線は無数に引けます。すなわち，安全資産を考慮に入れると，安全資産から株式ポートフォリオの投資機会集合へ向かって引いた直線のすべてが新たな投資機会集合となります。したがって，安全資産を導入したときの最終的な投資機会集合は，**図表５－10**の灰色で塗られた部分になります（この図では$y \leq 0$も認めています）。

以上で，収益率の標準偏差・期待収益率平面上で，投資家が選択可能な投資機会集合を表すことができました。それでは，投資家は投資機会集合のう

図表 5 − 10 ▶▶▶安全資産と株式ポートフォリオからなるポートフォリオの投資機会集合

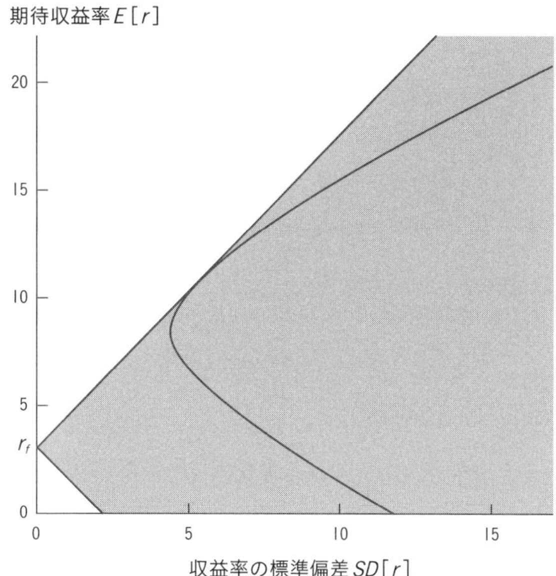

ちどの点を選択するのでしょうか。次の章では，投資家がどのポートフォリオを選択するのかを見ていきます。

Working 調べてみよう

好きな銘柄を 2 つ選んで過去 60 カ月の月次の実現収益率を計算してみましょう（配当は無視してかまいません）。そして，期待収益率と，収益率の標準偏差を推定した上で，2 つの銘柄からなるポートフォリオの投資機会軌跡（集合）を描いてみましょう。なお，株価のデータは「Yahoo! ファイナンス」などのウェブサイトから入手できます。

Training　解いてみよう

株式評価とポートフォリオ理論に関する次の文章を読み，下記の1.～2.に答えなさい。

下の表は銘柄Aと銘柄Bの年率の期待収益率と，収益率の標準偏差を示している。また銘柄Aと銘柄Bの収益率の相関係数は以下に示すとおりである。安全利子率は1%である。

	銘柄A	銘柄B	安全資産
期待収益率（%）	12%	6%	1%
収益率の標準偏差（%）	30%	14%	0%
相関係数	0.02		

株式価値は発行体企業の将来キャッシュフローに大きく依存している。当該企業の将来キャッシュフローのリスクが高い場合，株主は大きく報われるかもしれないし，全く報われないかもしれない。上の表に示す銘柄Aと銘柄Bでは，銘柄Aのほうが高い期待収益率と高い収益率の標準偏差を持つので，A社のほうがおおむねリスクの高いビジネスを営んでいると推測される。

ここまでの記述のように，リスク＝収益率の標準偏差として考えることができるが，ポートフォリオ理論は，このリスクについて新しい視点を提供している。投資家は単一銘柄に集中投資するよりも，複数銘柄に分散投資することで，より良いポートフォリオを構築できる，すなわち，「分散効果」を享受できる。たとえば表に示す銘柄Aと銘柄Bに6：4で分散投資する場合を考えよう。この2銘柄から構成されるポートフォリオの期待収益率は【①】%となる。これは，銘柄Aと銘柄Bの期待収益率をそれぞれの投資比率（この場合60%，40%）で加重平均したものである。一方，このポートフォリオの収益率の標準偏差は，銘柄Aと銘柄Bの収益率の標準偏差を加重平均して求めるのではなく，(a) 銘柄Aと銘柄Bの収益率の関係性を示す相関係数を考慮して計算する必要がある。この相関係数が高ければ高いほど，分散効果は【②】い。

1. 文中の①～②に当てはまる最も適切な語句または数値を答えなさい。
2. 下線部(a)について，銘柄Aおよび銘柄Bに関する（上の表）の数値から，銘柄Aと銘柄Bに6：4の比率で投資するポートフォリオの収益率の標準偏差を求めなさい。

（平成28年公認会計士試験論文式・経営学・第2問・問題2を一部改変）

第6章 投資家のポートフォリオ選択と資本資産評価モデル

Learning Points

- この章では，投資機会集合のうち投資家がどこを選択するのか，そして，資産の需要と供給が均衡しているときに個々の株式の期待収益率がどのように記述できるのかを学びます。
- 収益率の標準偏差・期待収益率平面上の投資機会集合のうち最も左上にあるものを効率的フロンティアといいます。投資家は無差別曲線と効率的フロンティアが接する点を選択します。
- 同質的期待の仮定の下では，すべての投資家が同じ株式ポートフォリオ（接点ポートフォリオ）を持ちます。これを市場ポートフォリオといいます。このとき，個々の株式の期待収益率は資本資産評価モデルで記述できます。

Key Words

無差別曲線　効率的フロンティア　トービンの分離定理
資本資産評価モデル

1 投資家の無差別曲線とポートフォリオ選択

前章では，収益率の標準偏差・期待収益率平面上で投資機会集合がどのように表現できるかを学びました。それでは，この投資機会集合のうち，投資家はどの点を選択するのでしょうか。

1.1 リスク回避的な投資家とその無差別曲線

投資家は期待収益率が高いほど満足度（経済学やファイナンス理論ではこれを**効用**といいます）が高いと考えられます。これに対して，投資家のリスクに対する態度は3つ考えられます。

• リスク回避的な投資家：リスクが低いほど効用が高い投資家
• リスク中立的な投資家：リスクの高低を気にしない投資家
• リスク愛好的な投資家：リスクが高いほど効用が高い投資家

ファイナンス理論では一般にリスク回避的な投資家を想定します（第2章第4節も参考にしてください）。この投資家は，同じリスクならば期待収益率は高いほうがよい，または同じ期待収益率ならばリスクは低いほうがよいという投資家ということができます。リスク回避的だからといって，リスクを全くとらないわけではないことに注意してください。

それでは，リスク回避的な投資家は収益率の標準偏差・期待収益率平面上でどのように表現できるでしょうか。**図表6－1**の左図を見てください。いま，収益率の標準偏差・期待収益率平面上の任意の点（収益率の標準偏差と期待収益率の組み合わせ）を考えます。この点をAと呼ぶことにしましょう。そして，投資家が点Aを選択したときと効用が同じになる（無差別になる）点を結んで線を描くことを考えましょう。そのような曲線を**無差別曲線**といいます。

まず，点Aを基準にして，左上と右下の領域を考えてみましょう。左上の領域はリスク（収益率の標準偏差）が低く期待収益率が高いので，点A

図表6－1 ▶▶▶ リスク回避的な投資家の無差別曲線

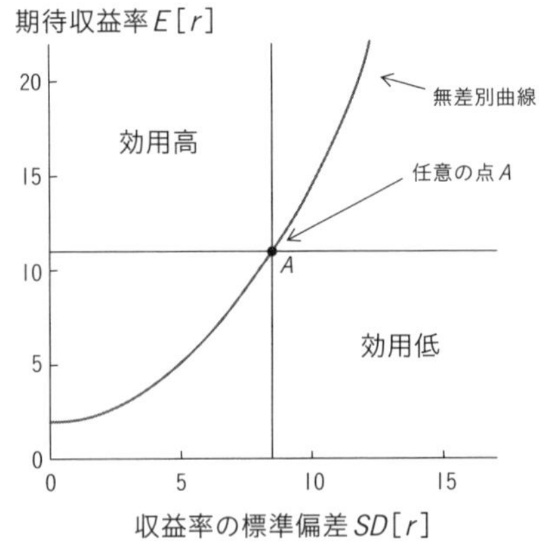

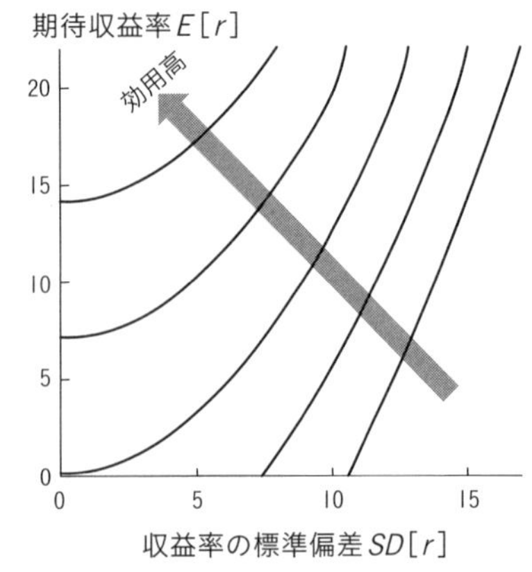

よりも投資家の効用は高くなります。また，右下の領域はリスク（収益率の標準偏差）が高く期待収益率が低いので，点Ａよりも投資家の効用は低くなります。したがって，左上と右下の領域にその点と効用が同じになる組み合わせは存在しないため，無差別曲線は引けません。このことから，反対に左下の領域と右上の領域に無差別曲線が引けることがわかります。

したがって，リスク回避的な投資家の無差別曲線は右上がりになると言えます。最初に選択した点Ａは自由に選べるので，この無差別曲線は無数に引けることがわかります。いくつかの無差別曲線を描いたのが**図表６−１**の右図です。左上の無差別曲線ほど，投資家の効用が高くなることに注意してください。また，同一投資家の無差別曲線は交わることはありません。

無差別曲線は下に凸型の形状を持つと仮定します。この仮定は，リスクが低い水準では，リスクが一単位増加したときに少しの期待収益率の増加で元の効用の水準を維持できますが，リスクが高い水準ではリスクが一単位増加したときに，より大きな期待収益率の増加がないと元の効用の水準を維持できないことを意味します。これは直感的にも納得できるでしょう。

同じリスク回避的な投資家でも，どの程度リスクを嫌うか（**リスク回避度**）によって，無差別曲線の形状が異なります。**図表６−２**には，リスク

図表６−２ ▶▶▶ リスク回避度の低い投資家と高い投資家の無差別曲線

相対的にリスク回避度が低い投資家

期待収益率 $E[r]$
元の効用水準を維持するために必要な期待収益率
リスクの上昇
収益率の標準偏差 $SD[r]$

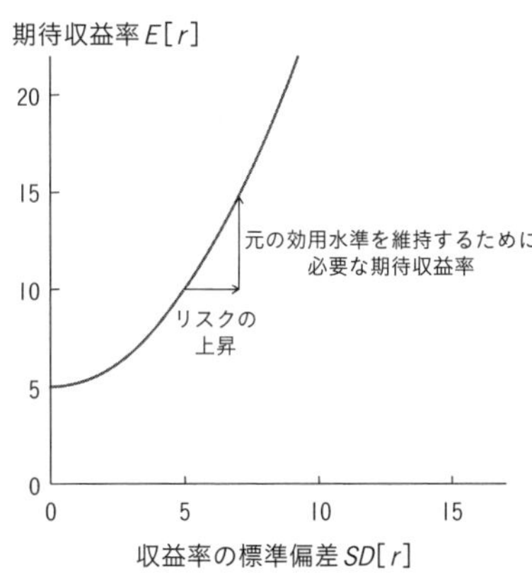

回避度が相対的に低い投資家と高い投資家の無差別曲線が描かれています。リスク回避度が低い投資家は，リスクが１単位増加したとき，わずかな期待収益率の増加で元の効用の水準を維持することができますが，リスク回避度が高い投資家はより大きな期待収益率の増加がないと元の効用を維持することができません。このことから，投資家のリスク回避度が高いほど無差別曲線の傾きが急になることがわかります。

1.2 投資家のポートフォリオ選択

1.2.1 資産が株式のみの場合

リスク回避的な投資家の場合，収益率の標準偏差・期待収益率平面上の左上であればあるほど，投資家の効用が高くなります。したがって，投資機会集合のうち最も左上にあるものが，**効用最大化**を目的とするリスク回避的な投資家が選択する可能性のあるポートフォリオと言えます。このポートフォリオを**効率的ポートフォリオ**といいます。そして，この集合を収益率の標準

図表６－３▶▶▶株式のみの場合の効率的フロンティア

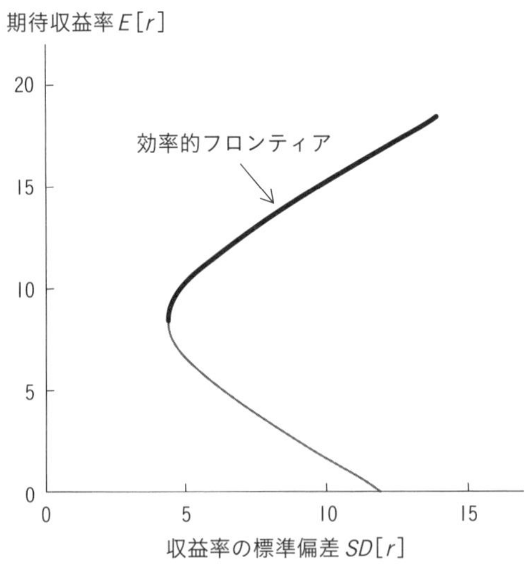

図表 6 − 4 ▶▶▶ 株式のみの場合の投資家のポートフォリオ選択

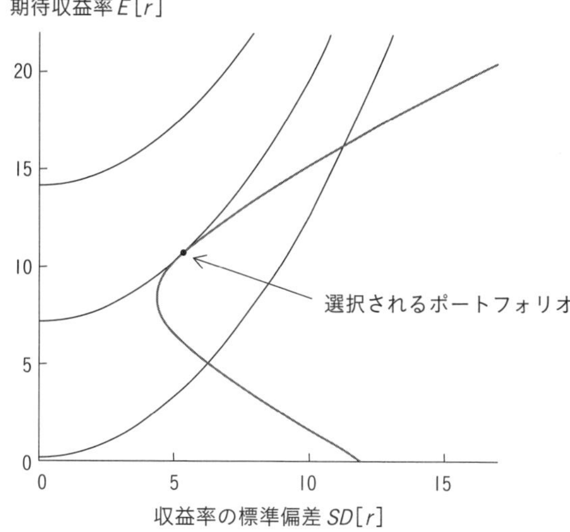

偏差・期待収益率平面上で図示したものを**効率的フロンティア**，あるいは**有効フロンティア**といいます。

したがって，資産が株式のみの場合，効率的フロンティアは**図表 6 − 3** の太線のようになります（株式のみからなるポートフォリオの投資機会集合については前章 **3.1** 項と **3.2** 項を思い出してください）。

効率的フロンティアのうちのどの点を選ぶかは無差別曲線の形状に依存します。左上の無差別曲線ほど投資家の効用が高くなるので，効用最大化を目指す投資家は無差別曲線と効率的フロンティアが接する点を選択することになります（**図表 6 − 4**）。投資機会集合上の点は，投資比率が対応しているので（前章 **3.1** 項を思い出してください），これで投資家の保有するポートフォリオが決定されたことになります。

1.2.2 資産が安全資産と株式の場合

次に安全資産を導入しましょう。安全資産を加えた場合の投資機会集合のうち最も左上にあるものは，安全資産を示す点から株式のみで構成されるポートフォリオの効率的フロンティアへの接線となります（安全資産を加えた場合の投資機会集合については前章**3.3**項を思い出してください)。この接線が安全資産を加えた場合の新たな効率的フロンティアです(**図表6－5**)。ここで，接点(T)で決まる株式のみで構成されるポートフォリオ(以下では簡単に株式ポートフォリオと呼びます)を**接点ポートフォリオ**といいます。この接点ポートフォリオTはシャープレシオを最大にする株式ポートフォリオであり，効率的ポートフォリオです。接点ポートフォリオのシャープレシオは，安全資産を加えた場合の効率的フロンティアの傾きになっています。安全収益率をr_f，接点ポートフォリオの収益率をr_Tと書くと，効率的フロンティアは次の式で表せます。

$$E[r_p] = r_f + \frac{E[r_T] - r_f}{SD[r_T]} SD[r_p] \tag{6.1}$$

株式のみで構成される投資機会集合上の点は，その株式ポートフォリオを構成する銘柄の投資比率に対応しているので，接点が決まれば各銘柄の構成比率が決まります。すなわち，接点ポートフォリオの各銘柄の構成比率は，

図表6－5 ▶▶▶安全資産を導入した場合の効率的フロンティア

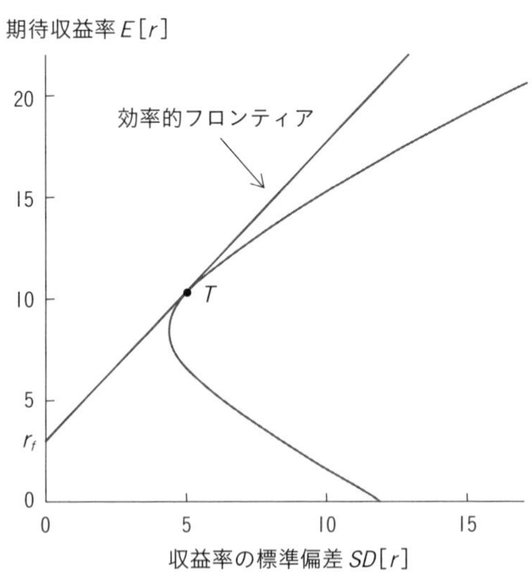

投資家がどの程度リスクを嫌うか（リスク回避度），言い換えれば，無差別曲線の形状に関係なく決定されます。

効率的フロンティアは接点ポートフォリオと安全資産の組み合わせを表しており，収益率の標準偏差・期待収益率平面上の最も左上にある投資機会集合なので，投資家はこの組み合わせを選択することになります。効用最大化を目指す投資家は無差別曲線と効率的フロンティアが接する点を選択することになります。この組み合わせは無差別曲線の形状に依存します。

図表６－６には，相対的にリスク回避度が高い投資家（左図）と低い投資家（右図）が選択するポートフォリオが示されています。リスク回避的な投資家は安全資産の投資比率が大きくなります。なお，右図では，投資家は効率的フロンティア上で点 T よりも右側の点を選択しています。これは安全利子率で借り入れて（安全資産を空売りして），接点ポートフォリオを購入していることを意味します。しかし，リスク回避度によらず，いずれの場合も接点ポートフォリオと安全資産を組みわせたポートフォリオを保有することに注意してください。

以上のことから，株式ポートフォリオの構成比率の決定と，株式ポートフォリオと安全資産の組み合わせの比率に関する決定は別々に論じられるこ

図表６－６▶▶▶安全資産を導入した場合の投資家のポートフォリオ選択

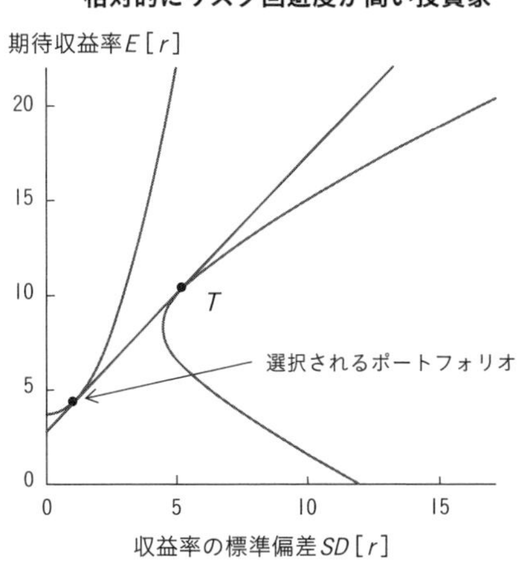

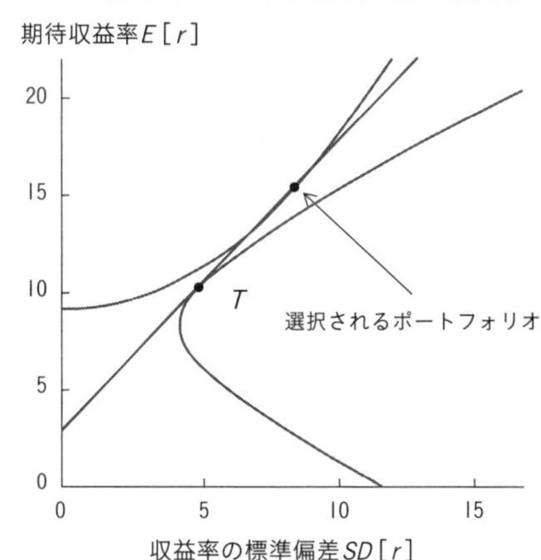

第6章◉投資家のポートフォリオ選択と資本資産評価モデル

とがわかりました。**図表6－5**では，投資家の保有する株式ポートフォリオが無差別曲線の形状と無関係に決定され，**図表6－6**では，投資家の無差別曲線の形状に依存して，株式ポートフォリオと安全資産を組み合わせたポートフォリオが決定されています。このように，投資家のリスクに対する態度が関係するのは，後者のみになります。これを**トービンの分離定理**と呼びます。

2 市場の均衡と資本資産評価モデル

2.1 市場ポートフォリオと資本市場線

今までは，投資家の効用最大化の観点からポートフォリオの選択行動を考えてきました。次に，市場全体の均衡について考えていきます。今までの議論では，収益率に関する投資家の予測について特別な仮定を置きませんでしたが，ここでは**同質的期待**という仮定を置きます。これは，すべての投資家が収益率の期待値，分散・共分散に関して同じ予測を持っているという仮定です。

この仮定の下では，すべての投資家が描く投資機会集合が同一になります（**図表6－7**）。そのため，すべての投資家が同一の接点ポートフォリオを保有することになります。このとき，以下で説明するように，接点ポートフォリオは市場ポートフォリオという特別なポートフォリオとなります。

たとえば，市場に存在する株式が銘柄1，銘柄2，銘柄3の3つであるとしましょう。また，投資家はAさん，Bさん，Cさんの3人であると仮定しましょう。ここで，接点ポートフォリオの銘柄1，銘柄2，銘柄3の構成比率はそれぞれ1：4：5であると仮定しましょう。先ほど述べたとおり，同質的期待の仮定の下では，すべての投資家（ここではAさん，Bさん，Cさんの全員）がこのポートフォリオを持つことになります。

いま，Aさん，Bさん，Cさんの接点ポートフォリオへの投資額がそれぞ

図表6－7 ▶▶▶同質的期待のイメージ

同質的期待の仮定がなければ，各々の投資家が異なる接点ポートフォリオ T を選択する。

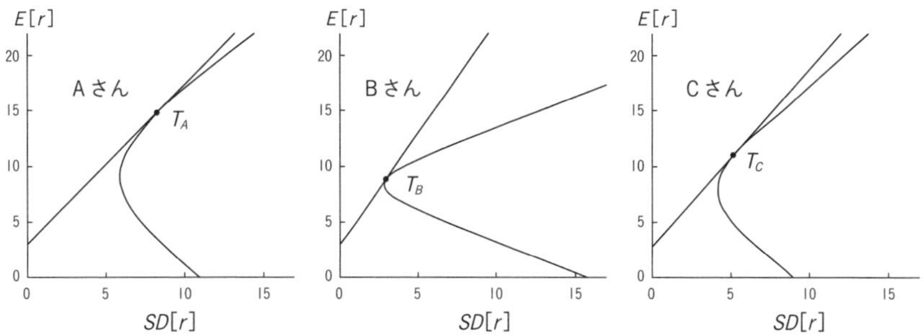

同質的期待の仮定の下では，すべての投資家が同一の接点ポートフォリオ T を選択する。

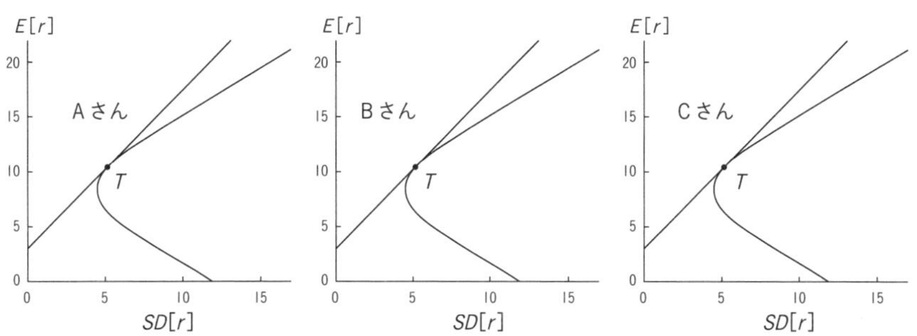

れ100，200，300であるとします。すると，彼らの各銘柄への需要金額は以下のようになります。

	銘柄1	銘柄2	銘柄3
接点ポートフォリオの構成比率	1	4	5
Aさん	10	40	50
Bさん	20	80	100
Cさん	30	120	150
各銘柄の総需要金額	60	240	300

このように，各銘柄の総需要金額は接点ポートフォリオの構成比率と接点ポートフォリオへの投資金額で決まります。

一方で，株式の供給量は株式時価総額となります。これは株数×株価です。実は，この供給量は均衡において総需要金額と必ず一致します。

	銘柄1	銘柄2	銘柄3
Aさん	10	40	50
Bさん	20	80	100
Cさん	30	120	150
均衡：需要＝供給	60	240	300

なぜ，需要と供給が一致するのでしょうか。いま，仮に各銘柄の供給量が次のようであるとしましょう。

	銘柄1	銘柄2	銘柄3
供給量	80	300	200

すなわち，供給量が各銘柄の総需要金額と一致していない状況を考えます。

このとき，銘柄1については総需要が60に対して供給量が80なので超過供給です（株価が高過ぎる状態です）。そのため，供給量が総需要の60と一致するところまで，株価が下落すると考えられます。銘柄2についても超過供給なので，株価は下落し，最終的には供給量は需要の240に一致すると考えられます。一方で，銘柄3については総需要が300に対して供給量が200なので超過需要です（株価が低すぎる状態です）。そのため，供給量が総需要の300と一致するところまで，株価が上昇すると考えられます。このように株価の調整が行われることで，需要と供給が一致します。

この需要と供給が一致している均衡状態では，市場全体の時価総額に対する当該銘柄の時価総額の比率は，接点ポートフォリオの各銘柄の構成比率と必ず一致することがわかります。すなわち，接点ポートフォリオを持つことは，時価総額の構成比のポートフォリオを保有することを意味するので，これは市場そのものを保有していると解釈することができます。この特別なポートフォリオのことを**市場ポートフォリオ**と呼びます。以上のことから，市場の需給が均衡しているとき，すべての投資家が市場ポートフォリオを保有することになります。なお，接点ポートフォリオが効率的ポートフォリオであるため，市場ポートフォリオも効率的ポートフォリオです。

市場ポートフォリオと安全資産を組み合わせたポートフォリオの期待収益率と収益率の標準偏差の組み合わせを表す式が**資本市場線**（Capital Market

図表６－８ ▶▶▶ 資本市場線（Capital Market Line：CML）

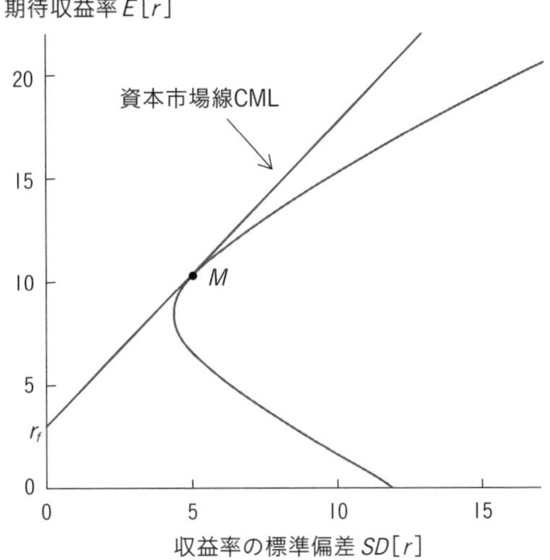

Line：**CML**）です。これは，需給均衡状態における効率的フロンティアであり，安全資産から市場ポートフォリオへ引いた直線で，次の式で表せます（図表６－８）。

$$E[r_p] = r_f + \underbrace{\frac{E[r_M] - r_f}{SD[r_M]}}_{\substack{\text{リスクの市場価格}\\ =\text{市場ポートフォリオのシャープレシオ}}} SD[r_p] \tag{6.2}$$

ここで，r_M は市場ポートフォリオの収益率です。資本市場線の傾きである市場ポートフォリオの収益率の標準偏差１単位当たりのプレミアム（$E[r_M] - r_f$）$/SD[r_M]$ を**リスクの市場価格**と呼びます。すなわち，市場ポートフォリオのシャープレシオがリスクの市場価格です。

接点ポートフォリオから市場ポートフォリオに名前が変わっただけと思うかもしれませんが，市場の需給均衡が背後にあるため，その意味は全く異なることに注意してください。

2.2 資本資産評価モデル（その2）

第4章ですでに触れましたが，ここでは，より詳しく資本資産評価モデル（CAPM）について見ていきましょう。

先ほど述べたとおり，均衡ではすべての投資家が市場ポートフォリオを保有するわけですから，投資家は任意の個別銘柄（より一般には任意のポートフォリオ）と市場ポートフォリオとの共変動の程度をリスクとして認識します。これはシステマティックリスクの指標であり，**ベータ**（β_i）と呼ばれます。ベータは以下の式で定義されます。

$$\beta_i = \frac{Cov[r_M,\ r_i]}{Var[r_M]} \tag{6.3}$$

ベータは，当該銘柄の収益率と市場ポートフォリオの収益率の共変動の程度（$Cov[r_M, r_i]$）を市場ポートフォリオの収益率の変動（$Var[r_M]$）で基準化したものと解釈することができます。ここで，$r_i = r_M$とすればわかるように，市場ポートフォリオのベータは1であることに注意してください。

当該銘柄のベータに市場リスクプレミアムをかければ，リスクプレミアムが計算できます。そして，このリスクプレミアムに安全利子率を加えれば，投資家の要求収益率となります。均衡では，要求収益率と期待収益率が一致するので，次の式が成り立ちます。

$$E[r_i] = r_f + \beta_i\,(E[r_M] - r_f) \tag{6.4}$$

これが資本資産評価モデル（Capital Asset Pricing Model：CAPM）としてよく知られた式です。この式を，ベータを横軸，期待収益率を縦軸として描いたものは，**証券市場線**（Security Market Line：**SML**）と呼ばれます（**図表6－9**）。

以上の議論から，CAPMは要求収益率を決定する式であると言えます。

図表 6 − 9 ▶▶▶証券市場線（Security Market Line：SML）

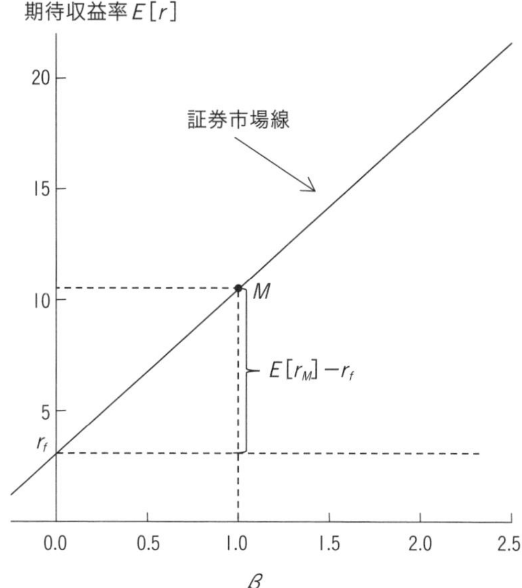

ある銘柄の期待収益率が均衡から逸脱して要求収益率よりも大きければ（証券市場線より上方に位置している状態），そのような銘柄には「買い」が殺到して，価格はただちに上昇します。これは期待収益率の下落を意味します。これは，両者が一致するところ（証券市場線上に位置している状態）まで続きます。

反対に，ある銘柄の期待収益率が均衡から逸脱して要求収益率よりも小さければ（証券市場線より下方に位置している状態），そのような銘柄には「売り」が殺到して，価格はただちに下落します。これは期待収益率の上昇を意味します。これは，両者が一致するところ（証券市場線上に位置している状態）まで続きます。そして，均衡では，要求収益率と期待収益率が一致し，すべての株式の期待収益率が証券市場線上に乗ることになります。

具体的に，個別銘柄（あるいは，ポートフォリオ）の期待収益率を求めてみましょう。**図表 6 − 9** の証券市場線では，$r_f = 3\%$，$E[r_M] = 10.4\%$（四捨五入しています）です。したがって，

$$E[r_i] = 3\% + \beta_i \times (10.4\% - 3\%) \tag{6.5}$$

となります。たとえば，ある銘柄が$\beta_i = 1.5$ならば，その銘柄の期待収益率$E[r_i]$は次のように計算されます。

$$3\% + 1.5 \times (10.4\% - 3\%) = 14.1\% \tag{6.6}$$

ここで，資本市場線と証券市場線の関係を整理しておきましょう。**図表6－10**は資本市場線（左図）と証券市場線（右図）の関係を示したものです。左図と右図の縦軸は一致していることに注意してください。左図に示したとおり，市場ポートフォリオ以外の株式ポートフォリオ（個別銘柄を含む）は資本市場線の右側に位置します。一方で，右図に示したとおり，証券市場線ではすべてのポートフォリオが証券市場線上に乗ることになります。資本市場線と証券市場線を混同しないように注意してください。

図表6－10 ▶▶▶資本市場線と証券市場線の関係

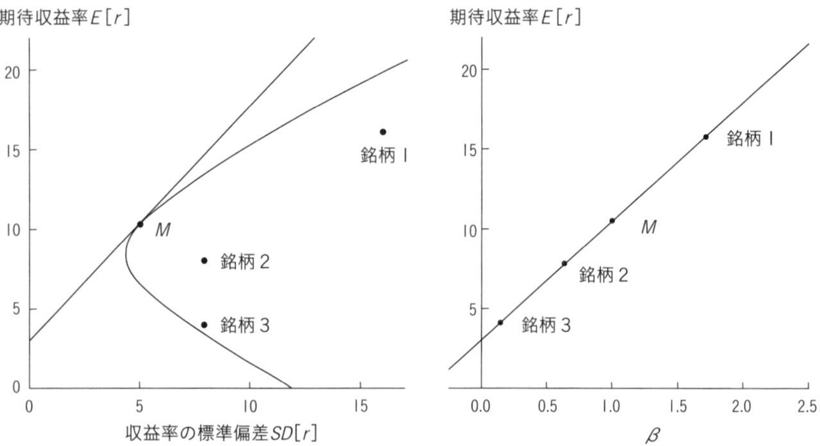

3 CAPMの利用
株式の資本コストの推定

CAPMは要求収益率，すなわち，資本コストの決定理論です。ここでは，CAPMに基づいて株式の資本コストを推定してみましょう。

最初に，市場リスクプレミアム$E[r_M]-r_f$とCAPMのベータβ_iを推定する必要があります。

市場リスクプレミアムの一般的な推定方法は，長期時系列データの標本平均を使用するというものです。日本では，安全利子率の代理変数として10年物国債の利回り，市場ポートフォリオの収益率の代理変数として時価加重平均指数であるTOPIXの収益率を用いることが多いです。長期間にわたってTOPIXの収益率と10年物国債の利回りの差を計算し，その標本平均が市場リスクプレミアムの推定値となります。推定に使用する標本期間やデータにより若干の差は出ますが，実務では，市場リスクプレミアムの推定値として，5%から7%が使われています。

CAPMのベータの一般的な推定方法は，次の**マーケットモデル**の回帰分析による推定です。

$$r_{i,t} = \alpha + \beta_i r_{M,t} + u_{i,t} \tag{6.7}$$

ここで，$r_{i,t}$はベータを推定したい銘柄の収益率，$r_{M,t}$は市場ポートフォリオの収益率，$u_{i,t}$は誤差項です。先ほども述べたとおり，日本では，マーケットポートフォリオの収益率として，時価加重平均の指数である**TOPIX**で測った収益率を使用することが多いです。この式を最小2乗法回帰分析によって$r_{M,t}$の係数を推定すれば，

$$\hat{\beta}_i = \frac{\widehat{Cov}[r_M, r_i]}{\widehat{Var}[r_M]} \tag{6.8}$$

が得られます。ここで，$\widehat{Cov}[r_M, r_i]$ は標本共分散，$\widehat{Var}[r_M]$ は標本分散です。CAPM のベータと比較すれば，$r_{M,t}$ の係数の推定値である $\hat{\beta}_i$ はベータの推定値になっていることがわかります。

例として，ソニーの資本コストを推定してみましょう。たとえば，2014 月 1 月から 2018 年 12 月までの 60 カ月間の月次データを用いて，ソニーのベータを推定すると 1.31 となります。ただし，CAPM の真のベータではなく，あくまでも推定値であることに注意してください。実際，推定されるベータは，月次，週次，日次など，どの程度の頻度のデータを用いて推定するか，また推定期間をどの程度の長さにするかによって変わってくることに注意が必要です。

要求収益率は安全利子率とリスクプレミアムの和です。推定された市場リスクプレミアムと推定されたベータをかければ，当該株式のリスクプレミアムが推定できます。このリスクプレミアムの推定値に，安全利子率の代理指標として現在の国債の利回りを加えれば，株式の資本コストが推定できます。

現在の国債の利回りを 1%，市場リスクプレミアムを 6%として，ソニーの β の推定値 1.31 を用いれば，ソニーの株式資本コストは，

$$1\% + 1.31 \times 6\% = 8.86\% \qquad (6.9)$$

と推定することができます。

Working　調べてみよう

1. 収益率の標準偏差・期待収益率平面上で，リスク愛好的な投資家とリスク中立的な投資家の無差別曲線はどのように表現できるかを考えてみましょう。
2. 第5章のWorkingで選んだ2つの銘柄について，過去60カ月の月次の実現収益率と同じ期間のTOPIXの実現収益率を用いて（配当は無視してかまいません），CAPMのベータを推定してみましょう。なお，株価のデータは「Yahoo! ファイナンス」などのウェブサイトから入手できます。

Training　解いてみよう

1. 次のアとイの文章の中で，情報の非対称性などのない完全市場を仮定したファイナンス理論に整合する文章には○を，整合しない記述のある文章には×をつけなさい。ただし，いずれの文章においても法人税と倒産コストは存在しないと仮定する。

(ア) CAPMの下では，効率的な市場ポートフォリオと安全資産（安全利子率による借入れを含む。）の2つの資産の組合せのみで，どのようなリスクの投資も可能であり，それらはすべて効率的である。

(イ) CAPMの下では，縦軸に期待収益率，横軸にベータを取る平面上で証券市場線より上方に位置する株式の株価は割高であり，この株式の空売りによる裁定取引が速やかに行われることで，株価の歪みは修正されることを想定している。

(平成28年公認会計士試験論文式　経営学　第2問　問題3一部改変)

2. 2つのポートフォリオA，Bおよび市場ポートフォリオのリターン特性（収益率の標準偏差とベータ）は下の表のとおりである。ただし，ベータは，市場ポートフォリオに対するベータ値である。

ポートフォリオのリターン特性

	収益率の標準偏差	ベータ
ポートフォリオA	28%	1.22
ポートフォリオB	20%	0.83
市場ポートフォリオ	22%	1.00

注：市場ポートフォリオの期待収益率＝8%，安全利子率＝2%である。

保有資金10億円を用いて，安全利子率で5億円借り入れてポートフォリオAに総額15億円投資したポートフォリオの収益率の標準偏差は【①】%となる。また，ポートフォリオAと安全資産（安全利子率で運用・借入れできる資産）

を用いて市場ポートフォリオと同じ収益率の標準偏差を持つポートフォリオを構築するとき，ポートフォリオＡへの投資比率は【②】％となる。

表の数値の下で，市場ではCAPMが成立しているとする。表に基づけば，ポートフォリオＢの期待収益率は【③】％となる。表にある３つのポートフォリオのうち，シャープレシオが最も大きいものは，【(a)】である。

⑴文中の①～③に当てはまる最も適切な数値を答えなさい。

⑵文中の（a）に当てはまる最も適切なものを以下のア～ウから１つ選びなさい。

ア．ポートフォリオＡ

イ．ポートフォリオＢ

ウ．市場ポートフォリオ

（平成29年公認会計士試験論文式　経営学　第２問　問題１一部改変）

第7章 運転資本管理・フリーキャッシュフロー・財務比率

Learning Points

▶最初に企業の資本調達手段として，株式と負債以外の重要な手段である企業間信用を学びます。

▶企業価値評価は，企業の生み出すフリーキャッシュフロー情報を使用します。企業価値評価を学ぶ準備として，フリーキャッシュフローの考え方と算出方法を学びます。

▶企業の会計数値の比率を使用することで，企業の収益性，財務安定性などについて，他社との比較分析ができます。こうした指標を用いることで，将来のキャッシュフロー予測の妥当性が検証可能になります。

Key Words

企業間信用　純運転資本　フリーキャッシュフロー　収益性指標
デュポン式　財務安定性指標，成長性指標

1 企業間信用による資本調達

企業の資金調達手段は株式や借入だけではありません。もう１つの重要な手段として取引先からの信用供与があります。ある会社が，他の会社から原材料など財やサービスを購入するとき，その対価の支払い時期が財やサービスの購入時点から一定の期日まで猶予されることがあります。こうした支払いまでの猶予期間を設けた商取引を**企業間信用**と呼びます。このような企業間信用は企業にとって重要な資金調達手段となり得ます。

具体的な事例で考えてみましょう。

Case 7－1　企業間信用による資金調達　例題

ある部品のメーカーA社があります。A社は上流の素材メーカーB社から原材料を購入し，部品を製造後，その部品を川下の最終製品組立メーカーC社に販売しています。A社はB社から購入した原材料の代金を2カ月後に支払うという契約をB社と結んでいます。またA社はC社に販売した部品の代金を0.5カ月後に受け取るという契約をC社と結んでいます。A社の1カ月間の原材料の購入費が100億円，同じ期間の販売額が200億円とします。この時A社は川上のB社に対し200億円の債務（＝100億円×2カ月分）を負い，一方で川下のC社に対して100億円の債権（200億円×0.5カ月）を保有することになります。このときA社は株式や借入による資本調達をすることなく，実質的にネット100億円を企業間信用を通して債務で調達していることになります（債務200億円－債権100億円＝債務100億円）。

会計上はA社のB社に対する債務は買掛金または支払手形という勘定科目に仕分けされ，A社のC社に対する債権は売掛金または受取手形という勘定科目に仕分けされます。

図表7－1 ▶▶▶商取引と企業間信用

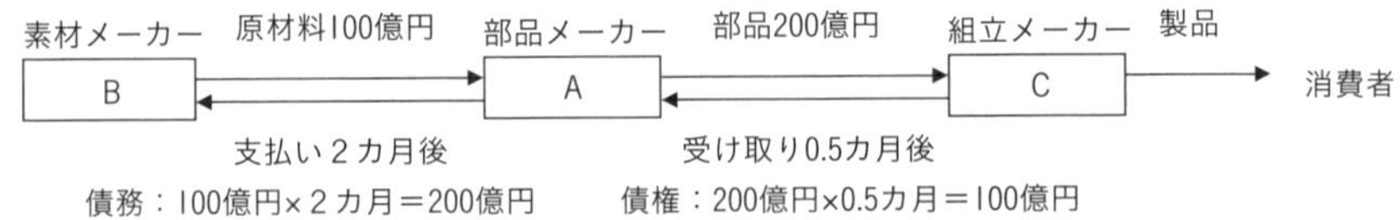

Case 7－2　企業間信用の条件変更の影響　例題

A社からB社への現在の代金の支払い期限は2カ月ですが，これが1カ月に短期化されたとします。このときB社に対する債務は100億円（100億円×1カ月）に減額します。また，C社からの受け取りまでの期間が1カ月に延長になったとします。このときC社に対する債権は200億円（200億円×1カ月）に増額します。A社はネットで企業間信用で100億円の債権を持つことになり，Case 7－1に比較して企業間信用で100億円の資金調達側から，100億円の資金の出し手に変わります。企業Aは，合計して200億円だけ資金繰りが厳しくなり，その分を手元現金を取り崩すか，借入や株式などで外部から資金調達する必要が生じます。

Case 7－1 と Case 7－2 から言えることは，企業Aにとって財やサービスの購入先に対する**支払期間**が延長されることは企業間信用による**資金調達の増額**，支払期間の短期化は**資金調達の縮小**を意味します。逆に財やサービスの販売先からの売上代金の受け取りまでの期間の延長は企業間の信用取引による貸付の増額，受け取りまでの期間の短期化は貸付の縮小，すなわち資金回収を意味します。したがって企業Aの立場に立てば支払期間を延長し，一方で受け取り期間を短縮すれば取引先からの資金調達額が増大できることになります。

A社，B社，C社が，いずれも資本の効率性を重視し，そのために企業間信用を通した資金調達額を増大しようと考えているならば，どの会社も同じように支払期間を長く，受け取り期間を短く設定しようと試みるため，3社の目標は一致しません。このため，3社間の信用取引条件は3社間の交渉により決定されるため，いずれかの1社が著しく有利に資金調達が可能になることはないでしょう。

上記の例でA社，B社，C社のうちでB社は最も規模が小さく，銀行借入や社債による借入資本調達コストは最も高いと仮定します。A社にとってB社から納入する原材料は代替物がなく，A社の経営のために重要とすると，A社にはB社に対する支払期間を短期化（B社に対する信用供与）することでB社の資金繰りを助け，B社の財務を安定化させる動機が発生します。一方でC社にとってもA社からの安定した部品供給が重要であるなら，A社への支払い期間を短期化（A社にとっては資金回収）し，A社の資金繰りを助ける動機を持ちます。このようにサプライチェーンの中でB社の役割の重要性が高いなら，B社はサプライチェーンの中で信用力の高い企業から信用供与を受け，財務体質の改善を図ることが可能になります。特に金融危機など金融機関からの資金調達が難しくなる時期には，銀行や社債市場に変わって，企業間信用が財務体質の弱い企業の資金調達において重要な役割を果たします。

この企業間の信用取引は，製品やサービスなどの取引関係の中で相手企業の生産能力や希少性を理解することで成立しています。企業の生産能力やその希少性の正しい理解は銀行やその他の投資家にとっては困難が伴うため，銀行や資本市場からの円滑な資金調達が困難なケースもあります。そうしたケースに企業間信用は重要な役割を果たしているのです。

このほかにも，自社の売上高を伸ばすための販売促進の手段として企業間信用の拡大が使用されることもあります。具体的には川下企業に対し売掛金や受取手形の期間を長期化することで川下企業にとっての自社製品を在庫として持ちやすくさせ，販売促進するのです。このように企業間の信用取引は金融手段のほか，自社製品の販売促進の目的でも使用されることがありその両面の影響を正しく理解することが重要となります。

2 運転資本管理

前節では，買掛金や売掛金の企業間信用というファイナンスの性格に着目しましたが，**資金繰り**の視点で見ると自社の支払期間を長期化し，資金の回収期間を短期化することは自社の事業への投入資金の圧縮により資金繰りの改善につながります。したがって事業への投資資本を最小化し，資本効率性を高めようとする企業は買掛金や支払手形を増大させ，売掛金や受取手形を減少させることが財務上の目標となります。

また，余剰の製品在庫を持つことは事業に投入した資本の回収までの期間を長期化することにつながるため，余分な仕掛品・製品在庫など棚卸資産を持たないことも重要です。このため，企業の資金繰りを分析するために，以下の財務指標が使われています。

$$\text{買入債務回転期間（月）} = \frac{\text{買掛金} + \text{支払手形}}{\text{1月当たり売上原価}} \tag{7.1}$$

$$\text{売上債権回転期間（月）} = \frac{\text{売掛金} + \text{受取手形}}{\text{1月当たり売上高}} \tag{7.2}$$

$$在庫回転期間（月）= \frac{棚卸資産}{1月当たり売上原価} \tag{7.3}$$

企業が最小の必要資金で活動する効率的経営を実現するためには，買入債務回転期間を長期化し，売上債権回転期間と在庫回転期間を短期化することが直接の経営目標となります。この経営目標を管理するための管理数値として**純運転資本額**があります。

純運転資本額＝売掛金・受取手形＋棚卸資産－買掛金・支払手形　(7.4)

純運転資本額は営業・生産活動に投入されている金額を示し，その増大は営業・生産活動への投資の増大を示します。この純運転資本額の増大は，会計上は損益計算書に反映されない投入資金の増大を示します。売掛金や受取手形の増大は売上高に計上した金額のうち入金されていない金額を示し，棚卸資産の増大は製造原価に計上されない在庫への投資金額の増大を示し，いずれも損益計算書に反映されていない資金支出の増大を意味します。一方買掛金や支払手形の増大は売上原価のうち実際には現金が流出していない部分の増大を示し，損益計算書に反映されない資金支出の減少を意味することになります。このため，企業のキャッシュフローを分析する際に，純運転資本額の増加は，損益計算書に報告されている会計上の利益の減額項目として反映する必要があります。

3　会計上の利益のキャッシュフローへの転換

第２章で解説したように，投資プロジェクトの価値は将来発生するキャッシュフローの現在価値に基づいて算出します。この投資プロジェクトの価値の算出手法は，企業価値算定にも応用できます。企業価値評価については，次の第８章で詳しく解説しますが，本節ではその準備として，企業の生み出すキャッシュフローの算出方法を解説します。

企業の生み出すキャッシュフローは，損益計算書に報告される会計上の利益金額をベースに，それに調整を加えることで算出します。前節では企業のキャッシュフローを算出するためには，会計上の利益に対して純運転資本の増減金額を修正する必要があることを説明しました。これ以外にも，重要なものとして設備投資と減価償却費の調整があります。

企業の設備投資で投入される生産設備は，長期間にわたって企業の生産活動を支えます。このため会計上は費用と収益の対応関係を重視して，設備投資の実施された会計年度に全額を費用計上することはせず，その設備を利用して生産活動を行うと想定する期間に対応させて減価償却費として費用計上します。つまり実際に設備投資が実施され，資金が投入される会計年度にはその金額はそのままは損益計算書に反映されず，その後のあらかじめ決められた償却期間中の会計年度に減価償却費として損益計算書に費用として反映されます。減価償却費は，計上される会計年度には実際のキャッシュフローの発生しない費用であることに注意してください。このため企業の生み出すキャッシュフローを算出する際に，会計上の利益に対して設備投資額は減算調整，減価償却費は加算調整を行う必要があります。また，不要になった設備の除却損や，無形資産のアモチゼーション費（償却費）なども，当該会計年度には実際の資金支出のない費用項目であり，キャッシュフローを分析する際には，会計上の利益に対する加算項目として調整する必要があります。**投資評価に使用するキャッシュフロー**と会計上の損益の関係は以下の等式で表すことができます。

投資評価に使用するキャッシュフロー
= 会計上の利益 + 減価償却費 − 設備投資金額
− 純運転資本増加額 + 非資金損失（除却損・償却費など）
− 非資金収益（評価益など）　(7.5)

ただし，純運転資本は式(7.4)を参照。

会計上の損益は費用と収益の対応関係を重視するため，実際のキャッシュフローの変動を各会計年度で平準化したものとなっています。一方でファイナンスにおける投資プロジェクトの評価においては，お金の時間価値を考慮するため，投資とその回収のタイミングが重要であり，会計上の利益に対して，上記の修正を加えているのです。

4 フリーキャッシュフローの算出

損益計算書の損益は，企業の生産や営業活動のみならず，財務活動に伴う収益と費用も反映されています。具体的には，借入で資金調達を行っていればその借入に伴う支払利息が費用として計上され，余剰資金を資本市場で運用していれば受取利息・配当金が収益として計上されます。こうした財務活動に伴う収益と費用は，企業の投資プロジェクトが生み出すキャッシュフローとは関係ないことから，企業価値の評価に使用するキャッシュフローには反映させません。この考え方に従って，企業価値の評価に使用するキャッシュフローはその企業の実行する投資プロジェクトが全額株式で調達されているという仮定の下で作成し，その投資プロジェクトを実行するために必要となる資本調達に伴うコストは，一括してキャッシュフローを現在価値に割り引く際に使用する割引率（資本コスト）に反映します。

このように資本は全額株式で調達されているという前提の下で，投資評価に使用するキャッシュフローのベースとなる会計上の損益は，以下の式(7.6)で求められます。

企業価値算出で使用するキャッシュフローのベースとなる利益
＝（税前利益 ＋ 支払利息 － 受取利息・配当金）×（1 － 実効税率）(7.6)

式(7.6)で，**実効税率**とは企業の法人税をはじめ，さまざまな減税措置などを含めた企業の利益に対する実質的な税負担比率を指します。式(7.6)のうち，（損益計算書の税前利益＋支払利息－受取利息・配当金）で求められる数値は，ファイナンスにおいては，**EBIT**（Earnings Before Interest and Tax：利子・税支払い前利益）と呼ばれるものです。式(7.6)で求められる数値は，EBIT を税後に修正したものなので，**EBIAT**（Earnings Before Interest After Tax：利子支払い前・税後利益）と呼ばれるものです。いずれもファイナンス実務で頻繁に使用する用語なので忘れないようにしましょう。したがって，式(7.6)は以下のように書き換えられます。

$$\text{EBIAT} = \text{EBIT} \times (1 - \text{実効税率}) \tag{7.7}$$

そして，この EBIAT をベースにした投資評価に使用するキャッシュフローをファイナンスでは**フリーキャッシュフロー**と呼んでいます。フリーキャッシュフローと呼ぶ理由は，株主および有利子負債の債権者などの資本提供者に対して，分配が自由に行える性格のキャッシュフローと位置づけられるためです。フリーキャッシュフローは下記の式(7.8)で求めます。これを図表にまとめたものが**図表７－２**です。

図表７－２▶▶▶フリーキャッシュフローの算出過程

税前利益

＋）　支払利息
－）　受取利息・配当金

利子・税支払い前利益（EBIT）

－）　EBIT に対する税費用（EBIT ×（1 － 実効税率）

利子支払い前・税後利益（EBIAT）

＋）　減価償却費
－）　設備投資
－）　純運転資本増加額（対前年度）

＋）　非資金損失
－）　非資金収益

フリーキャッシュフロー

フリーキャッシュフロー

$$= \text{EBIAT} + \text{減価償却費} - \text{設備投資金額} - \text{純運転資本増加額} + \text{非資金損失} - \text{非資金収益} \quad (7.8)$$

フリーキャッシュフローは，資本調達を全額株式で調達したと仮定したときの企業が事業で生み出すキャッシュフローを示し，これは第8章で企業価値算出を行うときに使用するキャッシュフローとなります。

5 財務比率

本章第**2**節で，運転資本管理に関するいくつかの財務指標を示しましたが，他にも企業の収益性や財務安定性を計測するのに使用する財務比率があります。ここでは，そのうち代表的な財務比率を紹介します。これらの財務比率は，現状の企業の収益性などを他社と比較するケース，将来キャッシュフローの予測の妥当性を検証するケース，企業価値評価時に参考にする類似企業選択の参考にするケース，企業の借入金の返済能力を評価するケースなどさまざまな場面で使用されるため，ファイナンスの基礎知識として必要です。

5.1 収益性の指標

企業の収益性の指標としては代表的なものとして**ROE**（Return on Equity：**自己資本利益率**）と**ROA**（Return on Asset：**総資産利益率**）の2つがあります。ROEは自己資本に対する収益率であり，ROAは総資産に対する収益率を計測する指標です。

$$\text{ROE} = \frac{\text{税後利益}}{\text{自己資本金額}} \quad (7.9)$$

$$\text{ROA} = \frac{\text{税後利益}}{\text{総資産}} \tag{7.10}$$

なお，ROAでは，分子にEBITやEBIATを使用することもあります。これは負債資本を含む調達全体に対する収益性を計測するためです。

なお，ROEとROAは以下の関係となっています。

$$\text{ROE} = \text{ROA} \times \frac{\text{総資産}}{\text{自己資本}} = \text{ROA} \times \text{レバレッジ} \tag{7.11}$$

ただし，$\text{レバレッジ} = \dfrac{\text{総資産}}{\text{自己資本}}$

レバレッジとは梃子（てこ）のことであり，少ない資本で大きな総資産を支えていれば（レバレッジが高ければ），てこの原理により自己資本に対する利益率を示すROEは高くなることを示しています。

またROAは以下の2つの要素に分解できます。

$$\text{ROA} = \text{売上利益率} \times \text{総資産回転率} \tag{7.12}$$

ただし，

$$\text{売上利益率} = \frac{\text{税後利益}}{\text{売上高}} \tag{7.13}$$

$$\text{総資産回転率} = \frac{\text{売上高}}{\text{総資産}} \tag{7.14}$$

すなわちROAを改善するためには，売上高に対する利益率を改善するか，総資産回転率を改善するか，少なくとも一方を改善する必要があります。このうち総資産回転率は生産や営業活動に使用する総資産をどれだけ効率的に使用しているかを計測する尺度となっています。以上からROEは以下の式(7.15)で表すことができます。この算式は**デュポン式**と言われます。

$$\text{ROE} = \text{売上利益率} \times \text{総資産回転率} \times \text{レバレッジ} \tag{7.15}$$

デュポン式は，ROEを改善するためには売上利益率の改善，総資産回転率の改善，またはレバレッジの上昇の少なくとも1つが必要ということを意味します。売上利益率と総資産回転率の改善は一般的に企業経営上望ましいものです。一方でレバレッジの上昇は，企業の財務安定性を損なう可能性があり企業経営上望ましいかどうかは，第10章で解説する倒産コストの存在する下で最適資本構成の分析が必要となります。

5.2 財務安定性の指標

デュポン式においてレバレッジを高めるとROEが高まることを示しました。しかし，レバレッジを高め過ぎると企業の財務安定性が損なわれます。この節では企業の財務安定性を示す指標を紹介します。

レバレッジと類似した指標ですが，よく使用される指標が負債比率（有利子負債比率）です。

$$\text{負債比率} = \frac{\text{負債金額}}{\text{総資産}} \tag{7.16}$$

ただし，式(7.16)の負債金額は，財務安定性を分析するためには有利子負債金額を使用することが適しています。

企業の財務安定性を見るためには企業の生み出す収益で，どの程度負債に伴う支払利子額をカバーできるかも重要です。このため，以下の式(7.17)で算出される**インタレスト・カバレッジレシオ**が使われます。

$$\text{インタレスト・カバレッジレシオ} = \frac{\text{営業利益＋受取利息・配当金}}{\text{支払利息}} \tag{7.17}$$

インタレスト・カバレッジレシオが1を下回る，または1に非常に近い状況は，自社の事業利益と受取利息・配当金で借入に伴う利息の支払い額をカバーできない状況を示し，**債務不履行**（**デフォルト**）の危険性が高いことを示唆します。財務安定性を考えれば有利子負債比率が低いほうが，インタレスト・カバレッジレシオは高いほうが望ましい比率です。しかし，企業にとって最適な負債比率は財務安定性のみで決定できるものではありません。この点は第10章で詳しく説明します。

5.3 成長性の指標

資本提供者の視点から見ると，企業は現時点の収益性のみでなく長期的な成長性も重要です。最も単純な成長率を表す指標としては過去の売上高成長率があります。一般には過去1年から5年の成長率が使用されます。例として過去1年と過去2年の売上高成長率を示します。

$$\text{過去1年売上高成長率} = \frac{\text{本年度売上高} - \text{前年度売上高}}{\text{前年度売上高}} \tag{7.18}$$

$$\text{過去2年平均売上成長率} = \sqrt{\frac{\text{本年度売上高} - \text{前々年度売上高}}{\text{前々年度売上高}}} \tag{7.19}$$

このほかに，ファイナンスではトービンのqと呼ばれる指標も，成長性を表す指標として使用されます。

$$トービンのq = \frac{株式時価総額 + 負債市場価値}{資産の再取得価格} \tag{7.20}$$

ただし，総資産の再取得価格や負債市場価値は算出が難しいので，分母には純資産額と借入金額の和を使用し，分子は時価総額と借入金額の和を使用することが一般的です。このとき，トービンの q は株式の市場価値と簿価の比率である **PBR**（Price to Book Ratio：**株価・純資産倍率**）に近い指標になります。PBR も同じく企業の成長性を示す指標として解釈できます。

$$PBR = \frac{株式時価総額}{純資産額} = \frac{株価}{1株当たり純資産額} \tag{7.21}$$

q レシオや PBR が企業の成長性の指標とみなされる理由は，株式時価総額が純資産額をどの程度上回るかは，その企業がどの程度 NPV が正の投資機会を持つかによって決まり，NPV が正の投資機会を豊富に持つことはその企業が高い成長機会を持つことを意味するからです。

Training 解いてみよう

企業Aの第1期，第2期に発生する期待フリーキャッシュフローの金額（下記表中の①および②の金額）をそれぞれ答えなさい。

企業Aの将来の期待キャッシュフロー情報

	第1期	第2期
脱・利子引前利益（EBIT）	100億円	125億円
減価償却費	30億円	30億円
設備投資資金額	40億円	45億円
純運転資本増減額	0億円	0億円
期待フリーキャッシュフロー	① 億円	② 億円

（平成29年公認会計士試験を改編，抜粋）

第 8 章 企業価値評価とその適用

Learning Points

▶企業価値評価の基本的手法として，企業の将来フリーキャッシュフローの現在価値の総計から企業価値を算出するDCF法を学びます。

▶DCF法と同じ考えに基づき，同業他社の株式の市場価値情報を用いた企業価値評価方法として，市場価値倍率法があります。

▶DCF法，市場価値倍率法はIPO，M&Aなどさまざまなファイナンス実務で重要な役割を果たしています。

Key Words

企業価値評価　加重平均資本コスト（WACC）　DCF法
市場価値倍率法　M&A

1 企業価値の算出とフリーキャッシュフロー

企業は，多くの連続した事業を行っていることから，投資プロジェクト（事業）の集合体と考えることができます。したがって企業の価値は，その企業が実施している投資プロジェクトの将来キャッシュフローの現在価値の総計がその中核となります。さらに，投資プロジェクトに投入されない余剰現金（事業に無関係の保有有価証券を含む）があれば，それも企業価値の構成要素となります。したがって**企業価値**は次の式(8.1)で表せます。

$$
\begin{aligned}
\text{企業価値} &= \text{企業の創出する将来キャッシュフローの現在価値の総計} \\
&\quad + \text{余剰現金額} \qquad (8.1)
\end{aligned}
$$

企業は，資本，生産設備，従業員，技術やノウハウなど経営資源を生産活動に投入して，製品やサービスを顧客に提供し，顧客からの売上により，投入した経営資源の回収を行っています。顧客からの信頼，製品やサービスのブランド，企業の環境問題や社会問題への取組みなども，最終的には顧客の購買行動を通して企業の将来のキャッシュフローとして実現してくるはずです。したがって，企業価値は，その企業の生み出す将来キャッシュフローの現在価値により評価可能となります。フリーキャッシュフローをベースに，式(8.1)により企業価値を算出する方法を**DCF法**（Discounted Cash Flow Method）と呼びます。

フリーキャッシュフローの算出方法は第7章で説明しました。企業価値を算出する際に使用するフリーキャッシュフローは，企業に資本を提供する資本提供者の視点に立ち，事業上必要となるすべての支払いを実施した後に，資本提供者に対して自由に還元可能なキャッシュフローであり，以下の式(8.2)で計算できます。

$$\text{フリーキャッシュフロー} = \text{EBIAT} + \text{減価償却費} - \text{設備投資金額} - \text{純運転資本増加額} + \text{非資金損失} - \text{非資金収益} \quad (8.2)$$

式(8.2)のEBIAT（Earnings Before Interest After Tax）は，利子支払い前・税後利益を指し，資本の全額を株式で調達していると仮定したケース（借入のないケース）の税後利益を指します。借入をどの程度利用するかの資本構成については，キャッシュフローには反映させず，現在価値を求める際に使用する割引率に反映させるほうが，さまざまな資本構成の下での投資プロジェクトの価値を容易に検証可能になるからです。これにより，投資プロジェクトの生み出すキャッシュフローと，資本調達に伴う財務的キャッシュフローを独立させ，それぞれの条件を他方に影響を与えることなく操作可能にしています。このフレキシビリティが，DCF法の最も大きな利点であり，企業価値評価の実務の標準的手法となっている理由です。

また，前章の**図表7－2**に示すようにEBIATは，会計上の収入である受取利息配当金額が反映されていません。これは，財務的キャッシュフローを独立させているからであり，その代わりに式(8.1)で余剰現金額を加算して企業価値を求めているのです。余剰現金には，現金の他，財務活動として保有している有価証券の金額も入ることに注意が必要です。

なお，株式価値評価の理論的アプローチとして，第4章で紹介した配当割引モデルという手法もあります。これは，会社から株主に実際に支払われる配当金を株式資本コストで割り引いて現在価値を求めることで，株主価値を算出する手法です。しかし，現実には成長期にあるため利益を再投資に回して配当を支払わず，配当開始時期が見通せない企業，毎年支払う配当金が固定的で利益変動を反映しない企業なども多く，配当割引モデルは実務ではあまり使用されていません。上記のような企業に対しても，配当金に依存しないDCF法は株式価値を評価可能な手法であり，実用性が高いと言えます。

2 企業価値算出に使用する割引率

企業価値を算出する際，フリーキャッシュフローの現在価値を求めるために使用する割引率は，企業に資金を提供する投資家全体の要求収益率となります。この投資家全体の要求収益率は，その企業が将来にどのような資本調達を行うか（企業の資本政策）により決定されます。株式のみで調達する方針なら株主の要求収益率（これを**株式資本コスト**と呼ぶ），株式と負債の組み合わせで調達する方針なら，株主と債権者のそれぞれの要求収益率の調達比率による**加重平均資本コスト**（**WACC**：Weighted Average Cost of Capital）を使用します。なお，このようにフリーキャッシュフローを加重平均資本コストで割り引くことで企業価値を算出可能となる理論的背景を第10章第**2**節で解説しています。

*WACC*の求め方は以下の通りとなります。まず株式の期待収益率（$E[r]$）を求める式として，第4章で紹介したCAPMの式を思い出しましょう。

$$E[r] = 安全利子率 + ベータ \times 市場リスクプレミアム \tag{8.3}$$

式(8.3)のうち，安全利子率については，長期国債の利回りを使用することが一般的で，日本の場合は10年国債，米国の場合は30年国債が使用されることが実務では一般的です。これはその国の長期の安全利子率である点で，企業の将来キャッシュフローの期間と対応しているとともに，市場リスクプレミアムの推定に必要となる過去の長期間のデータが容易に収集できるという現実的事情を反映しています。

市場リスクプレミアムは，過去のできるだけ長い期間における各年の株式市場全体（市場ポートフォリオ）の収益率と安全利子率として使用した長期国債の利回りの差（スプレッド）の平均値から推定します。これは，①過去の長期間にわたって市場で観測されたスプレッドには投資家が株式投資に対し要求するリスクプレミアムが反映されている，②リスクプレミアムは投資家のリスク回避の度合いにより決定されるので時代を超えて安定的である，という2つの仮定に基づきます。各国の株式市場全体（市場ポートフォリオ）の収益率は，株式市場インデックスと呼ばれる指標を使用することが多く，米国ではS&P500，日本ではTOPIX（東証株価指数）がこの株式市場インデックスにあたります。米国でも，日本でも，長期国債と株式市場インデックスの差の平均から，実務上は5%から7%を市場リスクプレミアムとして使用することが多く，本章ではその平均をとり6%を市場リスクプレミアムとして使用します。

本章で使用する6%の市場リスクプレミアムは，代表的な株価倍率である**株価収益率**（Price Earnings Ratio：**PER**）と整合性があります。PERとは株価が**1株当たり利益**（Earnings Per Share：**EPS**）の何倍で取引されているかの指標です（本章の**4.2**項参照)。会社の当期利益をキャッシュフローの近似値と読み替えると，株価は定率成長を前提にした永久年金の公式（第3章，式(3.5)）から以下の式(8.4)で求められます。

$$\text{株価} = \frac{\text{1株当たり利益}}{\text{株式資本コスト} - \text{利益成長率}} \tag{8.4}$$

(8.4)式は分子が利益なので**利益還元モデル**と呼ばれます。ここでたとえば長期国債利回り（安全利子率）を1%，市場リスクプレミアムを6%，長期の利益成長率を1%と置くと，株価は1株当たり利益の16.7倍と計算できます。上記で例示した数値は，概ね2010年から2019年の期間のそれぞれ平均的な数値に一致しています。株価が1株当たり利益の何倍かの指標は，先に説明したPERですが，この時期の東証1部上場企業の平均PERは概ね15倍から18倍で取引されており，16.7倍はそのレンジ内にあります。このように市場リスクプレミアム6%という数値は，この期間の株価水準を説明できるもので妥当性のある推定値といえそうです。

企業価値評価の実務では，ベータ値の推定は第6章第**3**節で勉強したマーケットモデルを使用することが一般的です。市場で実際に観測可能な個別株式の収益率として日次収益率を使用するのであれば過去240日～480日（1年から2年），月次収益率を利用するのであれば過去60カ月（5年）が一般的な推定期間となっています。この期間の個別株式の収益率を従属変数，株式市場インデックス（日本ではTOPIXが一般的に使用される）の収益率を独立変数として回帰分析し，その回帰係数によりベータ値を求めます。本書では株式市場インデックスのリスクプレミアムを仮に6%としていますが，これに個別株式のベータ値を乗じることで個別株式のリスクプレミアムを算出し，これに安全利子率を加算することで株式資本コストが算出できます。この具体例は，第6章第**3**節のソニーの株式資本コストの算出事例を参照してください。

さらに，企業が株式と負債を組み合わせて調達しているケースには，CAPMで算出する株式資本コストと，負債（ただし，ここでは有利子負債を指す）の資本コストである負債資本コストの加重平均である**加重平均資本コスト**（***WACC***）を使用します。株式資本の市場価値をE，負債資本の市場価値をDとするとき，$WACC$は以下の式(8.5)で求められます。

$$WACC = \frac{E}{E+D} \times \text{株式資本コスト} + \frac{D}{E+D} \times \text{負債資本コスト} \times (1 - \text{実効税率}) \tag{8.5}$$

式(8.5)は，企業の資本調達全体における株式と負債のそれぞれの調達比率をウエイトにして，株式資本コストと負債資本コストの加重平均であり，投資家全体の期待収益率になっていることが直感的に理解できると思います。

なお，負債資本コストに（1－実効税率）が乗じられていますが，これは負債調達に伴う支払利息（$= D \times$負債資本コスト）が税務上の費用として，課税対象利益を減じることに伴う節税効果（資本コストを低下させる効果）を反映しています。この節税効果により $WACC$ が $\left(\frac{D}{E+D} \times \text{負債資本コスト} \times \text{実効税率}\right)$ だけ低下することを表します。$WACC$ については，第10章で詳しく解説しますが，ここではまず式を覚えましょう。

ここまで学んだことを利用して実際に企業の $WACC$ を計算してみましょう。

Column　リスクプレミアムは安定的？

リスクプレミアムについて，時代を超えて安定的と仮定の上で計算されていると書きましたが，この仮定は妥当でしょうか。世界最初の市場で頻繁に取引された株式である英国東インド会社株式は，1720年前後の南海バブルなどを経て1730年代には資本金に対し安定的に8%の配当を支払っていましたが，この当時の同社の社債利子率は4%でした。この東インド会社の社債利子率にも若干の信用リスクスプレッドが反映されていると考えれば，当時の株式のリスクプレミアムは現在使用している6%と大きく異ならないといえます（浅田［1989］162-163頁）。当時の株式は投機の対象で株価は操作され，信用できないものとされていましたが，それでも社債と株式の収益率の間に一定のスプレッドを確保することを株主は要求しており，これは現在の株式のリスクプレミアムに通じる議論であり，興味深いものです。

Case 8 — 1　例題

企業価値評価の対象とする企業Aが株式と負債を3対1の割合で使用して資本調達する方針を維持しているとしましょう。この企業Aの株式のベータ値は1.2，負債資本コスト（借入レート）は3%，企業の実効税率は30%です。また，現在の長期国債の利回りは1%，過去50年間の株式市場インデックスの年平均リターンが12%，同期間の長期国債の平均発行レートが6%とします。このとき，この企業Aの*WACC*は何%になるでしょうか。

最初に市場リスクプレミアムを計算しましょう。市場リスクプレミアムは，過去の長期の株式市場インデックスのリターンと安全利子率のリターンのスプレッドの平均から推定できるので，過去50年間の平均スプレッドである6%（= 12% − 6%）を使用します。この市場リスクプレミアムを用いて，CAPMにより企業Aの株式資本コストが求められます。

株式資本コスト = 1% + 1.2 × 6% = 8.2%

この株式資本コストと負債の情報を使用して，式(8.5)により*WACC*を求めます。

$$WACC = \frac{3}{3+1} \times 8.2\% + \frac{1}{3+1} \times 3\% \times (1 - 30\%) = 6.675\%$$

3 株式価値評価

ここまで学んだ内容を利用して，企業価値評価をしてみましょう。

Case 8 — 2　例題

以下に示す予想将来キャッシュフローを持つ企業Aの株式価値を算出してみましょう。ただし，5年後以降のフリーキャッシュフローは毎年1%成長し，実効税率は30%，WACCはCase 8 − 1で求めた6.7%を使用します。また，キャッシュフローはすべて年末に発生し，余剰現金は保有していません。

企業Aの予想将来キャッシュフロー（単位：億円）

		1年目	2年目	3年目	4年目	5年目
	税前利益	120	125	130	140	155
+)	支払い利息	6	6	6	6	6
	EBIT	126	131	136	146	161
	EBIAT=EBIT × (1-30%)	88.2	91.7	95.2	102.2	112.7
+)	減価償却費	40	35	35	30	30
-)	設備投資	60	55	50	40	40
-)	純運転資本増加額	7	7	5	3	3
	フリーキャッシュフロー	61.2	64.7	75.2	89.2	99.7

※　金額は小数点以下第2位で四捨五入を行っています。

最初に，今後1年目から5年目までのフリーキャッシュフローの現在価値を *WACC*（＝6.7%）を用いて求めます。以下のように，今後5年間のフリーキャッシュフローの現在価値合計は317億円となります。

今後5年間のフリーキャッシュフローの現在価値（単位：億円）

	1年目	2年目	3年目	4年目	5年目
フリーキャッシュフロー	61.2	64.7	75.2	89.2	99.7
各年の現在価値算出	$\frac{61.2}{1+6.7\%}$	$\frac{64.7}{(1+6.7\%)^2}$	$\frac{75.2}{(1+6.7\%)^3}$	$\frac{89.2}{(1+6.7\%)^4}$	$\frac{99.7}{(1+6.7\%)^5}$
FCFの現在価値	57.4	56.8	61.9	68.8	72.1
5年間のFCF現在価値合計	317				

※　金額は小数点以下第2位で四捨五入を行っています。

次に，5年目における残存価値を算出します。5年目以降のキャッシュフローは毎年1%成長するので，6年目のキャッシュフローの予想値を算出し，これを5年後から見た1年後のキャッシュフロー予想値として，定率成長の永久年金公式を用いて算出します。

$$5年目における残存価値 = \frac{99.7 \times (1+1\%)}{6.7\% - 1\%} = 1{,}766.6\ (億円)$$

5年後における残存価値は1,766.6と算出されたので，この現在価値を求めます。

$$\text{残存価値の現在価値} = \frac{1{,}766.6}{(1+6.7\%)^5} = 1{,}277.4\ \text{（億円）}$$

※　金額は小数点以下第2位で四捨五入を行っています。

これで今後5年間のフリーキャッシュフローの現在価値の合計額と，5年後における残存価値の現在価値が算出されたので，この合計値を求めます。

$$317 + 1{,}277.4 = 1{,}594.4\ \text{（億円）}$$

この1,594.4億円が，企業Aが将来生み出すと予想されるフリーキャッシュフローの現在価値の総額です。この数値は，資本提供者（株主および債権者）に所属するフリーキャッシュフローを，資本提供者の資本コストの加重平均である*WACC*を使用して現在価値を求めたものなので，株主価値と債権者に帰属する価値の合計，すなわち企業価値となります。なお，債権者に帰属する価値は，一般には有利子負債金額と一致します。

$$\text{企業価値} = \text{株主価値} + \text{有利子負債金額} \tag{8.6}$$

なお，式(8.1)のように企業Aに現金や有価証券など余剰資産がある場合は，その価値をフリーキャッシュフローの現在価値に加算して企業価値を求めます。なぜなら，フリーキャッシュフローはEBITから計算を開始しており，受取利息・配当金は計算に含まれていないからです。また，将来の事業に必要な資金は，設備投資や運転資本投資なども含めて将来のフリーキャッシュフロー予測に反映されており，企業の手元にある現金や有価証券は将来に使用されない仮定が置かれているためです。

企業Aは，借入があるので，企業価値から借入金額を減じたものが，株主価値になります。企業Aの借入比率はCase 8－1に示すように25%$\left(=\frac{1}{3+1}\right)$なので，借入金額は398.6億円（＝1,594.4億円×25%）となり，株主価値は1,195.8億円（＝1,594.4億円－398.6億円）となります。この株主価値の金額を，企業Aの発行済株式数で割り，1株当たりの価値としたものが，企業Aの株価の推定値となります。企業Aの発行済株式数が1,000万株とすると，企業Aの**株価**（**1株当たりの株主価値**）は以下のように求められます。

1,195.8億円 ÷ 1,000万株 = 11,958円

すなわち，

$$株主価値 = 企業価値 - 有利子負債金額 \quad (8.7)$$

$$1株当たり株主価値（株価）= \frac{株主価値}{発行済株式数} \quad (8.8)$$

となります。

ここで注意が必要なこととして，上記の*WACC*は株式資本3，借入1の割合の資本構成の下での数値なので，この企業は今後もこの資本構成を維持することを前提にしていることです。

DCF法による企業価値評価を行うにあたり，企業の資本構成による影響は，将来のフリーキャッシュフローの現在価値を求める際に使用する*WACC*に反映しています。このことで，DCF法では，いつ借入金を返済するか，どのような支払い利息が将来発生するかの情報は，将来のフリーキャッシュフローを予測する際に必要なくなります。このことは将来のフリーキャッシュフローの予測を単純化できる点で，大きな利点となります。

一方で，*WACC*を割引率とするDCF法では，評価対象の企業が一定の資本構成比率を永久に維持することを前提にしています。このため，*WACC*の資本構成には，長期的に維持する予定の負債比率を使用することが適切です。DCF法の下では，フリーキャッシュフローを変更することなく，*WACC*を適切に変更することによって，さまざまな資本構成の下での企業価値が算定可能になります。ただし，評価対象企業の現状の資本構成を変更すると，株式資本コストも資本構成の変更に応じて修正する必要が生じることは注意が必要です。この点は第10章のMM命題の下での株式資本コストの考え方が参考になります。

4 市場価値倍率を使用した企業価値算定

4.1 市場価値倍率法の考え方

企業価値評価のもう１つの方法が**市場価値倍率法**です。この手法は，評価対象会社の類似上場企業の株式の市場価値とキャッシュフローなどの比率を用いて，その比率を評価対象企業のキャッシュフローなどの数値に乗じることで，企業価値を算出します。式で表すと以下のとおりとなります。

$$\text{類似企業の市場価値倍率} = \frac{\text{類似企業の企業価値}}{\text{類似企業のフリーキャッシュフロー}} \quad (8.9)$$

評価対象企業の企業価値

$$= \text{評価対象企業のフリーキャッシュフロー} \times \text{類似企業の市場価値倍率} \quad (8.10)$$

ここまで説明したDCF法と比較するとずいぶんと大雑把な評価方法に見えますが，企業の**M&A**（Mergers and Acquisitions: 企業の合併と買収）や企業が株式を初めて株式市場に上場する新規株式公開（Initial Public Offering：**IPO**）などにおける企業価値評価実務ではDCF法と並んで使用される評価方法です。この評価方法の考え方は以下のようになっています。

DCF法における企業価値評価方法は最もシンプルな式で表せば下記のとおりとなります。

評価対象企業の企業価値

$$= \frac{\text{評価対象企業の来期のフリーキャッシュフロー}}{WACC - g} \quad (8.11)$$

ただし，gはフリーキャッシュフローの維持可能な成長率。

この両辺を評価対象企業の来期のキャッシュフローで割ると次の式となります。

$$\frac{\text{評価対象企業の企業価値}}{\text{評価対象企業の来期のフリーキャッシュフロー}} = \frac{1}{WACC - g} \quad (8.12)$$

上の式の左辺は評価対象企業の市場価値倍率そのものです。つまり市場価値倍率はキャッシュフローを割り引く際に用いる $WACC - g$（**資本還元率**）の逆数と解釈することができます。企業価値評価の対象企業と資本コストおよびキャッシュフローの成長率がほぼ等しい上場企業が存在するならば，その上場企業は資本還元率が評価対象企業とほぼ等しい点で，企業価値評価上の類似企業と位置づけることができます。そのような類似企業の市場価値倍率は，対象企業の市場価値倍率とほぼ等しくなると推定することが可能です。すなわち市場価値倍率法は，DCF 法と同じ考えに基づく企業価値算出方法なのです。

DCF 法と市場価値倍率法の違いは，DCF 法は評価者が自ら将来キャッシュフローとその成長率を推定し，CAPM などの資産評価モデルに基づいて株式資本コストを推定することが必要になります。一方で，市場価値倍率法は，類似企業を見つけることで，評価時点の類似企業の株価に反映されている資本還元率（= $WACC$ − 成長率）を直接求める方法なのです。具体的な数値例は本章第**2**節の市場リスクプレミアムと PER の関係の説明（P.130）を参照してください。

市場価値倍率法は，資本コストの推定やキャッシュフロー成長率の予測が必要なく，それらを算出する過程における推定や予測の誤りの影響を受けず，また評価者のキャッシュフロー成長率に関する主観（楽観や悲観，または希望的観測など）の影響を受けない点が利点とされています。一方で市場価値倍率法は，企業価値評価の対象企業と資本還元率がほぼ同じである類似企業を正しく選択することが必要条件になります。すなわち評価対象企業と同じリスクプレミアムを持ち，キャッシュフロー成長率がほぼ同じ企業を選択する必要があります。また，株式市場において類似企業の株価が適正に価格付けされていることが重要な条件になります。これらの条件を満たす類似企業を見いだすことは，実際には非常に難しい作業となります。

そこで企業価値評価の実務においては，DCF 法と市場価値倍率法を併用することでそれぞれの評価方法における算定上の誤りを防ぎ，より適正な市場価値を推定することが試みられています。

4.2 実務で使用されている市場価値倍率

ここまでの市場価値倍率法の解説では，DCF 法との整合性のあるフリーキャッシュフローに基づく市場価値倍率を用いました。しかし，企業価値評価の実務の現場では，簡便的に算定の簡単な利益金額などが広く使用されています。企業価値評価実務で頻繁に使用される市場価値倍率として以下の3つがあります。

$$\text{PER（株価収益率）} = \frac{\text{株価}}{\text{1株当たり利益}} \tag{8.13}$$

$$\text{EV/EBIT} = \frac{\text{EV（= 株式時価総額 + 負債金額）}}{\text{EBIT}} \tag{8.14}$$

$$\text{EV/EBITDA} = \frac{\text{EV（= 株式時価総額 + 負債金額）}}{\text{EBITDA}} \tag{8.15}$$

ただし，**EBITDA** は，EBIT（第7章）に減価償却費（Depreciation）と償却費（Amortization）を加算したものです。

PER はシンプルな倍率であり，株式市場において株価の単純な割安・割高を評価する指標としても使用され，最も頻繁に使用される株価倍率と言えます。ただし，負債比率が異なる企業間では，PER では単純に比較できないという限界があります。

そうしたPERの問題を修正したのが，**EV/EBIT倍率**，**EV/EBITDA倍率**です。分子を株式時価総額と有利子負債金額の合計である**企業価値**(Enterprise Value：**EV**）に，分母を利子支払い・税前利益であるEBITやEBITDAとすることで負債比率の異なる企業間での比較を可能にしています。

実際には，純運転資本の増加や，設備投資と減価償却のタイミングは企業価値評価結果に大きな影響を与える可能性があり，そうした可能性を検討した上で市場価値倍率を評価に利用すべきです。特にEV/EBIT倍率は，設備投資の成果が現在の収益（EBIT）にすでに反映されていることを前提としているので，成長のための先行投資が盛んに行われている成長企業の評価には向かないとされています。このため，EV/EBITDA倍率が，成長産業など先行投資が盛んな産業の評価でよく使用されています。

5 企業価値評価の実務と市場株価の関係

企業価値評価は，株式投資実務に際して広く使用されています。上場企業など市場株価が存在するケースにおいても，その市場株価が企業価値を適正に反映しているのかを検討する場合や，企業価値を大きく変化させるイベントがあった後の適正な市場株価を評価する手段として使用されます。投資家の証券取引を仲介する証券会社では，アナリストと呼ばれる企業価値評価の専門家が，専門的視点から各企業の適正な株価レンジを評価し，投資家に対して情報提供を行っています。また，年金基金，生命保険会社，または投資信託会社など大手の機関投資家は自らアナリストを抱え，企業価値評価を行い，投資先を検討しています。

このような専門家による企業価値評価の情報は株式市場における売買を通して株価に反映されていきます。その点でアナリストなど専門家による企業価値評価の情報は，株式市場において適正な株価が成立するための重要な条件となっています。複数のアナリストによる企業価値評価情報が提供されている企業の株価は適正なものとなる可能性が高まり，一方でそのような情報提供の対象外となっている企業の株価は，その株式の**本源的価値**（**ファンダメンタルバリュー**）を十分に反映していない可能性が高くなります。

また，企業が適正な企業価値評価を行うために十分な詳細情報を開示している場合は，その株価も適正なものになる可能性が高まりますし，十分な情報提供が行われていない企業の株価はそうした可能性が低くなります。すなわち 企業による情報開示の量と質，ならびにアナリストなど専門家による分析対象となっているかどうかは，その企業の株価が適切であることに対して重要な影響を持つと言えます。

6 企業価値評価の実務における活用
M&Aの事例

企業のM&Aにおいては，買い手企業により買収対象企業の全株式，またはその経営支配権を取るために少なくとも全株式の50％以上の株式が買収されます。このため株式市場における通常の株式売買と異なる点は，1株当たりの利益配当権や議決権だけでなく，買収対象企業の**経営支配権**も取引されている点です。

企業の重要な経営方針は株主総会で決定されますが，株主総会における議決に必要な株式は通常の決議事項については過半数，合併や営業譲渡など重要事項については3分の2以上の株主（議決権）の賛成が必要となります。すなわち買収対象企業の全株式，3分の2以上，または少なくとも過半数の株式を取得すれば，その会社の重要な決定事項を買い手企業が単独で決定できるようになります。これが経営支配権と呼ばれるものです。M&Aでは株主の持つ通常の権利に加えて，経営支配権が取引されるため，上場企業を対象としたM&Aにおいては，買収発表前の買収対象企業の市場株価よりも20％から50％ほど高い買収価格で買収が行われることが一般的となっています。この買収価格と市場株価の差額が，経営支配権の価格と解釈できることから，**支配プレミアム**と呼ばれています。

$$\text{支配プレミアム} = \frac{\text{買収価格} - \text{M\&A 発表前の市場株価}}{\text{M\&A 発表前の市場株価}} \tag{8.16}$$

DCF 法で学んだように，企業価値はその企業の将来に生み出すキャッシュフローの現在価値を反映したものです。したがって M&A で取得する経営支配権が，買収対象企業の将来に生み出すキャッシュフローを大幅に拡大しない限り，M&A の際に買収企業が買収対象企業の株主に支払う支配プレミアムは経済合理性がないことになります。M&A により買収対象企業の経営支配権を取得することで，買い手企業は買収対象企業のさまざまな資産，すなわち保有現金や生産設備のみならず人的資源，ノウハウ，知財権や顧客との取引関係まで自由に活用できるようになります。買い手企業が，このように買収対象企業の経営資源を自由に活用することで新たなキャッシュフローを生み出す効果を **M&A のシナジー効果**と呼びます。M&A の際に買い手企業によって支払われる支配プレミアムは，M&A のシナジー効果に対して支払われていると解釈できます。

M&A は企業による大規模な投資プロジェクトなので，その経済性は NPV で評価すべきです。M&A の NPV は以下の式(8.17)で表されます。

$$\begin{aligned}
&\text{M\&A の NPV} \\
&\quad = \text{買収対象企業の単独の本源的価値} + \text{M\&A によるシナジー効果} \\
&\qquad - \text{買収金額} \\
&\quad = \text{買収対象企業の単独の本源的価値} + \text{M\&A によるシナジー効果} \\
&\qquad - (\text{買収対象企業の市場価値} + \text{支配プレミアムの金額})
\end{aligned} \tag{8.17}$$

株式市場において買収対象企業が適正な市場株価で取引されているとすれば，買収対象企業の単独の本源的価値＝市場価値となるので上記の式(8.17)は次のように単純化できます。

$$\text{M\&AのNPV} = \text{M\&Aによるシナジー効果} - \text{支配プレミアムの金額} \tag{8.18}$$

先ほどM&Aにおける支配プレミアムは平均20%から50%になっていると説明しました。それではM&Aによるシナジー効果の現在価値はそれに見合うほど大きなものなのでしょうか。この問題は多くのファイナンス研究者が取り組んでいる研究課題です（日本におけるM&Aの経済性については井上・加藤［2006］が詳しく紹介しています）。これまでの実証研究の結果からは，M&Aで最も大きな利益を獲得しているのは，大きな支配プレミアムを支払われている買収対象企業の株主であり，買い手企業の株主は平均するとほとんど利益を得ていない，またはわずかな利益を得ているとの研究結果が示されています。

買い手企業の株主が，M&Aにより大きな利益を獲得できていないという実証分析の結果はどのように解釈できるでしょうか。魅力的な買収対象企業は，多くの企業が買収したいと希望するため，M&Aにおいても競争が発生します。このため買収対象企業に対するオークションとなり，最終的な買い手企業はM&Aに見込んでいるシナジー効果の大部分を支配プレミアムとして，買収対象企業の株主に支払っていると解釈できます。

多くの先進国で経済が成熟化する中で，M&Aは余剰な生産力を整理する上で，または新たなイノベーションの種を獲得する上で企業戦略上の重要な手段となっています。一方で，このことは魅力的な買収対象企業への競争を増加させ，支配プレミアムの上昇を招き，買い手企業にとってはNPVが正のM&Aの機会を見つけることは難しくなっています。

買い手企業にとってNPVが正のM&Aを選択するためには，買収価額の決定にあたって，買収対象企業の市場価値のみでなくM&Aによるシナジー効果の現在価値も検討する必要が出てきます。このためM&Aにおいては，DCF法が重要な役割を果たしています。これは，DCF法では買収対象企業の単独の本源的価値（**スタンドアローンバリュー**と呼ばれる）に加え，M&Aによるシナジー効果により生まれる追加的キャッシュフローの現在価値も評価可能となるからです。

Training　解いてみよう

次の文章を読み，以下の問(1)〜問(3)に答えなさい。

企業Aは，下の表に示すキャッシュフローを生み出すと期待されている企業Bの買収を検討している。ただし，表に示す期待キャッシュフロー情報には，企業Aによる買収に伴い発生するシナジー効果も含まれている。また，第3期の期待フリーキャッシュフローは，第2期の期待フリーキャッシュフローが1%で成長した金額である。その後も期待フリーキャッシュフローは毎年1%，永久に成長する。企業Aおよび企業Bは，ともに現時点で余剰資産は保有せず，株式と借入の市場価値ベースの比率を常に3対1に維持する資本政策を採用している。今，無リスク利子率は4%，株式市場の期待リスクプレミアムは5%，企業Aの株式のベータは0.9，企業Bの株式のベータは1.2である。また，企業A，企業Bの借入れの資本コストは，ともに6%である。企業Bについては株式のベータ，および借入れの資本コストは買収後にも変化しないものとする。企業Aと企業Bの法人税率はともに40%とする。企業Aは，以上の情報および表の期待キャッシュフロー情報のうち，必要な情報を用いてDCF法により企業Bの企業価値を算出しようとしている。

企業Bの将来の期待キャッシュフロー情報

	第1期	第2期
税・利子引前利益（EBIT）	100億円	125億円
減価償却費	30億円	30億円
設備投資金額	40億円	45億円
純運転資本増減額	0億円	0億円
期待フリーキャッシュフロー	①億円	②億円

(1)企業Bの第1期，第2期に発生する期待フリーキャッシュフローの金額（上記表中の①および②の金額）をそれぞれ答えなさい。

(2)企業Bの企業価値をDCF法で算定する際に使用する加重平均資本コスト（*WACC*）を答えなさい。

(3)企業Bの第2期末時点における残存価値（企業Bの第3期以降の期待フリーキャッシュフローの第2期末における価値総額）を億円単位で答えなさい。

⑷企業Ａは，第１期の期首において企業Ｂの株式及び借入れの全ての買取りを計画している。企業ＡにとってこのNPVが０となる買取金額を億円単位で答えなさい。

（平成29年公認会計士試験問題）

参考文献

●浅田實［1989］『東インド会社：巨大商業資本の盛衰』講談社。

●井上光太郎・加藤英明［2006］『M&Aと株価』東洋経済新報社。

第 9 章 債　券

Learning Points

- ▶本章では，負債の中心的な調達手段の１つである債券について学びます。
- ▶債券も現在価値の考え方を用いて価値評価することができます。
- ▶債券投資において金利リスクは最も重要なリスクの１つです。金利リスクは，デュレーションと呼ばれる指標を用いて評価することができます。
- ▶金利の水準は，投資する期間の長さにより異なります。期間に依存して金利水準が異なることを金利の期間構造と呼びます。
- ▶企業の発行する債券には，財務的破綻などが発生する信用リスクが存在します。信用リスクの程度を示す指標の１つに格付けが存在します。

Key Words

デュレーション　利回り　利子（クーポン）　金利の期間構造　信用リスク

1 債券について

株式とならび市場からの資金調達手段として最も広く普及している証券の1つに**債券**があります。債券発行主体は，債券を発行することで資金調達をすることができます。発行主体が，調達した資金を返す時期はあらかじめ定められており，銀行からの借入れと同様の性質を有しています。

本章では債券の中でも代表的な固定利付債券について解説します。**図表9－1**は，債券の生み出すキャッシュフローを示したものです。図は，満期5年の債券の例を示しています。満期までの間，定期的に利子が支払われ，満期に元本が償還されます。たとえば，元本100円で，表面利率（クーポンレート）が5.0％の場合，発行後から毎年５年後まで５円の利子（クーポン）が発生（年間５円＝表面利率×元本）し，５年後に元本の100円が償還

図表９－１▶▶▶債券の生み出すキャッシュフロー

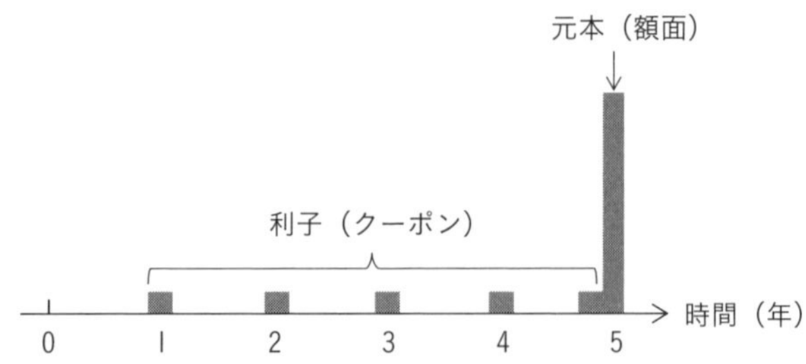

図表９－２▶▶▶債券の分類の例について

発行体	満期の期間別	クーポンの有無	クーポンの固定・変動
• 国債 • 地方債 • 政府保証債 • 社債	• 短期債 • 中期債 • 長期債 • 超長期債	• 利付債 • 割引債	• 固定利付債券 • 変動利付債券

されます。発生するキャッシュフローがあらかじめ定まっている点が，債券の大きな特徴の１つとなります。

債券の分類方法には，いくつかの切り口があります。たとえば，債券の発行主体に応じ，国が発行する**国債**，地方自治体が発行する地方債，企業が発行する**社債**などといった分類をします。また，償還までの満期の長さにより，短期債，長期債，超長期債などと分類する場合もあります。上記の**図表９－１**の例では，元本償還までに利子（クーポン）が発生していましたが，利子が発生せず元本のみ償還される債券もあります。利子のある債券は**利付債**，利子のない債券は**割引債**と呼ばれます（図表９－２）。

2　債券価格と利回り

債券価格から，**債券の利回り**（**複利利回り**）を算出することができます。具体的には，債券の生み出すキャッシュフローの現在価値の合計が債券価格と等しくなる割引率(r)の水準が，債券の利回りとなります。計算方法としては，第2章において学んだ内部収益率（IRR）の考え方を利用します。

債券価格 = キャッシュフローを利回り(r)で割り引いた現在価値の合計 (9.1)

たとえば，満期5年，額面100円で，年に1回5円の利子が発生する固定利付債券の価格と利回りの関係は下記のように求めることができます。

$$P = \frac{5}{1+r} + \frac{5}{(1+r)^2} + \frac{5}{(1+r)^3} + \frac{5}{(1+r)^4} + \frac{5}{(1+r)^5} + \frac{100}{(1+r)^5} \tag{9.2}$$

上記の式により，債券価格と利回りの関係を具体的に計算できます。たとえば，利回りが5%のとき，債券の価格は，100円となります。一方，利回りが6%のとき，95.79円となります。直観的には，利回りが大きくなると債券価格は小さくなり，反対に利回りが小さくなると債券価格は大きくなります。

一般に債券価格(P)と利回り(r)の関係を表す式は永久年金の公式を用いて以下のように表すことができます。

$$P = \frac{CPN}{r}\left(1 - \frac{1}{(1+r)^{T-t}}\right) + \frac{FV}{(1+r)^{T-t}} \tag{9.3}$$

CPN ：利子（クーポン）（年1回）

FV ：債券の額面

$T-t$：満期（償還）までの期間

式(9.3)は永久にクーポンが発生する債券（永久債）の価値から，満期以降に発生する永久債のクーポンの現在価値を引くことで満期までに支払われる

第9章◉債券

図表９－３ ▶▶▶ 債券価格と利回り

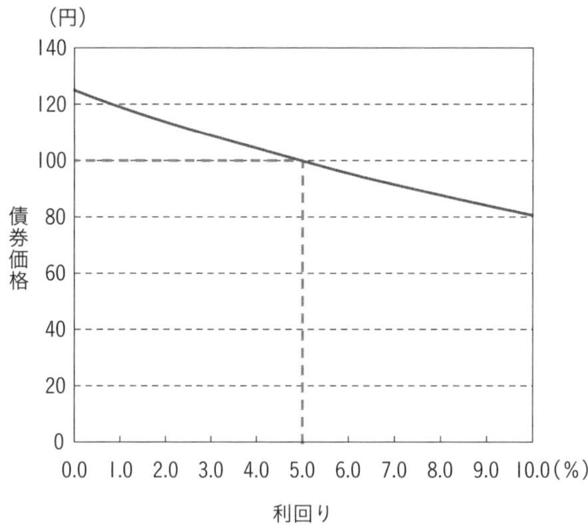

クーポンの現在価値を算出し，そこに額面の現在価値を加えることで債券価格を算出しています。なお，T は債券の償還時点，t は現時点を示します。

図表９－３は，冒頭の例に示した債券を用い，**債券価格と利回りの関係**を示したものです。利回りと債券価格は１対１の関係があります。さらに，図をより詳しく見てみると，債券の利回りが表面利率と等しい場合（5%），債券価格は元本と等しくなることがわかります。債券価格が額面より高い場合はオーバーパー，元本より低い場合はアンダーパーなどと呼ばれます。

実際の債券の満期には，満期が１年以内など短い債券（短期債）もあれば，30 年など長い債券（長期債）も存在します。図表９－４は，表面利率が 5%で共通で，満期が異なる債券（5 年，10 年，30 年）の価格と利回りの関係を示したものです。共通の傾向として，利回りが上昇するに従い，価格が下落していることを確認できます。さらに，長期債のほうが，利回り変化に対する価格の変化が大きいことを確認できます。表面利率と等しい水準となる利回り 5%においては，いずれの債券価格も元本と同じ 100 円となっていることを確認できます。

利回りが 5%から 6%となった場合の価格変化額を見てみると，満期５年

図表 9－4 ▶▶▶債券満期と債券価格変化

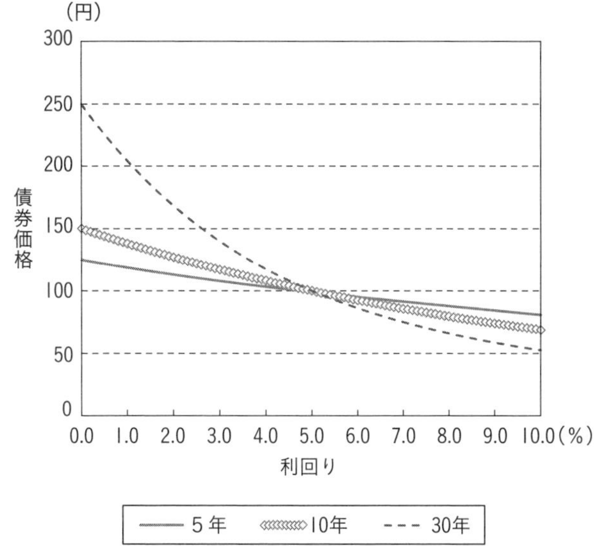

の債券は－4.3円（＝95.7円－100円），満期10年の債券は－7.4円（＝92.6円－100円），満期30年の債券は－13.8円（＝86.2円－100円）となっており，満期の長い債券の下落幅が最も大きくなっています。満期の長い債券であるほど，利回りの変化に対する価格の変化が大きいことがわかります。金利変化は，債券における最も重要なリスクの1つに挙げられます。

3 デュレーション

債券の利回り変化に対する感応度をより正確に示した指標は**デュレーション**と呼ばれます。数学的には，債券の価格を利回りにより微分することで得られます。デュレーションとして一般的に用いられているものとして，マコーレー・デュレーション(D)，修正デュレーション(D_M)といったものがあります。

マコーレー・デュレーションは，キャッシュフローが発生する時点(年)を，

図表9－5 ▶▶▶ マコーレー・デュレーションの計算方法（利回り5%）

年 (t)	クーポン・額面	現在価値 (a_t)	割合 ($w_t = a_t/P$)	年×割合 ($t \times w_t$)
0	0	0.00	0.00	0.00
1	5	4.76	0.05	0.05
2	5	4.54	0.05	0.09
3	5	4.32	0.04	0.13
4	5	4.11	0.04	0.16
5	105	82.27	0.82	4.11
	債券価格 (P)	100.00	マコーレー・デュレーション (D)	4.55

キャッシュフローの現在価値により重み付けをした指標です。

図表9－5は，マコーレー・デュレーションの具体的に計算したものです。各クーポン・額面の現在価値が債券価格に占める割合(w_t)とそれらが発生する年限(t)の加重平均が，マコーレー・デュレーションになります。つまり，マコーレー・デュレーションは，債券のもたらすキャッシュフローの平均的な年限を示した指標です。

クーポンの発生するタイミングが年1回の場合，修正デュレーションとマコーレー・デュレーションの関係は，下記の式のようになります。

$$D_M = D \times \frac{1}{1 + r} \tag{9.4}$$

r：利回り

上の例では，修正デュレーションは，4.33（＝4.55 × 1/1.05）と見積もることができます。一般に，修正デュレーションとマコーレー・デュレーションの値は，ほぼ近い水準となります。

数学的には，(9.3)式にて示されるような債券価格の式を微分して得られる指標が修正デュレーションです。修正デュレーションを用いることで，債券の利回り変化から**債券価格変化率**の近似的な値を見積もることができます。

$$\text{債券価格変化率} \cong -(\text{修正デュレーション}) \times (\text{利回り変化}) \tag{9.5}$$

たとえば，修正デュレーションが4.33年で，利回り変化が－0.1％の場合，債券価格の変化率は，(9.5)式のように＋0.433％と見積もることができます。

$$+0.433\% = -4.33 \times (-0.1\%) \tag{9.6}$$

デュレーションによる見積もりは，価格と利回りの関係を示した曲線を直線に近似していることに相当しますが，実際の債券価格の変化率は＋0.434％であり，高い近似精度を確認できます。修正デュレーションは，価格変化を直線に近似するものでしたが，近似の精度をより高め，2次の項まで考慮したコンベキシティなどといった指標も存在します。

4 スポットレート

金利水準は，1年間の金利なのか，10年間の金利なのかなど，その期間に応じて金利水準は異なります。現時点と将来の各時点それぞれの金利の水準（相当する期間の割引債の利回り）は，**スポットレート**と呼ばれています。債券価格の評価には，キャッシュフローが発生する時期に応じたスポットレートを用いる必要があります。

図表9－6Ⓐは，各スポットレートを示したものです。**図表9－6Ⓑ**に

図表9－6 ▶▶▶スポットレートを用いた債券の評価

Ⓐスポットレートの水準

年	スポットレート
1	3.00％
2	4.00％
3	4.50％
4	4.80％
5	5.07％

Ⓑ債券の評価

年	クーポン・額面	現在価格
0	0	
1	5	4.85
2	5	4.62
3	5	4.38
4	5	4.15
5	105	82.00
	債券価格	100.00

示された条件の債券の価格は，各年限のスポットレートを用いて評価することができます。第**2**節で債券価格と利回りの関係を示しましたが，その背後ではスポットレートに基づき債券価格が決定されており，その結果として債券利回りが決定されています。

たとえば，1年目のクーポン5円は，1年のスポットレート3.00％により現在価値は4.85円と見積もられます。2年目のクーポン5円は，2年のスポットレート4.00％により現在価値は4.62円と見積もられます。第8章で解説した企業価値評価においては，簡便化してどの年限も同じ割引率を用いて評価を行っていましたが，債券の評価においては，各年限の金利水準の違いを考慮したより精緻な評価を行う必要があります。

5 イールドカーブ

期間に応じてスポットレートの金利水準の異なることを金利の期間構造と呼びます。図は，金利の期間構造のイメージを示したもので，**イールドカーブ**と呼ばれています。満期が長くなるに従い，金利水準が上昇していく状況を順イールド，反対に，金利水準が低下していく状況を逆イールドと呼びます（図表9－7）。

年限の異なるスポットレートの水準から将来の金利水準（**フォワードレート**）に関する情報を見積もることができます。たとえば，表のスポットレートの水準から1年後における1年物金利（フォワードレート）の水準を見積

図表9－7▶▶▶金利の期間構造（順イールドと逆イールド）

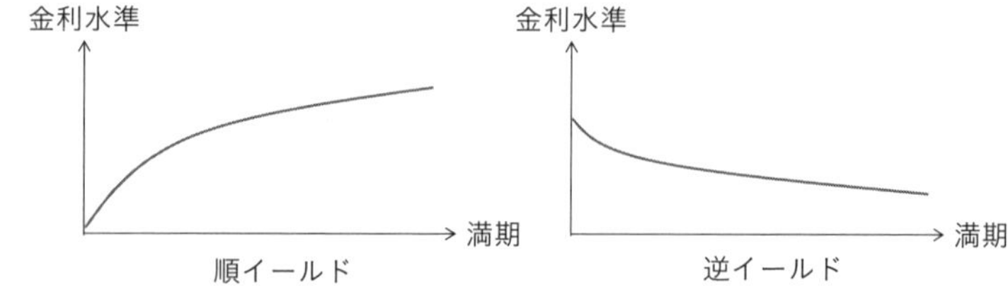

図表９－８ ▶▶▶ スポットレートとフォワードレート

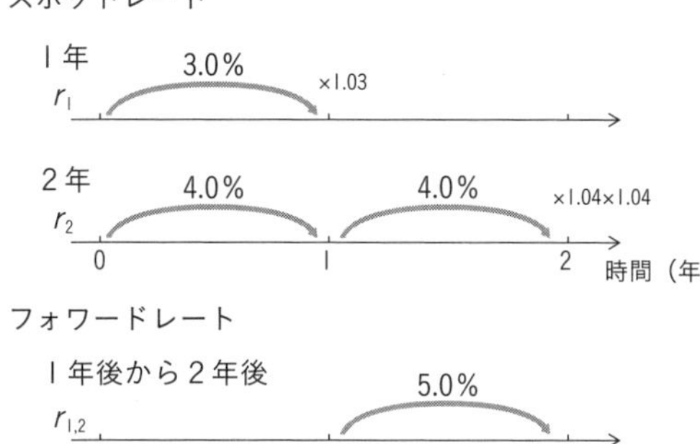

もってみましょう。資産の運用を１年金利で行った場合，１年のスポットレート(r_1)は，3.0％なので，運用資産は，1.03倍になります。２年金利で行った場合，２年後に資産は，1.0816倍(＝1.04 × 1.04倍)となります（**図表９－８**)。このとき，１年後から２年後のフォワードレート($f_{1,\ 2}$)は，以下の関係式を満たします。

$$(1 + r_1) \times (1 + f_{1,\ 2}) = (1 + r_2)^2 \tag{9.7}$$

１年のスポットレートとフォワードレートによる資産運用と２年のスポットレートによる資産運用は，２年後には同じ成果になるはずです（裁定取引の考え方)。上記の式から，フォワードレートの水準は，以下の式のように見積もることができます。

$$f = 5.01\% \left(= \frac{1.04^2}{1 + 0.03} - 1 \right) \tag{9.8}$$

同様の手続きを経ることで，２年後から３年後にわたる将来の金利水準を見積もることができます。

このようにイールドカーブに示されるスポットレートから将来の金利水準

であるフォワードレートを見積もることができます。

金利の期間構造が生じる要因の説明としては，いくつかの考え方が知られています。代表的なものとしては，現在の金利水準は将来の短期金利の期待値を反映して決定されているとの考えに基づく**純粋期待仮説**や，満期が長期の債券は流動性を犠牲にすることから流動性を犠牲にする分，金利水準が高くなるとする流動性仮説，同じ債券であっても債券の満期に応じて取引主体が異なり市場が必ずしも同一でないため金利水準が異なるとする市場分断仮説などといったものが挙げられます。実際の債券市場では，純粋期待仮説を中心として，流動性仮説や市場分断仮説の指摘する影響も反映しながら債券の価格形成が行われています。

6 信用リスク

6.1 社債に含まれるリスク

企業が発行する社債は，企業にとって主要な資金調達手段の１つです。社債は，企業が倒産した際などにキャッシュフローが投資家の手元に届かないリスクがあります。そのため，国債などと比較して，社債の価格は相対的に低くなる傾向にあります（図表９－９）。利回りの観点からは，リスクが高

図表９－９ ▶▶▶ 信用リスクと債券価格

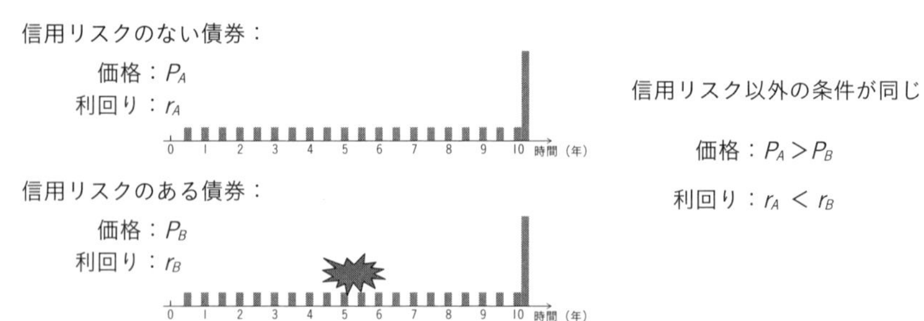

い分だけ，高い利回りとなります。このようなリスクは，**信用リスク**と呼ばれ，債券評価における主要な関心事の１つとなっています。

信用リスクの程度を示す指標として**格付け**と呼ばれるものが広く知られています。格付けは，安全性の高いものから，AAA，AA，A，BBB，BB，Bなどといった簡潔な記号を用いて示されています。同じ格付内も，A＋，A，A－と細分化されており，このような細分化は，ノッチとも呼ばれています。社債のうちBBB格以上のものは投資適格債，BB格以下のものはジャンク債と呼ばれる場合があります。**図表９－９**にも示したように，低格付けになるほど，高利回り（高い要求収益率）になる傾向にあります。

このような格付けは，格付機関が企業活動等を調査分析した上で決定・公表しています。格付けは，企業内の情報と外部投資家の情報の非対称性を緩和する１つの手段として機能しています。

6.2 信用リスクの評価

信用リスクを取り扱ったモデルは数多く存在します。広く知られているものの１つに企業の資本構成を考慮して**信用リスク**を評価するモデルが挙げられます。**図表９－10**は，企業価値と債券の関連性を示したものです。企業価値が十分大きい場合，債券価値はリスクのない資産と同様の性質を有します。一方，企業価値が低下した場合，企業価値の低下に伴って債券価値も低下します。このような性質を有する債券の価値は，無リスク資産とプットオ

図表９－10▶▶▶企業価値と債券価値

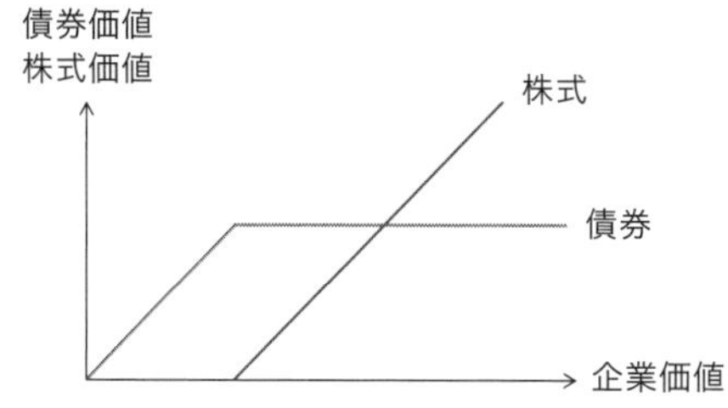

プションの売却の組み合わせにより再現することができます。無リスクの債券と比較するとプットオプションを売却している分，相対的に社債価格は低くなります（プットオプションの評価については，第14章にて説明します）。

信用リスクに関する評価方法は，数多くの方法が提案されており，その重要性から今なおさかんに研究が行われています。

7 さまざまな債券

本章では，最も標準的な債券について取り扱いました。実際に取引されている債券はより多種多様です。たとえば，住宅ローンの返済資金をもとに発行された証券化商品や，市場金利に伴いクーポンの水準が変動する変動利付債券，物価の水準とともに元本が変動する物価連動債など，さまざまな債券が存在します。債券評価は，精致な分析が要求される奥の深い分野です。

Training　解いてみよう

以下の条件の債券の価格を見積もりなさい。

- **満期：3年**
- **表面利率（クーポンレート）：5%（クーポンは年1回）**
- **利回り：5%**

第10章 資本構成

Learning Points

- ▶この章では，資本構成（負債と株式の内訳）が企業価値にどのような影響を与えるのかを学びます。
- ▶完全資本市場では，資本構成は企業価値に影響を与えません。一方で，法人税が存在する世界では，負債を利用すればするほど，節税効果から企業価値が増加します。トレードオフ理論は,節税効果という負債利用のメリットに加えて，負債利用のデメリットも考慮して，企業価値を最大にする最適な資本構成が存在することを予測します。
- ▶ペッキングオーダー理論は，企業は内部資金，負債，株式の順（情報の非対称性の影響を受けにくいもの順）で資金調達を行うと予測します。

Key Words

MM 命題　修正 MM 命題　トレードオフ理論　ペッキングオーダー理論

1 MM 命題

1.1 MM 命題とは

企業価値を最大化するためには，NPV が正の投資プロジェクトを実行すればよいことがわかりました。それでは，投資を実行するための元手となる資金（資本）はどのように調達すればよいでしょうか。調達する資本の種類をうまく組み合わせれば，企業価値は増加するのでしょうか。資本は大別すると株主から提供される株主資本と債権者から提供される負債に分けられます。株主資本と負債の内訳のことを**資本構成**と呼びます（図表 10 − 1）。なお，ここでの負債とは，会計上の負債ではなく，有利子負債のことを指しま

図表 10 − 1 ▶▶▶資本構成

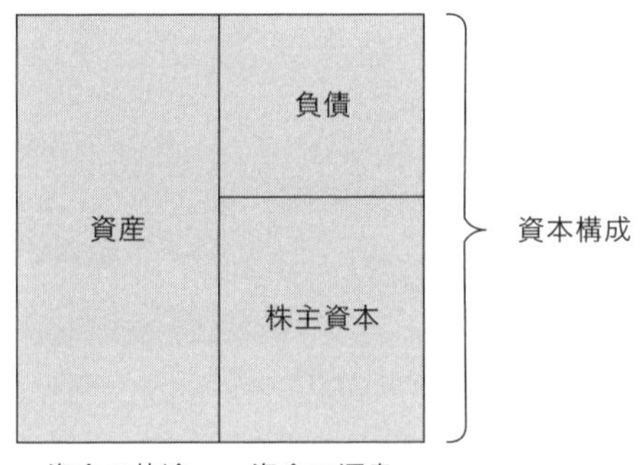

出所：筆者作成。

す。また，資本構成は市場価値（時価）ベース，すなわち，負債の市場価値と株主資本の市場価値（株式時価総額）で考えます。

ここまでの章の議論から，負債よりも株式のほうがリスクが大きいために資本コストが大きいことがわかりました。このことから，直感的になるべく負債で調達したほうが，資本コストが減少して企業価値が高くなるのではないかと考えるかもしれません。しかし，そう話は単純ではありません。この章では，資本構成と企業価値の関係を議論します。

モディリアーニ（Modigliani）とミラー（Miller）は，企業価値は企業の資産が生み出すキャッシュフロー（すなわち，企業の投資政策）のみによって決まり，そのキャッシュフローが同一ならば，利子の形で債権者に配分されようが，配当の形で株主に配分されようが，企業価値には影響を与えないことを示しました。これを彼らの名字の頭文字を取って**MM 命題**といいます。

MM 命題は，たとえ話で説明すれば，ピザ（＝資産が生み出すキャッシュフロー）をどのように切り分けても（＝どのように債権者や株主に配分しても），元のピザの大きさ（＝資産が生み出すキャッシュフローの現在価値である企業価値）は変わらないという，考えてみれば当たり前の結果を示したものと言えます。

この MM 命題を資本コストの観点から直感的に説明すれば以下のように

なります。資産が生み出すキャッシュフローのリスク（事業リスク）は，債権者と株主に配分されます。債権者に支払われる利子はあらかじめ決まっており，その支払いは固定的です。一方で，株主に支払われる配当は利子支払い後の残りから支払われます。そのため，利子支払いが固定的であるとすれば，リスクをすべて株主が負担することになります。

企業が負債を利用しない場合，資産が生み出すキャッシュフローをそのまま株主が受け取るので，株主が負担するリスクは事業リスクと一致します。一方で，企業が負債を利用する場合，その負債の割合が多くなればなるほど，固定的な利子支払いが増加するので，債権者が負担しない分のリスクが株主の負担に回ります。したがって，このリスク負担の増加に対して株主は追加的なプレミアムを要求するため，株主の要求収益率，言い換えれば，株式資本コストは上昇します。結果として，資本コストの小さい負債を増やしたとしても代わりに株式資本コストが上昇するため，企業全体としての資本コストは一定となります。

以上が直感的なMM命題の説明です。以降では，なぜ資本構成と企業価値が無関連になるのかを詳しく見ていきます。MM命題を改めて述べると以下のようになります。

MMの資本構成に関する無関連命題（MM命題）：
完全資本市場の下では，企業の投資政策があらかじめ決まっているならば，資本構成は企業価値に影響を与えない。

1.2 MM命題の例証

このMM命題を数値例によって証明してみましょう。ここでは，法人税のない世界を仮定します。いま，2つの企業が存在し，これらの企業は負債で資金調達を行っているか否か以外については全く同一であるとします。ファイナンスでは，負債調達を行うことを，**レバレッジ**（leverage）をかけるといいます。そこで，負債のない企業（unlevered firm）を企業U，負債

図表 10－2 ▶▶▶企業Ｕと企業Ｌの毎期のキャッシュフロー（数値例）

	企業U	企業L
EBITの期待値	100	100
利子支払い （債権者への期待キャッシュフロー）	0	20
利益の期待値 （株主への期待キャッシュフロー）	100	80
投資家全体への期待キャッシュフロー	100	100

のある企業（levered firm）を企業Ｌと呼ぶことにします。

資産が生み出すキャッシュフローの期待値は将来にわたって永久に一定であるとし，その値を100とします。また，資産が生み出すキャッシュフローはすべて投資家に配分されると仮定します。なお，キャッシュフローの期待値が将来にわたって一定ということは，経年劣化に伴う資産（たとえば，機械など）の摩耗をその都度更新投資によって防いでいると解釈することができます。したがって，更新投資に伴うキャッシュの流出が減価償却費と一致しているとすれば，資産が生み出すキャッシュフローは利子・税支払い前利益（earnings before interest and taxes：EBIT）であると言えます。

企業Ｌは400だけ社債を発行しているとします。社債の利子率（負債資本コスト）を5%とすれば，毎期400 × 5% = 20の利子を債権者に払うことになります。

企業Ｕと企業Ｌの毎期のキャッシュフローは**図表10－2**のようになります。

ここで，企業Ｕの企業価値をV_U，企業Ｌの企業価値をV_Lとします。負債がない企業Ｕの企業価値V_Uは株式価値（株式時価総額）E_Uで定義されます。一方で，企業Ｌの企業価値は企業Ｌの株式価値（株式時価総額）E_Lと負債価値Dとの和で定義されます。すなわち，次の式で表せます。

$$\text{企業Uの企業価値 } V_U = \text{企業Uの株式価値 } E_U \quad (10.1)$$

$$企業Lの企業価値\ V_L = 企業Lの株式価値\ E_L + 負債価値\ D\ (400)\quad(10.2)$$

まず，$V_U > V_L$ である場合を考えます。たとえば，V_U を 1,200，V_L を 1,000 と仮定し，以下の式が成り立っているとします。

$$企業Uの企業価値\ V_U\ (1{,}200) = 企業Uの株式価値\ E_U\ (1{,}200)\quad(10.3)$$

$$企業Lの企業価値\ V_L\ (1{,}000) = 企業Lの株式価値\ E_L\ (600) + 負債価値\ D\ (400)\quad(10.4)$$

ここで，次のような取引を考えます。

いま，ある投資家が企業Uの株式を発行済み株式数の10%だけ保有することを考えると，そのために現在に必要な購入資金は 1,200 × 10% = 120 となり，将来に見込まれる収益は 100 × 10% = 10 となります。反対に，この投資家が企業Uの発行済み株式数の10%だけ売却すると，将来に見込まれる収益 10 を犠牲にして，現在の時点で 120 の資金が得られます。

この資金を使って，将来に見込まれる収益が 10 となるように企業Lの株式と社債を組み合わせたポートフォリオを購入することを考えます。まず，企業Lの株式を 600 × 10% = 60 だけ購入すると，将来に見込まれる収益は 80 × 10% = 8 となります。さらに，企業Lの社債を 400 × 10% = 40 だけ購入すると，社債の利子支払いから将来に見込まれる収益は 20 × 10% = 2 となります。企業 *U* の株式を売却して得られた 120 の資金に対して，企業Lの株式と社債を組み合わせたポートフォリオを購入する資金は 100 なので，現時点で 20 の収益が得られます。

一方で，将来については，企業Uの株式の売却によって犠牲になる収益の 10 と企業Lの株式と社債を組み合わせたポートフォリオの購入によって生じる収益の 10 が相殺されて，差し引きは 0 になります。

以上の取引をまとめると，**図表 10－3** のようになります。

つまり，この取引を行えば，現時点で 20 の収益がリスクなしで得られる

図表 10 − 3 ▶▶▶ 裁定取引（数値例）

	現在	将来
企業Uの株式の 10%を売却	1,200 × 10%＝＋ 120	− 100 × 10%＝− 10
企業Lの株式の 10%を購入 企業Lの社債の 10%を購入	− 600 × 10%＝− 60 − 400 × 10%＝− 40 合計：− 100	80 × 10%＝＋ 8 20 × 10%＝＋ 2 合計：＋ 10
合計金額	＋ 20	0

ことがわかります。投資家はこのような取引に殺到するので，企業Uの株価は下落し，逆に企業Lの株価は上昇します。これは，V_Uの下落とV_Lの上昇を意味します。この取引は，現在の収益が0になるところまで，つまり，両者が一致するところまで続くため，均衡では$V_U = V_L$となります。

このように，2つのポートフォリオに対して同じ収益が見込めるならば，そのポートフォリオの価格は同一になります。これを**一物一価の法則**といいます。もし2つの価格が同一でなければ，価格の高い方を売却し，そのお金で価格が低いほうを購入すれば，その差額を現在点でリスクなしに儲けることができます。このようなリスクなしに儲けられる機会を**裁定機会**といい，この裁定機会を利用する取引を**裁定取引**といいます。市場に裁定機会があれば，投資家は裁定取引に殺到するので，価格の高いほうの価格は下落し，価格の低いほうの価格は上昇し，均衡において両者は一致します。このとき，裁定機会は消滅します。

1.3 MM命題の証明

より一般に$V_U = V_L$となることを証明してみましょう。この章では，資産が生み出すキャッシュフローをX，その期待値を$E[X]$と表記します。仮定から，企業Uと企業Lの資産が生み出すキャッシュフローXは常に同じであることに注意してください。また，企業Lの発行している負債をD，負債の資本コストをr_Dと書けば，企業Uと企業Lの毎期のキャッシュフローは図表10−4のようになります。

図表 10－4 ▶▶▶企業Uと企業Lの毎期のキャッシュフロー（一般）

	企業U	企業L
EBIT の期待値	$E[X]$	$E[X]$
利子支払い（債権者への期待キャッシュフロー）	0	$r_D D$
利益の期待値（株主への期待キャッシュフロー）	$E[X]$	$E[X]-r_D D$
投資家全体（債権者・株主）への期待キャッシュフロー	$E[X]$	$E[X]$

図表 10－5 ▶▶▶裁定取引：$V_U > V_L$ のとき

	現在	将来
企業Uの株式をaだけ売却	$aE_U = aV_U$	$-aX$
企業Lの株式をaだけ購入 企業Lの社債をaだけ購入	$-aE_L$ $-aD$ 合計：$-a(E_L+D)=-aV_L$	$+a(X-r_D D)$ $+ar_D D$ 合計：aX
合計金額	$a(V_U-V_L)>0$	0

まず，$V_U > V_L$ である場合を考えます。これは，企業Uと企業Lの生み出すEBITが同一であることを考慮すると，企業Uの株式が割高で，企業Lの株式が割安であることを意味しています。このとき，**図表 10－5** のような裁定取引が行えます（証券の購入や売却の割合を一般的にαと書いています）。

この裁定取引によって，現時点でリスクなしで$\alpha(V_U - V_L) > 0$の利益が得られることがわかります。投資家はこの裁定取引に殺到します。したがって，企業Uの株価は下落し，企業Lの株価は上昇するため，均衡では$V_U = V_L$となります。

反対に，$V_U < V_L$ の場合も裁定取引を考えることができ，裁定機会が消滅する均衡では $V_U = V_L$ となります。

以上のことから，均衡では，

$$V_L = V_U \tag{10.5}$$

が成立します。すなわち，資本構成は企業価値に影響を与えないことがわかりました。負債があろうがなかろうが，投資家全体への期待キャッシュフローは同じなので，当たり前といえば当たり前の結果と言えます。

MM命題を資本コストの観点から見れば，株式に比べて資本コストが低いと考えられる負債の割合を増やしたとしても，企業価値は向上することはないことを意味しています。これは先に述べたとおり，負債を増やすにつれて株主のリスク負担が上昇し，株主の要求収益率，すなわち，株式資本コストが上昇するためです。このことを次に見ていきましょう。

資産の価値は，その資産が生み出す将来の期待キャッシュフローを投資家の要求収益率（資本コスト）で割り引いたものであることを思い出せば，永久年金公式を使って，企業Uの株式資本コスト r_E^U と企業Lの株式資本コスト r_E^L は次の式を満たすことがわかります（企業Uは負債がないので株式価値は企業価値と一致することに注意してください）。

$$\text{企業Uの株式価値} = \frac{\text{企業Uの株主への期待キャッシュフロー}}{\text{企業Uの株式資本コスト}}$$

$$\Leftrightarrow V_U = \frac{E[X]}{r_E^U} \Leftrightarrow r_E^U = \frac{E[X]}{V_U} \tag{10.6}$$

$$\text{企業Lの株式価値} = \frac{\text{企業Lの株主への期待キャッシュフロー}}{\text{企業Lの株式資本コスト}}$$

$$\Leftrightarrow E_L = \frac{E[X] - r_D D}{r_E^L} \Leftrightarrow r_E^L = \frac{E[X] - r_D D}{E_L} \tag{10.7}$$

次に，**加重平均資本コスト**（Weighted average cost of capital：**WACC**）を定義します。*WACC* は，第8章ですでに紹介しましたが，ここでは詳しく解説します。企業をあたかも1つの資産とみなして，その企業が生み出す期待キャッシュフローを割り引く際に使用されるのが，*WACC* です。ポートフォリオの期待収益率が投資比率をウエイトとした加重平均になることを思い出せば，代替的な投資機会の期待収益率である要求収益率（すなわち，資本コスト）も加重平均になることがわかります。そのため，*WACC* は次のように定義されます。

$$\text{加重平均資本コスト}\ (WACC) = \frac{\text{企業Lの株式価値}}{\text{企業Lの企業価値}} \times \text{企業Lの株式資本コスト} + \frac{\text{企業Lの負債価値}}{\text{企業Lの企業価値}} \times \text{企業Lの負債資本コスト} \qquad (10.8)$$

企業価値の定義から $V_L = E_L + D$ なので，記号を使って書けば以下のようになります。

$$WACC = \frac{E_L}{E_L + D} r_E^L + \frac{D}{E_L + D} r_D \qquad (10.9)$$

無負債企業の *WACC* は r_E^U であることに注意してください。

企業価値は企業が生み出すキャッシュフローを *WACC* で割り引けば計算することができます。**図表 10－4** からわかるように，企業が生み出す期待キャッシュフロー（投資家全体への期待キャッシュフロー）は企業Ｕであっても企業Ｌであっても $E[X]$ なので，企業価値は以下のように計算されます。

$$\text{企業Uの企業価値} = \frac{\text{企業Uが生み出す期待キャッシュフロー}}{\text{企業Uの}\ WACC}$$

$$\Leftrightarrow V_U = \frac{E[X]}{r_E^U} \qquad (10.10)$$

$$\text{企業Lの企業価値} = \frac{\text{企業Lが生み出す期待キャッシュフロー}}{\text{企業Lの}\ WACC}$$

第10章◉資本構成

$$\Leftrightarrow V_L = \frac{E[X]}{WACC} \tag{10.11}$$

MM 命題から $V_U = V_L$ なので,

$$\text{加重平均資本コスト } WACC = \text{企業 U の株式資本コスト } r_E^U \tag{10.12}$$

が常に成立することがわかります。したがって，加重平均資本コストは負債にかかわらず一定で，企業 U の株式資本コスト r_E^U になることがわかります。$WACC$ の定義から，これは以下のように書けます。

$$\frac{E_L}{E_L + D} r_E^L + \frac{D}{E_L + D} r_D = r_E^U \tag{10.13}$$

この式を変形して，企業 L の株式資本コストについて解けば，次の関係が得られます。

$$\begin{aligned}&\text{企業 L の株式資本コスト}\\&\quad = \text{企業 U の株式資本コスト}\\&\quad + (\text{企業 U の株式資本コスト} - \text{企業 } L \text{ の負債資本コスト})\\&\quad \times \frac{\text{企業 L の負債価値}}{\text{企業 L の株式価値}}\end{aligned} \tag{10.14}$$

記号を使って書けば以下のようになります。

$$r_E^L = r_E^U + (r_E^U - r_D)\frac{D}{E_L} \tag{10.15}$$

右辺の第 1 項が負債を負っていなくても生じる事業そのもののリスク（**事業リスク**）に対する要求収益率，第 2 項が負債を負うことで生じる追加的なリスク負担（**財務リスク**）に対する要求収益率です。株式資本コストは負債が多くなればなるほど高くなることを意味します。なお，(10.15)式は $V_U = V_L$ を使って(10.7)式から直接導出することもできます。

実は，MM 命題は，次に示す**完全資本市場**の仮定の下で導出されています。

- **競争市場**（competitive market）：
  すべての主体が価格受容者（プライステイカー）として行動する。言い換えれば，一主体の売買では証券価格を動かすことはできない。
- **完全情報**（perfect information）：
  すべての主体が，証券やその発行体に関する正しい情報を等しく持っている。
- **摩擦のない市場**（frictionless market）：
  税金や取引コスト，空売り制約が存在しない。また証券は無限に分割できる。
- **完備市場**（complete market）：
  証券の生み出すキャッシュフローを既存の証券で複製できる。

資本構成の理論は，これらの完全市場の仮定を緩めたり，追加的な仮定を導入したりすることで進展してきました。

2 修正 MM 命題

次に，完全資本市場の仮定のうちの摩擦のない市場の仮定を緩め，法人税が存在する場合を考えます。結論から先に言えば，MM 命題は次のように修正されます。

法人税を導入したときのMM命題（修正MM命題）：

法人税を導入した世界では，負債の利子支払いには法人税を節税する効果があるため，負債が多ければ多いほど企業価値が上昇する。したがって，企業価値を最大にするような負債比率は99.99…%となる。

修正MM命題がどうして成立するのかを詳しく見ていきましょう。いま，法人税率が30%とすると，企業Uと企業Lの毎期のキャッシュフローは**図表10－6**のように書き換えられます。

企業Uの投資家全体への期待キャッシュフローが企業Lの投資家全体への期待キャッシュフローに比べて，6だけ増加していることがわかります。これは，利子支払いが課税額から控除されるためです。つまり，利子支払いには**節税効果**があることがわかります。

一般に，法人税の実効税率をt_Cで記せば，企業Uと企業Lの毎期のキャッシュフローは**図表10－7**のようになります。

企業Lの投資家全体への期待キャッシュフローの$t_C\ r_D\ D$部分（1期当たりの利子支払い額×実効税率）が負債利用による節税効果です。法人税が存在する世界では，負債利用によって節税効果というメリットが生じます。法人税を導入した場合，企業Lの企業価値は，企業Uの企業価値に節税効果の現在価値を加えたものとなり，MM命題は次のように修正されることに

図表10－6 ▶▶▶ 企業Uと企業Lの毎期のキャッシュフロー：法人税有り（数値例）

	企業U	企業L
EBITの期待値	100	100
利子支払い（債権者の期待キャッシュフロー）	0	20
利子払い後利益	100	80
法人税	30（＝100×30%）	24（＝80×30%）
利益の期待値（株主の期待キャッシュフロー）	70	56
投資家全体（債権者・株主）への期待キャッシュフロー	70	76

なります。

$$企業Lの企業価値 = 企業Uの企業価値 + 実効税率 \times 負債価値 \tag{10.16}$$

これを記号で書けば以下のようになります。

$$V_L = V_U + t_C D \tag{10.17}$$

この関係は，先ほどと同様の裁定取引の議論からも導出できますが，ここでは異なる方法で導出してみましょう。

まず，企業Uの投資家全体への期待キャッシュフローは $(1 - t_C)E[X]$ なので，企業価値は次のように計算されます。

$$V_U = \frac{(1 - t_C)E[X]}{r_E^U} \tag{10.18}$$

一方で，企業Lの投資家全体への期待キャッシュフローは $(1 - t_C)E[X]$ と $t_C\, r_D D$ に分解することができます。企業Lの企業価値を求めるには，$(1 - t_C)E[X]$ と $t_C\, r_D D$ のそれぞれのキャッシュフローのリスクに対応した要

図表 10－7 ▶▶▶企業Uと企業Lの毎期のキャッシュフロー：法人税有り（一般）

	企業U	企業L
EBITの期待値	$E[X]$	$E[X]$
利子支払い（債権者の期待キャッシュフロー）	0	$r_D D$
利子支払い後利益	$E[X]$	$E[X] - r_D D$
法人税	$t_C E[X]$	$t_C (E[X] - r_D D)$
利益の期待値（株主の期待キャッシュフロー）	$(1 - t_C) E[X]$	$(1 - t_C) (E[X] - r_D D)$
投資家全体（債権者・株主）への期待キャッシュフロー	$(1 - t_C) E[X]$	$(1 - t_C) E[X] + t_C r_D D$

求収益率を使って現在価値を求め，それらを合計すればよいことになります。

$(1-t_C)\ E[X]$ は企業Uの投資家全体への期待キャッシュフローと同一なので，割引率は r_E^U で，その価値は V_U となります。一方で，$t_C\ r_D\ D$ のリスクは利子支払いと同等と考えられるので，対応する要求収益率は r_D です。したがって，その現在価値は，

$$\frac{t_C\ r_D\ D}{r_D} = t_C\ D \tag{10.19}$$

となります。すなわち，

負債利用に伴う**節税効果の現在価値**＝実効税率×負債価値　(10.20)

です。以上のことから，$V_L = V_U + t_C\ D$ となることがわかりました。これを図に表すと**図表10－8**のようになります。

このことから，負債が多ければ多いほど，企業価値が上昇することがわかります。したがって，企業価値を最大にするには，限りなく負債を利用すれ

図表10－8 ▶▶▶修正MM命題

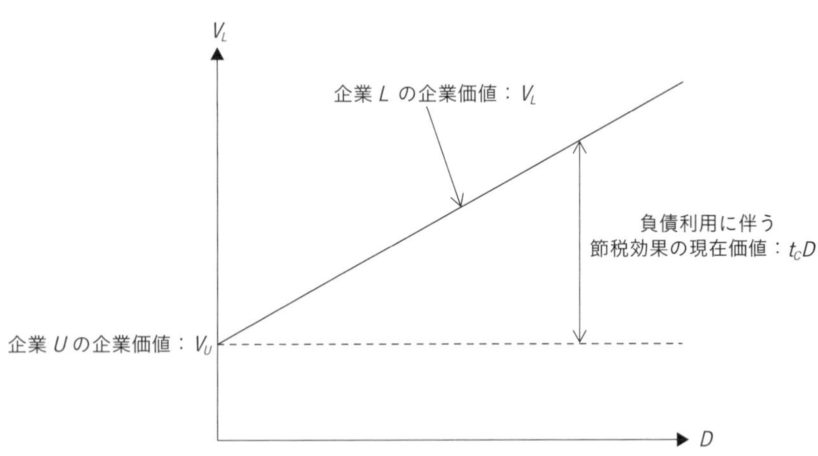

ばよいことになります。しかし，これは現実的ではありません。これは負債利用によるデメリットは何も考えずに，節税効果というメリットのみを考慮したためと言えます。

企業Uの株式資本コスト r_E^U と企業Lの株式資本コスト r_E^L は次の式を満たします（企業Uは負債がないので株式価値は企業価値と一致することに注意してください）。

$$企業Uの株式価値 = \frac{企業Uの株主への期待キャッシュフロー}{企業Uの株式資本コスト}$$

$$\Leftrightarrow V_U = \frac{(1 - t_C)E[X]}{r_E^U}$$

$$\Leftrightarrow r_E^U = \frac{(1 - t_C)E[X]}{V_U} \tag{10.21}$$

$$企業Lの株式価値 = \frac{企業Lの株主への期待キャッシュフロー}{企業Lの株式資本コスト}$$

$$\Leftrightarrow E_L = \frac{(1 - t_C)(E[X] - r_D D)}{r_E^L}$$

$$\Leftrightarrow r_E^L = \frac{(1 - t_C)(E[X] - r_D D)}{E_L} \tag{10.22}$$

次に，*WACC* について考えましょう。一般に，負債の節税効果を考慮した *WACC* は次の式で定義されます。

加重平均資本コスト *WACC*（法人税あり）

$$= \frac{企業Lの株式価値}{企業Lの企業価値} \times 企業Lの株式資本コスト$$

$$+ \frac{企業Lの負債価値}{企業Lの企業価値} \times 企業Lの負債資本コスト$$

$$\times (1 - 実行税率) \tag{10.23}$$

記号を使って書けば以下のようになります。

$$WACC(法人税あり) = \frac{E_L}{V_L} r_E^L + \frac{D}{V_L} r_D (1 - t_C) \tag{10.24}$$

企業価値の定義から $V_L = E_L + D$ なので，次のようにも表現できます。

$$WACC(法人税あり) = \frac{E_L}{E_L + D} r_E^L + \frac{D}{E_L + D} r_D (1 - t_C) \tag{10.25}$$

この節税効果を考慮した $WACC$ である(10.24)式に，企業Lの株式資本コスト r_E^L を代入して，形式的に企業価値 V_L について解くと次のように変形できます。

$$WACC = \frac{E_L}{V_L} \frac{(1 - t_C)(E[X] - r_D D)}{E_L} + \frac{D}{V_L} r_D (1 - t_C)$$

$$\Leftrightarrow V_L = \frac{(1 - t_C) E[X]}{WACC} \tag{10.26}$$

Column　節税メリットを享受するのは？

節税効果を考慮した加重平均資本コストの定義をみると，負債の資本コスト，言い換えれば，債権者の要求収益率が（1－実行税率）だけ小さくなっているように見えます。しかし，利子支払いが損金に算入されて非課税になる場合と利子支払いが損金に算入されずに課税される場合を比べると，前者の場合のほうが節税メリットの分だけ株主へのキャッシュフローが増えることになります。したがって，節税のメリットによって債権者の要求収益率が小さくなるわけではなく，そのメリットは株主に帰属することに注意してください。

ここで，分子の $(1-t_C)E[X]$ は負債を負っていない企業の税引き後キャッシュフローの期待値です。したがって，法人税を考慮した $WACC$ を用いて負債を負った企業の企業価値 V_L を求めるためには，あたかも負債が存在しない企業を想定して，その企業の税引き後キャッシュフローの期待値を $WACC$ で割り引けばよいことになります。これが第8章で解説したDCF法の理論的な背景となります。

3 トレードオフ理論

前節では，節税効果という負債利用のメリットのみを挙げました。しかし，実際には負債利用にはメリットとデメリットの両方があります。この節では，負債利用のデメリットを導入します。そして，負債利用のメリットとデメリットのバランスの中で（企業価値を最大にするという意味で）**最適な資本構成**を決定するという**トレードオフ理論**を紹介します。トレードオフ理論の帰結を先に述べるならば以下のようになります。

トレードオフ理論の予測：

法人税と債務不履行に伴うコスト（倒産コスト）を導入した世界では，節税効果という負債利用のメリットと，債務不履行に伴って発生するコストという負債利用のデメリットのバランスの中で，企業価値を最大にするような最適な資本構成が存在する。

負債を利用すると債務不履行の可能性が生じます。そして，それに伴い**倒産コスト**が発生する可能性があります。これは負債利用のデメリットです。なお，債務不履行の可能性を導入しただけでは負債利用のデメリットとはいえません。倒産コストは，「もし倒産がなかったら発生しなかったであろうコスト」のことです。この倒産コストは，直接倒産コストと間接倒産コストの2つに大別されます。直接倒産コストとしては，たとえば，倒産手続きの法務費用などが考えられます。また，間接倒産コストとしては，たとえば，倒産しそうな企業の商品を誰も買おうとしないために売上が減少し，それに伴って損失が生じることなどが考えられます。

企業の倒産確率に倒産コストを乗じたものが期待倒産コスト，または**財務的困難コスト**です。修正 MM 命題の式 $V_L = V_U + t_C D$ に，この財務的困難コストを現在価値に直したものを減じれば，次の関係が成り立ちます。

$$V_L = V_U + t_C D - \text{財務的困難コストの現在価値} \tag{10.27}$$

負債利用をすればするほど倒産確率が上昇し，財務的困難コストは増加するので，これは**図表 10－9**のように表せます。

この図表からわかるように，トレードオフ理論では，節税効果という負債のメリットと財務的困難コストという負債のデメリットのバランスの中で，企業価値を最大にする最適資本構成(D^*)が決定されます。

しかし，現実の世界では，負債利用が上述の倒産コストを導入したモデルの予測よりも小さいことが指摘されています。そのため，倒産コストの他にも負債利用の追加的なデメリットが考えられてきました。この章では詳しくは説明しませんが，追加的なデメリットとして，たとえば，株主と債権者と

図表 10 － 9 ▶▶▶トレードオフ理論の下での企業価値と最適資本構成

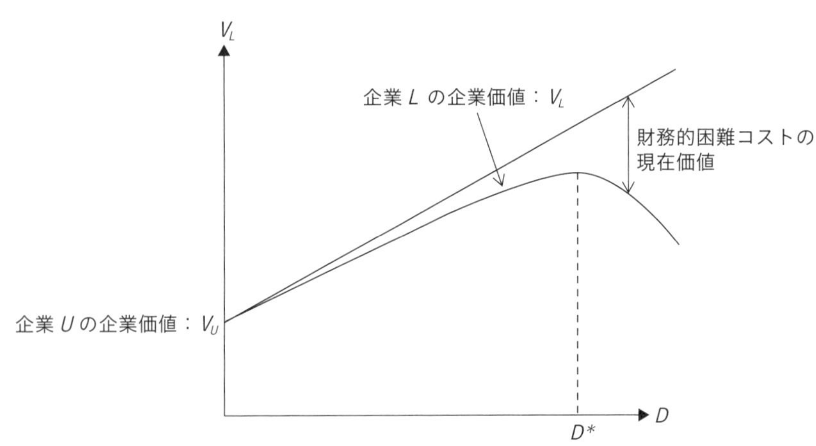

の間の利害対立が原因で発生するコスト（負債のエージェンシーコスト）が挙げられます。これは，完全情報の仮定を緩めた世界で発生します。

4 ペッキングオーダー理論

トレードオフ理論は，負債のメリットとデメリットのバランスの中で最適な資本構成を決定するという直感的にもわかりやすい理論と言えます。しかし，現実をみるとトレードオフ理論に反する事実が観察されています。トレードオフ理論によれば，利益率の高い企業は倒産の確率が低く，したがって，財務的困難コストが低いために，より多くの節税のメリットを享受すべく負債を増加させると予測されます。しかし，現実では利益率が高い企業ほど負債を利用していないという事実が観察されているため，トレードオフ理論ではこの事実を説明できません。

この事実と整合的な予測を示すのが，次に紹介する**ペッキングオーダー理論**です。この理論は，完全情報の仮定を緩めた世界を想定します。

ペッキングオーダー理論の予測：

企業の発行する証券の質に関して情報の非対称性が存在する世界では，その情報の非対称性の影響が小さい証券から発行する。したがって，

内部資金→負債→株式

の順で企業は資金調達を行う。資本構成は，資金調達の積み重ねの結果に過ぎない。

ペッキングオーダー理論では，企業は自社の質（支払い能力）をよく知っているのに対して，外部の投資家はよく知らない状況を想定します。このように企業の質に関して**情報の非対称性**が存在する状況では，外部の投資家は企業が発行する証券の質を平均的に評価せざるを得ません。

まず，企業は既存株主の富を最大化するように行動するとします。ここで，外部の投資家は企業の質を区別できないため，すべての証券を一律に平均的

に評価するとします。このとき，質の良い企業にとっては証券の価値が過小評価されることになります。そのため，たとえ有利な投資機会を抱えていたとしても，過小評価の証券を発行して既存株主の富がそれ以上に損なわれるならば，資金調達しようとはしません。一方で，質の悪い企業は証券が過大評価されているため，証券を発行するインセンティブを持ちます。しかし，投資家は，質の良い企業が証券発行しようとせず，質の悪い企業が証券発行しようとすることを見透かしています。ここで，もし本当に質の悪い企業が証券発行すると質の悪い企業であることが明らかになってしまいます。そのため，質の悪い企業も結局は証券発行をしようとしません。

この理論のインプリケーションは，外部資金調達を行おうとすると，過大評価された企業とみなされるためコストがかかるということです。この情報の非対称性に起因する問題は外部資金調達のときに発生するものであり，内部資金から調達すれば発生しません。そのため，企業はまず内部資金から調達しようとします。そして，外部資金調達では，情報の非対称性による過小評価・過大評価の程度が小さい証券から発行しようとします。負債に対する支払いは株式よりも優先されるため，一般に，株式よりも負債のほうが情報の非対称性による過小評価・過大評価の程度が小さくなります。したがって，負債が株式よりも優先されます。

利益率が高い企業は内部資金が大きくなる傾向があります。ペッキングオーダー理論によれば，そのような企業は投資を潤沢な内部資金で賄えるため，負債を利用しないことになります。これは，利益率が高い企業ほど負債を利用していないという事実と整合的です。

ペッキングオーダー理論は，フローの資金調達（フローとは，期間を区切ることで測ることのできる量のことです）を記述する理論です。最適な資本構成が存在するわけではありません。あくまでも資金調達の結果の積み重ねの結果として資本構成が存在することになります。

Training　解いてみよう

次のアとイの文章の中で，情報の非対称性などのない完全市場を仮定したファイナンス理論に整合する文章には○を，整合しない記述のある文章には×をつけなさい。ただし，いずれの文章においても法人税と倒産コストは存在しないと仮定する。

（ア）資本資産評価モデル（CAPM）理論とモディリアーニ・ミラーの理論の下では，企業が資本構成を大幅に変更しても，その企業の株式のベータが変わることはないので，株式資本コストは影響を受けず，結果的に企業価値も変化しない。

（イ）モディリアーニ・ミラーの理論の下では，無借金を維持するためにNPVが正の投資プロジェクトの一部を実施せずに残している企業は，企業価値を最大化しているとは言えない。

（平成28年公認会計士試験論文式　経営学　第2問　問題3　一部改変）

第11章 ペイアウト政策

Learning Points

▶ペイアウト政策とは，株主に帰属するキャッシュフローの処分方法に関する企業の意思決定のことです。たとえば，配当は株主にキャッシュフローを還元する１つの方法です。この章では，ペイアウト政策が企業価値にどのような影響を与えるのかを学びます。

▶まず，完全資本市場では，ペイアウト政策が企業価値に影響を与えないことを示します。

▶しかし，現実の市場は完全資本市場とは言えません。そこで，完全資本市場の仮定を緩め，税金の存在する世界や情報の不完全性が存在する世界では，ペイアウト政策が企業価値にどう影響するのかを見ていきます。

Key Words

配当　自社株買い　事前情報の非対称性　シグナル
エージェンシー問題　フリーキャッシュフロー

1 ペイアウト政策とは

企業は事業活動によって稼いだキャッシュフローを資本提供者に支払います。資本提供者のうち，債権者には利子の形で支払います。この利子の金額は契約であらかじめ決められているため，普通はどのように配分するかという問題は生じません。

一方で，株主に帰属するキャッシュフローの処分の仕方にはいくつかの選択肢があります。まず，キャッシュフローを**内部留保**するのか，株主に還元するのかという選択があります。ここで，内部留保とは株主に帰属するキャッシュフローを株主に還元せずに社内に残すことをいいます。内部留保する場合，その資金は再投資に回されます。株主に還元する場合，**配当**支払

図表 11 − 1 ▶▶▶ペイアウト政策

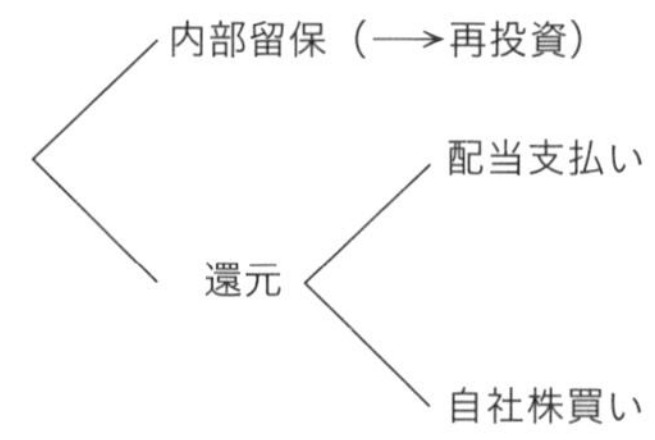

いと**自社株買い**という２種類の選択肢があります。配当は株主全員が現金を受け取ります。一方で，自社株買いでは，企業は株主から株を買い取ることでキャッシュフローを還元します。自社株買いに応じて保有株式を現金化するかどうかは株主が選択することになります。企業がこれらをどのように選択するかに関する意思決定のことを**ペイアウト政策**と呼びます（図表 11 − 1）。

では，多額の配当支払いや自社株買いを行う企業ほど，株主のことを考えている企業ということができるでしょうか。答えは「一概には言えない」です。この章では，なぜ「一概には言えない」のかを学んでいきます。

2　ペイアウト政策の無関連命題

モディリアーニとミラーは完全資本市場，すなわち，税金や取引コストといった摩擦がなく，情報が完全である市場では，ペイアウト政策が企業価値に対して影響を与えないことを示しました。

ペイアウト政策の無関連命題：

完全資本市場では，企業の投資政策があらかじめ決められているならば，ペイアウト政策に関する企業の意思決定は企業価値と無関連となる。

それでは，なぜペイアウト政策と企業価値が無関連になるのかを詳しく見ていきましょう。いま，負債を利用していない企業を考えます。この企業は，現在の時点において100の余剰現金を持ち，この企業の発行済株式総数は10であると仮定します。この企業の（投資額を引く前の）資産が生み出す期待キャッシュフローは将来にわたって一定であり，その値は50と仮定します。また，投資額は将来にわたって一定であることが見込まれ，その値は10とします。なお，資産が生み出す期待キャッシュフローは将来にわたって一定と仮定していることから，この毎年の投資は経年劣化によって摩耗した資産を補修するために支出する更新投資と解釈することができます。この企業の毎年の期待キャッシュフローは，資産が生み出す期待キャッシュフロー50から投資額10を引いて40となります。

将来にわたって資本コストが10%であるならば，この企業の事業価値は将来の期待キャッシュフローを割り引いて次のように計算されます。

$$事業価値 = \frac{50-10}{1+0.10} + \frac{50-10}{(1+0.10)^2} + \cdots = \sum_{t=1}^{\infty} \frac{40}{(1+0.10)^t} = \frac{40}{0.10} = 400 \tag{11.1}$$

これに現在の余剰現金を加えたものが，この企業の企業価値となります。

$$企業価値 = 余剰現金 + 事業価値 = 100 + \frac{40}{0.10} = 100 + 400 = 500 \tag{11.2}$$

この企業は負債がないので企業価値は株式価値と一致し，これを発行済株式数で割れば，1株当たり株価が算出できます。仮定から発行済み株式数は10なので，余剰現金を配当支払いや自社株買いに充てる前（還元前）の株価は次のように計算できます。

$$P_{還元前} = 100 / 10 + \frac{40 / 10}{0.10} = 50 \tag{11.3}$$

この企業が持つ余剰資金を配当や自社株買いによって還元することを考えます。

まず，余剰資金100を配当で支払う場合を考えてみましょう。1株当たりの配当は100 ÷ 10（株） = 10です。このとき，配当後の株価は，

$$P_{配当後} = \frac{40 / 10}{0.10} = 40 \tag{11.4}$$

となります。株主は1株当たり10の配当を受け取り，1株当たりの株式の価値は40なので，1株当たりの株主の富は50となります。

次に，余剰資金100を自社株買いに充てる場合を考えてみましょう。この場合，株価が50なので2株の自社株式を購入することになります。このため，発行済み株式数は10から8に減少します。自社株買い後の株価は次のように計算できます。

$$P_{自社株買い後} = \frac{40 / 8}{0.10} = 50 \tag{11.5}$$

したがって，1株当たりの株主の富は50です。この株価は還元前の株価と一致します。

それでは，余剰資金以上の配当を支払う場合はどうなるのでしょうか。最後に，株式発行を行い余剰資金以上の配当を支払う場合を考えてみましょう。いま，180の配当支払いをするとします。したがって，1株当たりの配当は18です。不足分の現金80は新たに株式か負債を発行する必要があります。ここでは，資本構成を一定にして，ペイアウト政策の影響のみの効果をみるために株式で調達すると考えます。

新規株主は現在の配当を受け取れないので，事業価値400に対する請求権を持つことになります。この400のうち新規株主の請求権が20%となるように株式を発行すれば，不足分の80を調達できます（400 × 0.2 = 80）。すなわち，新たに株式を2.5だけ発行すれば，発行済み株数が12.5（= 10 + 2.5）に対して新規発行株数が2.5となり，新規株主の請求権が20%となります。このとき，

$$P_{配当後} = \frac{40 / 12.5}{0.10} = 32 \tag{11.6}$$

となります。配当支払いによって配当後の株価は32まで下落していますが，1株当たりの既存株主の富は，18の配当と株価32の和であり，合わせて50になります。

以上をまとめると，次のようになります。

	配当	株価	計
余剰資金を配当で支払う場合	10	40	50
余剰資金で自社株買いを行う場合	0	50	50
株式発行を行い余剰資金以上の配当を支払う場合	18	32	50

したがって，どのペイアウト政策を採用したとしても，株主の富に影響を与えないため，企業価値に影響を与えることはありません。

なお，自社株買いについては，株数が減少することから，しばしば需給や1株当たり利益の増加の観点から株価が上昇すると言われることがあります。しかし，理論的にはそのような予測にはならないことに注意してください。

以上の議論では，投資は実物投資を想定していて，余剰現金は配当や自社株買いによってすべて株主に還元されると仮定しました。もし，余剰現金を株主に還元しないとしても，この現金をNPVがゼロの投資機会に再投資する限り，企業価値には影響を与えません。たとえば，効率的な市場では金融資産への投資はNPVがゼロであるため，余剰現金を金融資産に投資すれば企業価値に影響を与えることはありません。

ここでのポイントは，完全資本市場では外部資金調達にコストがかからず，株式発行が制約なく行えるということです。ここで，外部資金調達に高いコストがかかり，内部資金の範囲内でしか投資が行えない状況を考えましょう。配当や自社株買いを行えば内部資金が減少します。これによって，予定していた投資が実行できなくなるならば，ペイアウト政策が投資政策に影響を与えることになります。すると，資産が生み出す将来キャッシュフローにも変化が起こるので，ペイアウト政策が企業価値に影響を与えます。

たとえば，前章のペッキングオーダーの理論を思い出せば，外部資金調達は企業にとってコストが高いことが示唆されます。このような状況では，企業はNPVの正のプロジェクトを抱えている限り，配当や自社株買いによって資金を社外に流出させないほうがよいことになります。

3 税金とペイアウト政策

次に，完全資本市場の仮定を緩めて，税金が存在する場合を考えます。株式の配当とキャピタルゲインは共に株主の受け取る報酬ですが，もし配当所得にかかる税率とキャピタルゲイン（譲渡益）にかかる税率が異なれば，ペイアウト政策は企業価値に影響を与える可能性があります。仮に，配当所得の税率のほうがキャピタルゲインの税率よりも高いならば，株主にとって，配当ではなく自社株買いによる還元のほうが望ましいことになります。

また，たとえ配当所得にかかる税率とキャピタルゲインにかかる税率が同じであっても，キャピタルゲインに対する課税はそれが実現したときのみ発生します。したがって，税金を支払うタイミングを延期できる点や，株式の売買時期の選択を通して課税のタイミングそのものを投資家が選択できるという点でキャピタルゲインのほうが有利となります。

それにもかかわらず，投資家は配当を好む傾向にあるようです。このことは，ファイナンス理論では**完全には説明できない現象（パズル）**として認識されています。そして，現在もこのパズルを解明する試みがなされています。

なぜ，投資家は配当支払いを好むのか，皆さんも考えて議論してみると面白いと思います。

4 情報の非対称性とペイアウト政策

現実の世界では，企業が増配や自社株買いのアナウンスメントを行うと平均的に株価が上昇することが観察されています。このことは完全資本市場では説明できません。ここでは，完全資本市場の仮定を緩めて，**情報の非対称性**（**情報の不完全性**）を導入して，この観察事実に対して解釈を与えます。

4.1 事前情報の非対称性とペイアウト政策

増配や自社株買いのアナウンスメントによる株価上昇は，配当や自社株買いが企業の質（支払い能力）に関する情報を伝える**シグナル**となっているためと解釈することができます。

いま，企業と投資家との間の情報の非対称性が存在する状況を考えます。企業は自社の収益性について知っていますが，外部の投資家は企業の収益性を正確に知ることができません。ここで，高い配当が自社の高い収益性を伝えるシグナルとして機能するためには，収益性の低い企業が収益性の高い企業を真似して高い配当を払うインセンティブを持たないことが必要になります。そのためには，高い配当を支払うことが収益性の低い企業にとって負担するには重すぎるコストになる必要があります。

たとえば，外部資金調達に大きなコストがかかるとします。もし，高い配当を行うと内部資金が減少するため，将来高い収益がない限り外部資金調達が必要になります。収益性の高い企業は，高い配当を支払っても外部資金調達をしないで済みますが，収益性の低い企業は，高い配当を支払うと外部資金調達をせざるを得なくなり，コストを負担する必要が出てきます。したがって，収益性の低い企業は高い配当を支払うインセンティブを持ちません。

このような状況では，高い配当をするかどうかで，投資家は収益性の高い企業と低い企業を区別することができます。この論理に従えば，増配のアナウンスメントは，高い収益性を市場に伝えるシグナルとなるため株価を上昇させると解釈できます。なお，ここでは配当を例に説明しましたが，この論理は自社株買いにも当てはまります。

自社株買いについては，次のようなことも考えられます。企業と投資家の間に情報の非対称性が存在すると，自社の収益性よりも株価が割高に評価されたり，割安に評価されたりといったことが起こります。自社の収益性よりも株価が割高に評価されている企業は，割高な自社の株式を購入すると既存株主に損失を与えることになります。そのため，自社株買いを行うインセンティブはありません。一方で，自社の収益性よりも株価が割安に評価されている企業は，割安な自社の株式を購入すると既存株主の利益になるために，自社株買いを行おうとします。そのことを予期している外部投資家は，自社株買いのアナウンスメントを株価が過小評価されていることのシグナルとみなします。このことから，自社株買いのアナウンスメントによって，株価が上昇すると考えられます。

4.2 エージェンシー問題とペイアウト政策

次に，投資家が資金提供（投資）した後に経営者の行動（支払い努力）を知ることができないような状況を考えます。資金提供後の行動を経営者自身は当然知っているのに対し，投資家は知ることができないという点で情報の非対称性（資金提供後の情報の非対称性）が存在します。あるいは，たとえ経営者の行動が観察可能であっても，契約を結ぶことによって経営者の行動をコントロールできない状況を想定することもできます(不完備契約の問題)。

ここで，投資家は資金を提供して経営者に企業経営を依頼しているという意味で，依頼人（プリンシパル）ということができます。一方で，経営者は，提供された資金を使用して投資家の代わりに企業を経営しているという意味で，代理人（エージェント）と言えます。資金提供後の情報の非対称性，あるいは不完備契約の問題が存在するとき，依頼人が代理人の行動を完全にコントロールできないので，経営者（エージェント）は自分の利益のために投資家（プリンシパル）の利益を犠牲するような行動をとる可能性があります。この問題を**エージェンシー問題**といいます（第14章で詳しく説明します）。

エージェンシー問題が存在する場合，代理人の行動を完全にコントロールできる場合に比べて，追加的なコストを発生させます。このコストはエージェンシーコストと呼ばれます。エージェンシーコストは，依頼人が代理人を監視する（これをモニタリングといいます）ためコストや，代理人自らが依頼人の利益と相反する行動をとっていないことを示す（これをボンディングといいます）ためのコスト，そして，モニタリングやボンディングを行っても，それでもなお残ってしまう損失の3つで構成されます。

配当支払いや自社株買いは，「**ジェンセンのフリーキャッシュフロー**」に起因するエージェンシー問題を緩和することが指摘されています。ここで，「ジェンセンのフリーキャッシュフロー」とは，NPVが正のプロジェクトがないにもかかわらず保有している現金のことを指します。この現金は，経営者の自由になるお金です。この現金を使って，経営者は自身の地位や名声を高めるためだけに，たとえば，立派な本社ビルを建てたり，むやみに企業の規模を拡大しようと不採算な企業買収を行ったりするかもしれません。ジェンセンのフリーキャッシュフローの定義からわかるように，経営者のこれらの行動は投資家の求める企業価値最大化とは一致しません。

このとき，ジェンセンのフリーキャッシュフローを配当や自社株買いによって株主に還元すれば，経営者が無駄遣いする余地がなくなります。これによって，経営者と投資家との間の利害対立が深刻でなくなり，エージェンシー問題が緩和される可能性があります。

また，配当や自社株買いは，無駄遣いのもとであるジェンセンのフリーキャッシュフローを社外に流出させるだけでなく，外部からの監視の機会を増加させる働きがあると考えられます。配当や自社株買いによって，内部資金が減少すれば，外部資金調達の機会が増加します。もし，外部資金調達の度に経営者が外部からの監視にさらされるようになるならば，経営者は自分の利益のために投資家の利益を犠牲するような行動がとりにくくなります。これは，エージェンシー問題の緩和を意味します。

このことから，増配や自社株買いのアナウンスメントによる株価上昇は，市場がエージェンシー問題の緩和を評価したものと解釈することもできます。

5 ペイアウト政策へのインプリケーション

企業価値の最大化の観点から，ペイアウト政策に関するインプリケーションをまとめておきましょう。企業価値を増加させるペイアウト政策は，NPVが正の投資機会の有無に依存すると言えます。もし，NPVが正の投資プロジェクトが存在し，かつ，外部資金調達に何らかの障害があるならば，資金を株主に還元せずに内部留保に回して再投資したほうがよいと言えます。一方で，NPVが正の投資プロジェクトがないならば，保有している資金を配当や自社株買いで株主に還元すれば，フリーキャッシュフローに起因するエージェンシー問題が緩和されるため，望ましいと言えます。

このインプリケーションを企業のライフサイクルの観点から考えれば，NPVが正の投資機会が豊富な若い企業は，配当や自社株買いをせずに資金を内部留保に回したほうがよいと言えます。すなわち，株主は内部留保を再投資に回してもらい，キャピタルゲインを実現してもらったほうがよいことになります。一方で，NPVが正の投資機会に乏しい成熟企業は，配当や自社株買いを積極的に行ったほうがよいと言えます。そして，株主は還元された資金を自分で運用したほうがよいことになります。

Discussion　議論しよう

配当や自社株買いを行ったほうがよい企業はどのような企業でしょうか。反対に，行わないほうがよい企業はどのような企業でしょうか。

第12章 市場の効率性と資産運用

Learning Points

- ▶本章では，市場の効率性の概念と資産運用に関する主要なトピックについて学びます。
- ▶効率的市場においては，価格は情報を速く正確に反映します。
- ▶資本資産価格モデル（CAPM）は，ファクター数は1つでしたが，複数のファクターで期待リターンを説明するモデルも提案されています。
- ▶資産運用の手法として，パッシブ運用，アクティブ運用が存在します。
- ▶投資のパフォーマンス評価には，シャープレシオなどが用いられます。
- ▶海外資産への投資には為替リスクを考慮する必要があります。

Key Words

効率的市場　APT　Fama-French 3ファクター・モデル
シャープレシオ　アセットアロケーション　為替リスク

1 市場の効率性について

市場参加者は，投資対象に関する数多くの情報をもとに資産価格の評価を行っています。市場参加者の評価は，投資家による取引を通じ速く正確に資産価格に反映されることが期待されます。このような市場は**効率的市場**と呼ばれ，伝統的ファイナンスの中心的な考え方の1つとなっています。

実際に市場において情報はどの程度効率的に価格に反映されているのでしょうか？　効率性の程度にも，いくつかのレベルがありそうです。たとえば，ウィーク・フォームの効率性では，過去の価格変動に関する情報が価格に反映されていると考えます。セミストロング・フォームの効率性では，公開情報をすべて反映していると考えます。ストロング・フォームの効率性では，企業の内部情報など獲得困難な企業に関する情報も反映していると考えます。現実の市場の効率性のレベルに関しては，数多くの議論が行われています。

2 新しい情報に対する市場の評価
イベントスタディ

資産価格がすべての情報を反映しているのであれば，過去新聞で取り上げられている記事などはすでに価格に織り込まれていて，資産価格に対して何も影響を与えないでしょう。一方，新聞記事が本当に新しい情報であれば資産価格に影響を与えるかもしれません。資産価格に影響を与える情報には，どのようなものがあるでしょう？　たとえば，企業の買収（第８章参照）に関する発表などは，最も注目を浴びる情報の１つに挙げられます。それ以外にも，企業の経営者の交代に関する発表や，企業の自社株買いに関する発表（第11章参照）なども価格に影響を与え得る情報の１つとして挙げられます。そのような情報のもたらす影響は，どのように評価すればよいのでしょうか？

たとえば，ある企業が買収を発表した場合，投資した買収金額よりも買収後に得られるキャッシュフローの現在価値の合計額が大きければ，企業価値は大きくなりそうです。一方，買収金額が大きすぎる場合には，買収企業の価値は下がってしまうかもしれません。将来のキャッシュフローの評価は，市場参加者それぞれ異なりそうですが，多くの人の知見を集めた評価は，特定の１人のみの評価よりも優れている可能性が高そうです。

市場で決定される株価は，多くの市場参加者の評価を反映したものであり，市場全体の評価を示したものと捉えられます。ファイナンス分野においては，そのような株式市場の評価（ニュースに対する株価変動）をもとに，イベントの持つ経済性の評価をする**イベントスタディ**と呼ばれる方法が広く用いられています。ファイナンスに関するイベントは数多く，それぞれのイベントの経済性についてこれまで数多くの分析が報告されています。

3 裁定機会と資産価格

市場の価格が適正な水準から乖離して，この乖離からリスクをとらずに利益を獲得できるような状況を**裁定機会**といいます。たとえば，同じ企業の株式が複数の証券取引所において上場していたとします。同じ企業の株式なので，他の条件等が同じであれば，一物一価の法則の下，それぞれの株価は同じ水準となっていることが期待されます。

一方，異なる証券取引所において同一の株式の取引価格が異なっている場合はどうでしょうか？　そのような機会は，投資家にとって収益を獲得する絶好のチャンスです。すなわち裁定取引の機会が生じています。たとえば，証券取引所 A における価格が 800 円，証券取引所 B における価格が 900 円であれば，証券取引所 A で株式を購入して，同時に証券取引所 B で同じ株式を売却することで，リスクをとることなく利益を獲得できそうです。この状況は，無リスクの裁定機会が生じている状況になります。一方で，そのような都合のよい機会は，投資家が放っておかないでしょう。仮に一時的に裁定機会が生じたとしても，そのような都合のよい機会は，裁定取引が行われることで短期間のうちに消滅すると考えられます。したがって効率的市場においては，裁定機会は残されていないと考えられます。第 10 章の資本構成の議論においても，このような裁定取引に関する議論がありました。また，本章の後半に示す**為替予約**の水準の決定に関しても，裁定取引の議論が用いられています。ファイナンスにおいて裁定取引に関する議論は重要な役割を果たしています。

4 資産運用における投資手法

現実の資産運用において，投資家はどのような手法で投資を行っているのでしょうか？ 運用手法は，いくつかの切り口により分類することが可能です。その中の１つの切り口として，**パッシブ運用**と**アクティブ運用**の２種類に分ける分類方法が存在します。

アクティブ運用は，投資対象となる企業に関する情報を調査分析することを通じ，より大きな正のリターンを獲得しようと試みる運用手法です。たとえば，調査分析の結果，今後上昇が見込まれる株式に対しては，より多くの資本を投資し，下落が見込まれる株式に対しては，逆の投資行動をとります。一方，パッシブ運用は，市場のインデックス（たとえば東証株価指数であるTOPIX）と同等の収益率を目指す運用手法です。そのため，パッシブ運用は，たとえば，インデックスに占める構成銘柄の比率とポートフォリオにおける個別銘柄の保有比率を等しくするなどして，インデックスの収益率の追随を試みます。

市場の効率性が達成された市場において，投資家はどのように投資をすればよいのでしょうか？　アクティブ運用において個別企業に関する情報を懸命に分析したところで，そのような情報がすでに価格に反映されているのであれば，努力をして投資をすることにより追加的な収益を獲得することは困難そうです。また，CAPM においては，投資資産としては，市場ポートフォリオを含む効率的フロンティア上のポートフォリオを保有することが最適であるとの指摘を行っており，投資家自らが独自に調査分析することに対する見返りが必ずしも高くない可能性があります。市場ポートフォリオへの投資と言えるパッシブ運用は，このような議論と整合的な運用手法とみることができそうです。

一方で，金融機関から提供されている金融商品の中に数多くの種類の投資ファンドを見つけることができます。それら投資ファンドの中には，比較的企業規模の小さい企業を中心に投資を行う中小型株ファンドもあれば，企業のファンダメンタルな指標と市場価格を比較して，相対的に割安な企業の株式に投資をする，割安株ファンドといったものも存在します。これらのファンドは，アクティブ運用の一種と考えられますが，その考え方は，次節のマルチファクターモデルの考え方に通じています。

5 マルチファクターモデル

CAPMにおいては，個別銘柄のリスクはベータにより測定することができました。言い換えると，1つのファクターにより個別証券のリスクが示されています。一方，個別証券のリスクは複数のファクターにより示されるとするマルチファクターモデルも提案されています。**マルチファクターモデル**にてモデル化される個別証券より構成されるポートフォリオに裁定機会が存在しないことを考慮することで，個別証券の期待リターンとリスクの関係を示した**無裁定価格理論**（Arbitrage Pricing Theory：APT）が導出されます。APTにより示される個別証券の期待リターン(r)および個別証券のリスク（トータルリスク）は，下記の式により表されます。

期待リターン：$r = r_f + \beta_1(r_1 - r_f) + \beta_2(r_2 - r_f) + \cdots + \beta_n(r_n - r_f)$ (12.1)

r_f ：安全利子率

$r_i - r_f$ ：期待リスクプレミアム（第i番目のファクター）

β_i ：ファクターへの感応度（第i番目のファクター）

リスク：$\sigma^2 = \beta_1^2\sigma_1^2 + \beta_2^2\sigma_2^2 + \cdots + \beta_n^2\sigma_n^2 + \sigma_\varepsilon^2$ (12.2)

σ_i^2：ファクターのリスク($i = 1 \cdots n$)

σ_ε^2：証券の個別リスク

式の導出方法はCAPMとは異なりますが，得られた式の形状は，CAPMを拡張した形となっています。

CAPMと並び，市場の株価のリターンを記述するモデルとして広く用いられているモデルに**Fama - Frenchの3ファクター・モデル**があります。

$$r = r_f + \beta_1 \cdot (r_M - r_f) + \beta_2 \cdot SMB + \beta_3 \cdot HML \tag{12.3}$$

r_f ：安全利子率

$r_M - r_f$：市場ポートフォリオの期待リスクプレミアム
SMB　：規模のファクター
HML　：簿価時価比率（PBRの逆数）のファクター
β_i　　：ファクターへの感応度（第i番目のファクター）

3ファクター・モデルは，市場ファクターに加え，小型株と大型株の収益率の差である**規模のファクター**（Small Minus Big：SMB），簿価時価比率の高い銘柄と低い銘柄の収益率の差である**簿価時価比率ファクター**（High Minus Low：HML）によりモデル化を行っています。資産運用の実務においては，各個別のファクターへの投資を目指すファンドなども存在します。

6　パフォーマンス評価

現実の資産運用実務においては，アクティブ運用を採用するアクティブファンドが数多く存在します。アクティブファンドは，高い収益率を目指すものであることからパフォーマンス評価は，重要な役割を果たします。

第6章で学んだ**シャープレシオ**は最も広く知られたパフォーマンス評価指標です。シャープレシオは，過去のファンドの収益率の平均値(μ)，標準偏差(σ)，安全利子率より算出されます。

$$\text{シャープレシオ} = \frac{\mu - r_f}{\sigma} \tag{12.4}$$

シャープレシオが高いほど，優れた評価となります。シャープレシオでは，リスクとして，標準偏差を用いていますが，ファンドのベータをリスク指標としたものに，**トレーナーの測度**があります。

$$\text{トレーナーの測度} = \frac{\mu - r_f}{\beta} \tag{12.5}$$

また，ファンドのリターン(r_p)と市場ポートフォリオのリターン(r_M)などから回帰を通じ算出する**ジェンセンのアルファ**(α)などの指標も用いられています。

$$r_p - r_f = \alpha + \beta \cdot (r_M - r_f) \tag{12.6}$$

CAPMに基づけば，αは0であることが期待されます。一方，αがプラスであれば，分析対象のファンドは，リスクで説明される以上の優れたリターンを獲得していると捉えられます。3ファクター・モデルを用いαを見積もることも可能です。

$$r_p - r_f = \alpha + \beta_1 \cdot (r_M - r_f) + \beta_2 \cdot SMB + \beta_3 \cdot HML \tag{12.7}$$

このような分析手法は，証券市場における投資のパフォーマンス評価の方法として広く用いられています。

7 国際証券投資

7.1 国際証券投資の意義

本章では，これまで，国内資産を前提として説明をしてきましたが，海外資産への投資も広く行われています。国内外資産への投資において，国内株式，国内債券，外国株式，外国債券，オルタナティブ資産などへの資産配分の決定を行う**アセットアロケーション**が重要な役割を果たします。ここでオルタナティブ資産とは，商品先物や不動産など伝統的資産（国内外の上場株

図表 12－1 ▶▶▶国際証券投資の意義

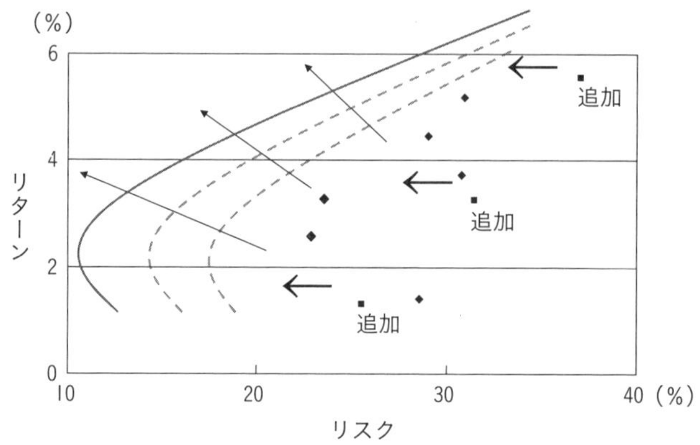

式や債券）とは異なる投資対象を指します。

投資対象に海外資産が含まれることにより，新たな投資機会の獲得，分散投資の効果の享受などの効果が期待されます（**図表 12－1**）。その一方で，新たなリスクを考慮する必要も生じます。最も代表的な例として，為替リスクが挙げられます。海外投資に伴う為替リスクについては，リスクをそのままにする，完全に為替リスクを**消去**（**ヘッジ**）する，部分的にリスクを消去するなど，いくつかの選択肢がありそうです。為替リスクのヘッジは，為替予約を通じ行うことができます。

7.2 為替予約の水準

為替に関しては購買力平価など数多くの広く知られた考え方があります。その中の１つに金利パリティが存在します。為替予約の水準は金利パリティにより見積もることができます。ここで，為替予約は，将来における為替取引の為替レートを現時点で確定させることができます。

為替予約の水準は**金利パリティ**（どの通貨で資産を保有しても収益率が同じになるように為替レートが決定する）を通じ見積もることができます。こ

図表 12－2 ▶▶▶為替予約の水準

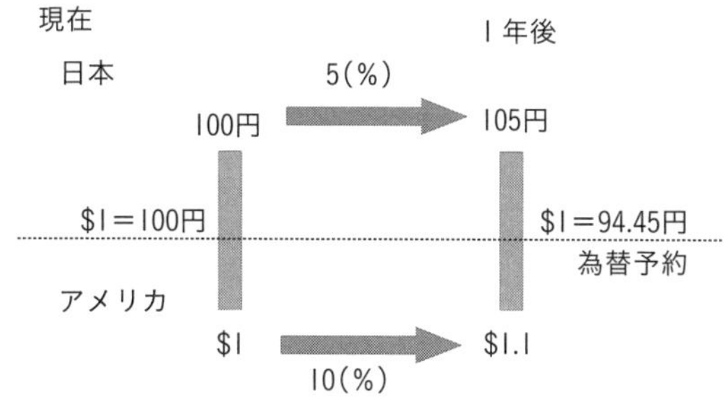

こで，2つの国（日本とアメリカ）を例にとり為替予約の水準について考えてみます。

図表 12－2の左側は現時点，右側は1年後の状況を示すものとします。また，図の上側が日本，下側がアメリカとします。現時点の為替レートは1ドル 100 円とし，日本の安全利子率（1 年）が 5%，アメリカの安全利子率（1 年）が 10%とします。このとき，100 円の資産を日本の安全利子率にて1 年間運用した場合，105 円となります。一方，アメリカの安全利子率で1年間運用した場合，1.10 ドルとなります。いずれの運用方法も無リスクであることから，一物一価の法則から裁定取引が働き 1 年後において 105 円＝1.10 ドルの水準に 1 年後の為替レートは決まるはずです。1 ドル当たりに換算すると，1 ドル＝ 95.45 円（＝ 105/1.10）の水準になります。為替予約の水準はこのように現在のレート，国内外の金利水準により求められます。

7.2.1 為替予約を用いたリスクヘッジの数値例

為替予約を用いることで為替リスクをコントロールすることができます。たとえば，投資期間を 1 年とし，日本からアメリカの安全資産（安全利子率）に投資を行ったとし，為替予約を行わなかった場合の投資の成果を確認してみましょう。具体的には，1 年後の為替レートが，それぞれ 120 円（円安・ドル高），100 円，80 円（円高・ドル安）となった場合，初期投資額の100 円がどのような金額になったかを見積もってみます。たとえば，1 ドル

= 120円であれば，1年後は，以下の式のように132円となります。同様に，1ドル100円の場合の1年後の資産は110円。1ドル80円の場合は，88円となります。このように，1年後の投資の成果は，1年後の為替レートに依存します。

〈120円の場合〉

初期投資額（ドル）×リターン×1年後の為替レート（円/ドル）

　= 1（ドル）× 1.10 × 120（円/ドル）

　= 132（円）　　(12.8)

〈100円の場合〉　1（ドル）× 1.10 × 100（円/ドル）

　　= 110（円）　　(12.9)

〈80円の場合〉　1（ドル）× 1.10 × 80（円/ドル）

　　= 88（円）　　(12.10)

次に，為替予約を行った場合について，見積もってみます。1年後の為替予約の水準は，1ドル = 95.45 円とすでに確認済みなので，この値を用いてリスクヘッジの効果を確認してみましょう。この場合，以下の式のように将来の為替レートによらず1年後の投資の成果は，105円となります。為替予約を用いることで，初期の投資の時点で，1年後の投資の成果が確定します。

〈120円，100円，80円の場合（共通）〉

初期投資額（ドル）×リターン×為替予約の為替レート（円/ドル）

　= 1（ドル）× 1.10 × 95.45（円/ドル）

　= 105（円）　　(12.11)

ここで，為替予約を行った場合の結果を注意深く見てみると，投資成果の105円とは，アメリカに投資せず，日本の安全資産（5%）に1年間投資した水準と同じになっていることがわかります。為替予約の水準が両国の金利水準に依存して決まっていることから，両者の一致は，資本市場における一物一価の原則から自然なものと捉えられます。投資における為替のリスクは，為替予約の取引量をコントロールすることで全部消去することもできますし，部分的に消去することも可能です。

Training　解いてみよう

株式の価格は，ファイナンスにおいて最も信頼できる価格として考えられてきた。それを支えてきたのが効率的市場仮説である。

1.　市場の効率性が成立するためのメカニズムとして，合理的投資家による裁定取引がある。合理的投資家の存在を所与として，裁定取引が機能するための条件を述べなさい。

2.　以下の2つの文は，それぞれ市場の非効率性を意味しているかどうか簡単に説明しなさい。

①3年連続で市場よりも高いリターンをあげている投資信託があった。

②決算短信によってソニーの増益が報告されたが，ソニーの株価に変化はなかった。

（平成17年公認会計士試験論文式　経営学　第12問　問題1）

参考文献

●Cochrane, J. H.［2009］*Asset pricing*: Revised edition, Princeton university press.

●Luenberger, D. G.［2013］*Investment science*, Oxford University Press.（今野浩・鈴木賢一・枇々木規雄訳『金融工学入門』日本経済新聞社，2002年）

第13章 行動ファイナンス

Learning Points

- ▶本章では，行動ファイナンスについて学びます。
- ▶行動ファイナンスにおいては，市場の効率性を阻害する要因として意思決定バイアスの存在，裁定取引の限界などが指摘されています。
- ▶現実の特徴を考慮した意思決定モデルの１つにプロスペクト理論があります。プロスペクト理論においては，参照点を基準とした利得と損失でリスクに対する態度が変わること，参照点も提示の仕方で変化しうること，小さい確率を主観確率では高く評価する傾向があることなどが指摘されています。

Key Words

アノマリー　プロスペクト理論　価値関数　参照点　主観確率

1 アノマリー

金融市場において既存の理論では説明のつかない**アノマリー**と呼ばれる現象が報告されています。アノマリーに関する詳細な報告は，これまで数多くの優れた書籍，文献にて報告されていますが，本書では，その中から代表的なものを紹介します。

1.1 株式収益率の規則性に関する研究

株価が情報を速く正確に反映しているのであれば，どのような新たな情報が生まれるかが予測困難である以上，株価の動きは予測困難であり，株式収益率は**ランダムに変動**することが期待されます。しかし，実際の株価の動きはランダムではなく，いくつかの規則性があるとの報告が行われています。たとえば，米国の株式市場に関して，半年から1年程度の短期間において株式収益率が高い銘柄は継続して高い収益率をもたらす**モメンタム**の効果があるとの報告が行われています（ジャガディッシュとティットマン［1993］）。その一方で，3年から5年程度の期間，株式収益率が高い銘柄は，次の3年から5年程度の期間の株式収益率が低くなる**リバーサル**の効果があるとの報告が行われています（デボンとセーラー［1985］）。一方，日本の株式市場では，短期と長期でもリバーサルがあるとの報告も行われています。この分野の研究は，今後も継続して数多くの報告がありそうです。

企業規模との関連性を指摘した報告もあります。たとえば，時価総額の小さな**小型株**は，大型株と比較して高い株式収益率になるとの報告や，簿価時

図表 13－1 ▶▶▶ 決算発表と株価の反応

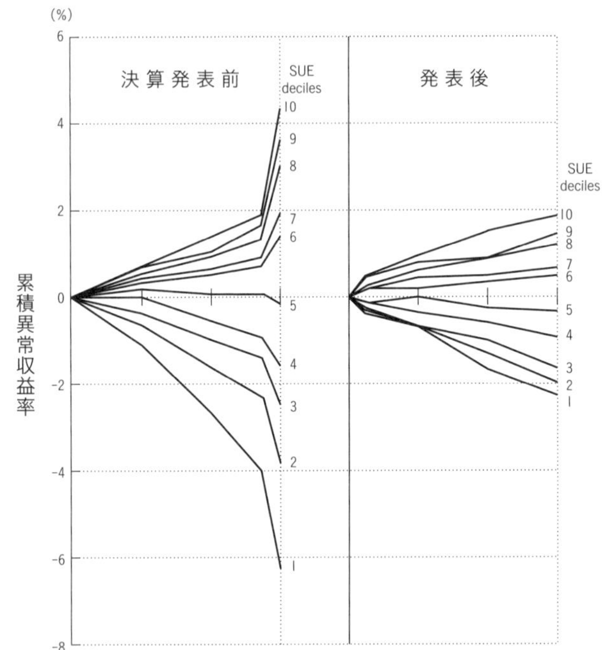

注：図中の1－10は決算発表をもとに分類を行ったものです。10は最もよい決算を示しています。
出所：バーナード・トーマス［1989］。

価比率が高い**バリュー株**は，同比率の低いグロース株と比較して株式収益率が高いとの報告も行われています。

さらに，企業の利益などのアナウンスを分析対象に含めた報告も数多く行われています。企業よりアナウンスされた情報は公開情報であることから，市場の効率性に基づけば，それら情報は瞬時に価格に反映されることが期待されます。前章で紹介したイベントスタディは，そうした期待に基づく分析です。ところが，実際の株式市場では必ずしもそうとは言えないとの報告が行われています。たとえば，米国市場を対象に決算発表後60日間の企業の株式収益率を分析し，好決算の企業の株式収益率は，悪い決算の企業と比較して高い収益率を有しているとの報告が行われています（バーナードとトーマス［1989］）。**図表13－1**より決算発表後において好決算（第10分位）の収益率は，発表後上昇し続けていることを確認できます。さらに，配当や自社株買いなどの利益還元政策や株式の発行に焦点を当て，株式収益率の規則性を指摘する分析もあまた報告されています。これらの結果は，株式収益率は，リスクにより説明されるとの伝統的なファイナンス理論では説明できない現象であり，金融市場においてみられるアノマリーの1つに挙げられます。

1.2 市場価格のミスプライシングに関する研究：裁定取引の限界

市場における誤った価格付け（ミスプライシング）に関する研究も数多く報告されています。たとえば，合併を控えた2つの企業（ロイヤル ダッチ／シェル）の株価に焦点を当て，両社の価値の比率が本来あるべき水準（ロイヤル ダッチ：シェル＝1.5:1）から継続して大きく乖離しているとの報告が行われています（フルートとダボラ［1999］）（**図表13－2**）。日本の市場を対象とした研究においても，合併比率発表後の株価推移が，必ずしも合併比率に応じた形で推移していないとの指摘が行われています（井上と加藤［2003］）。現実の金融市場がこれまで本書で扱ってきた理論通りに動いているのであれば，裁定取引が機能し，本来あるべき水準からの継続的な価格の乖離は生じていないはずです。このような株価の乖離は，裁定取引にも限界

図表 13 − 2 ▶▶▶ Royal Dutch と Shell の株価比率のファンダメンタルからの乖離率

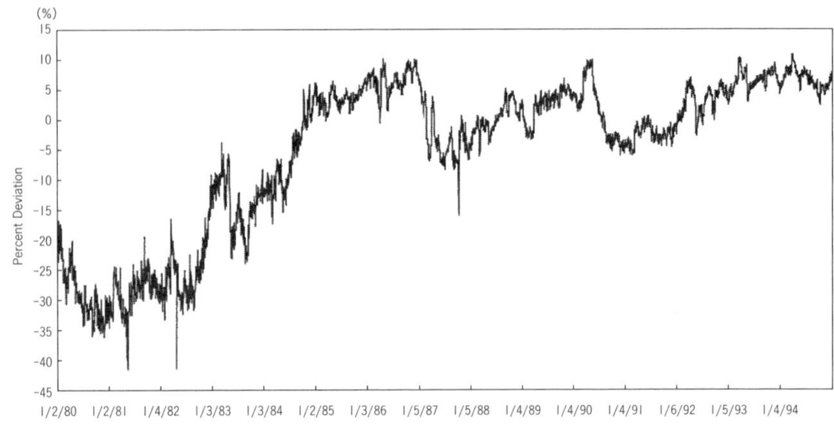

出所：フルート・ダボラ［1999］。

があることを示しています。

1.3 投資家のムードと株式市場

投資家のムードと株式市場との関連性を分析した報告も存在します。たとえば，心理学的な議論を背景として，株式市場のパフォーマンスと日射量の間に強い関連性があるとの報告が行われています（カムストラ達［2003］）。また，天気と株式市場に関する報告も行われています。たとえば米国市場において晴れている日の株式収益率は，相対的に高いとの報告が行われています（サンダース［1993］）。また，26カ国の株式市場においても同様の効果が認められるとの報告があります（ハーシュライファーとシャムウェイ［2003］）。日本市場においても同様の傾向が見出されています（加藤と高橋［2003］）。**図表 13 − 3** は，1961年から2000年までの日本の7大都市の天気と株式収益率の関連性をみたグラフです。同図は，各地の雲の量を基準に雲の量の少ない日（0 − 50%）と雲の量の多い日（60 − 100%）分類を行い株式収益率（TOPIX）との関係を示しています。**図表 13 − 3** より，株式市場が存在し投資家の多い東京の天候と株式収益率の間に最も強い関連性が

図表 13－3 ▶▶▶ 7大都市の雲の量と株式収益率の関係（1961-2000）

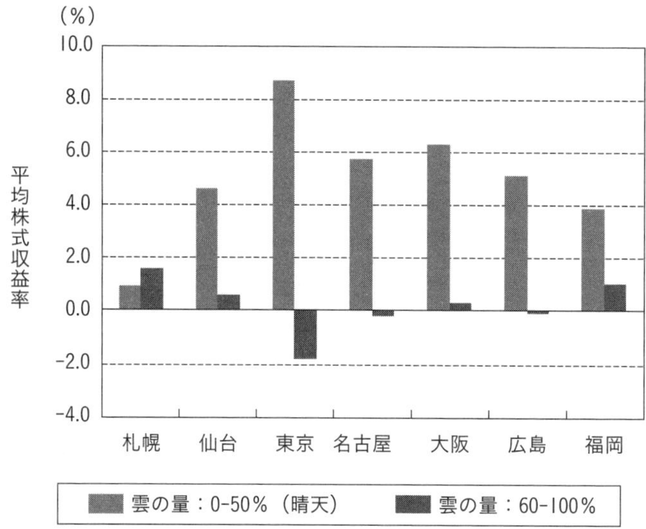

出所　加藤・高橋［2003］抜粋加工。

あることを確認できます。天気と株式市場に関するこれら分析結果は，市場の効率性と相容れるのは難しそうです。天候によって人々の気分に変化が生じ，その結果として株価が変動するとすれば，伝統的ファイナンスの仮定する合理的な意思決定の仮定の再考を促すものとも捉えられます。

2　市場の効率性を阻害する要因

本章にて扱う多くのモデルは市場の効率性を前提に議論が進められています。改めて市場の効率性が達成されるための条件を確認してみましょう。

ファイナンスの議論は，これまで，投資家の**合理的な意思決定**を想定して行われてきましたが，すでに，1950年代において，そのような合理性には限界があるとの指摘が行われていました。しかし，金融市場などの資産価格への影響を考えてみると，市場には合理的でない意思決定をする投資家は存在しているとしても，その影響は限定的かもしれません。合理的でない意思決定をする人に，どちらか同じ方向への共通の傾向（システマティックなバイアス）が見られないのであれば，プラスに間違う人もいれば，マイナスに間違う人もいるので，全体的に見るとキャンセルされ，結果的に資産価格への影響が出てこないと考えられます。また，仮に資産価格への影響が現れたとしても，裁定取引を行う投資家の存在により，市場の価格は，短時間内にファンダメンタルと一致すると考えられます。

このように，投資家の合理性には限界があるとの指摘は，以前より指摘されていましたが，資本市場においては，その影響は現れないと想定されていました。言い換えると，投資家にはシステマティックなバイアスがないこと，裁定取引が機能すること，これらの理由により市場の効率性が達成されると考えられていました。

一方，そのような伝統的ファイナンスが置く前提条件に対し，**行動ファイナンス**は，多くの人が共通のバイアスを持った意思決定を行う傾向にあること，つまり，**システマティックなバイアス**が存在すること，**裁定取引には限界**があることなどの点を実証された証拠に基づいて指摘しています。このような指摘は，市場の効率性が必ずしも達成されないことを示唆するものです。

3 現実の意思決定

現実の意思決定にはどのような特徴があるのでしょうか？ 本章では，トゥベルスキーとカーネマン［1981］らの報告を中心に現実の意思決定の特徴を概観してみましょう。

人々は日々の生活で数多くの意思決定を行っています。おそらく多くの人が，自分は常に首尾一貫した合理的な意思決定を行っている，もしくは，行っていたい，と考えているのではないでしょうか？

本章では，6つのアンケートに用いられた設問とその回答を紹介します。これらの実験結果を通じ，現実の意思決定の特徴について理解を深めてみましょう。

3.1 フレーミング

設問１ 600 人の死者が出ると見込まれるアジアの風邪が発生。この風邪の対策として２つの案が提示された。(152 人への質問)

選択肢 1

もしプログラム A を採択すれば，200 人助かる。[回答者の選択割合 72%]

選択肢 2

もしプログラム B を採択すれば，３分の１の確率で 600 人助かり３分の２の確率で誰も助からない。[回答者の選択割合 28%]

このように，選択肢１のリスク回避的な選択肢が多数派となっています。

設問２ 600 人の死者が出ると見込まれるアジアの風邪が発生。(152 人への質問)

選択肢 1

もしプログラム C を採択すれば，400 人死亡する。[回答者の選択割合 22%]

選択肢 2

もしプログラム D を採択すれば，３分の１の確率で誰も死亡せず３分の２の確率で全員死亡する。[回答者の選択割合 78%]

設問２ では，選択肢２のリスク選好的な選択肢が多数派となっています。設問１ では，利得に対してはリスク回避的となり，設問２ では損失に対してはリスク選好的になっていることを確認できます。しかし，実際には，設問１ と 設問２ は，全く同じ設問です。このように，この実験結果は，提示の仕方が異なるだけで，選択が異なることを示しています。また，リスクに対する態度が首尾一貫していないことも，この実験から示唆されます。

合理的には説明できない意思決定をすることを示した実験結果もあります。

設問3 2つの意思決定問題（150人への質問）

意思決定（i）：どちらかを選択せよ

A：確実な$240の獲得（回答者の選択割合84%）。

B：25%で$1,000の獲得，75%の確率で何も得られない（回答者の選択割合16%）。

意思決定（ii）：どちらかを選択せよ

C：確実な$750の損失（回答者の選択割合13%）。

D：75%で$1,000の損失，25%の確率で何も失わない（回答者の選択割合87%）。

意思決定(i)ではリスク回避的な選好，意思決定(ii)ではリスク選好的な選択が多数派となっていることを確認できます。

(i)と(ii)の問題は同時に提示されたものなので，回答の組み合わせは4通り考えられます。この中で，最も割合の多い組み合わせは（A，D）73%。最も割合の低い組み合わせは（B，C）の3%です。選択肢をよく観察すると，（B，C）の組み合わせのほうが，（A，D）の組み合わせより優れているのがわかります。わかりやすく示すため，それぞれ，AとD，BとCを組み合わせた形で問題を改めて記述すると下記にようになります。

設問4 どちらかを選択せよ

A&D 25%で$240の利得，75%で$760の損失

B&C 25%で$250の利得，75%で$750の損失

上記のようにまとめて考えると，B&Cの組み合わせが優れていることは明らかです。これらの結果は，現実の意思決定においては，設問の提示の仕方により，支持することが困難な選択をする可能性を示唆するものです。

3.2 心的会計（メンタルアカウンティング）

人間は一般に最小の会計単位で評価を行うとの指摘もあります。別の言い方をすると，1つのイベントのみで評価を行い他の資産や以前のイベントの

結果を考慮に入れない傾向が指摘されています。そのような傾向は，**心的会計**またはメンタルアカウンティングなどと呼ばれています。

設問 5 ／どちらの選択を好むか？（183 人への質問）
チケット代 $10 の劇を見に行く。
劇場に入ったとき $10 をなくしたことに気づいた。
$10 払ってチケットを買うか？
Yes［回答者の選択割合 88%］
No ［回答者の選択割合 12%］

設問 6 ／どちらの選択を好むか？（200 人への質問）
あらかじめ $10 のチケットを買い，チケットを持って劇を見に行く。劇場に入ったときチケットをなくしたことに気づいた。$10 払ってチケットを買うか？
Yes［回答者の選択割合 46%］
No ［回答者の選択割合 54%］

設問 5 と 設問 6 の結果の違いは，心的会計の効果と考えられます。設問 6 では，チケット代の心の中での価格が 20 ドルと高価になっていることに原因がありそうです。

4 プロスペクト理論

前節において示した意思決定は，伝統的ファイナンス理論が想定していた効用関数で記述することは，難しそうです。このような，現実の意思決定を記述するために**プロスペクト理論**が提案されています。プロスペクト理論においては，利得損失と価値の関係，客観確率と主観確率の関係を示しています。

4.1 価値関数

図表13－4は，投資家の**価値関数**を示したもので，横軸は利得および損失，縦軸は価値を示しています。縦軸と横軸が交差する点は，参照点と呼ばれます。参照点より，右側が利得，左側が損失となります。

図表13－4の形状をよく見ると，利得の領域においては，価値関数は，上に膨らんだ形となっています。この形状の特徴としては，リスクを回避する傾向があります。一方，損失の領域に関しては，価値関数は下に膨らんだ形状となっています。これは，利得領域とは異なりリスク選好となっていることを示しています。リスクがある選択，たとえば，勝ち目はほとんどないけれど，いちかばちかの大勝負のような選択をする傾向にあることを示しています。

このように，利得の領域，損失の領域においてリスクに対する態度が異なっている点は，価値関数の大きな特徴です。さらに，参照点からの価値関数の傾きを確認してみると，利得領域の傾きより，損失領域の傾きのほうが大きいことを確認できます。これは，たとえば，100円を期せずして得られた場合のうれしさよりも，100円を落としたときの悔しさが上回ることを示しています。このように金額の程度は同じであったとしても，それを受け取る程度が利得と損失で異なる点は大きな特徴です。

利得領域，損失領域を分ける**参照点**は，重要な役割を果たしていますが，さらにこの参照点も，提示の仕方により変わることが指摘されています。実質

図表13－4 ▶▶▶ 価値関数

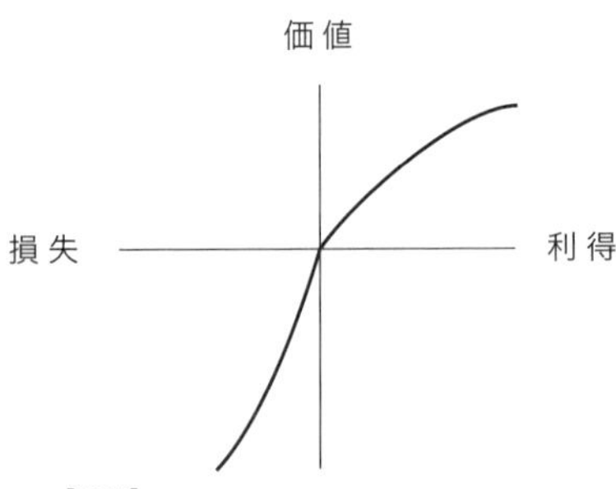

出所：トゥベルスキー・カーネマン[1981]。

的には同じ選択肢であったとしても，選択肢の示し方により，利得であるように受け取られたり，損失であるように受け取られたりする可能性があります。

このように，価値関数の示す意思決定は，本書でこれまで想定していた投資家の首尾一貫した合理的な意思決定とは異なる特徴を有するものです。

4.2 主観確率と客観確率

図表13－5は，客観確率（横軸）と主観確率（縦軸）の関係を示したものです。**客観確率**は実際の確率で，**主観確率**は人間が認識している確率です。図表の点線は，斜め45度の線であり，この点線上であれば，客観確率と主観確率は等しい値となっています。これまで本書が想定している合理的投資家は，この点線のような形で確率を評価していると捉えることができます。

図表の実線の曲線が，実際の人間の傾向を示したものとなっています。客観確率が高い領域に関しては，主観確率は相対的に低い傾向にあり，客観確率が低い領域に関しては，主観確率は相対的に高い傾向にあることを確認できます。言い換えると，人間は，小さい確率（横軸が小さい値のもの）を大きく見積もる傾向にあることを示しています。たとえば，宝くじに当たる確率を大きめに見積もるというのも1つの例ですし，保険が必要となるような事態が発生する確率を高めに見積もるというのも1つの例に挙げられます。

図表13－5 ▶▶▶主観確率と客観確率

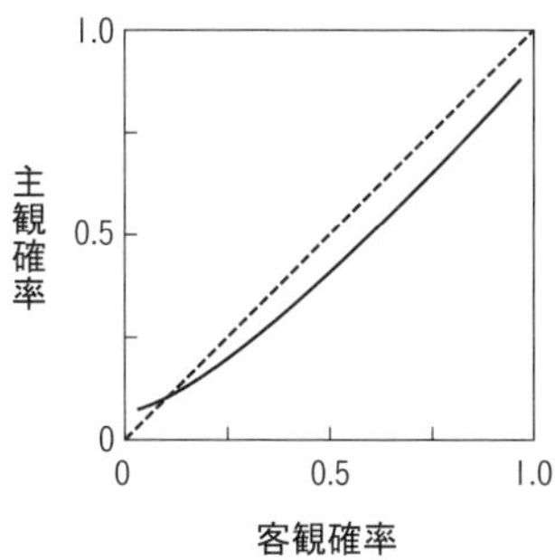

出所：トゥベルスキー・カーネマン［1981］。

これらは，人間は確率の評価においてもバイアスがあることを示しています。

Training 解いてみよう

市場の効率性に対する反証は数多く見られ，それらを総称してアノマリーと呼んでいる。アノマリーに対しては，データ期間固有の問題，未確認リスクファクターの存在といった説明のほか，近年，投資家行動の非合理性に注目した説明がされるようになってきた。行動ファイナンスと呼ばれる分野である。2002年にノーベル賞を受賞したカーネマンと故トゥベルスキーによって提案された理論がよく引用される。何という理論か。彼らの提案した理論で使われる価値関数は，効用関数とどこが違うのか文章で説明せよ。また，ウエイト関数は，従来の確率とどのように異なっているのか文章で説明せよ。

（平成16年公認会計士試験論文式　経営学　第12問　問3）

参考文献

●Jegadeesh, N., & Titman, S. [1993] Returns to buying winners and selling losers: Implications for stock market efficiency. *The Journal of finance*, 48 (1), 65-91.

●De Bondt, W. F., & Thaler, R. [1985] Does the stock market overreact?. *The Journal of finance*, 40 (3), 793-805.

●Bernard, V. L., & Thomas, J. K. [1989] Post-earnings-announcement drift: delayed price response or risk premium?. *Journal of Accounting research*, 1-36.

●Froot, K. A., & Dabora, E. M. [1999] How are stock prices affected by the location of trade?. Journal of financial economics, 53 (2), 189-216.

●井上光太郎，& 加藤英明 [2003] M&A 発表日の株価効果に関する要因分析．現代ファイナンス，13, 3-28.

●Kamstra, M. J., Kramer, L. A., & Levi, M. D. [2003] Winter blues: A SAD stock market cycle. *American Economic Review*, 93 (1), 324-343.

●Saunders, E. M. [1993] Stock prices and Wall Street weather. *The American Economic Review*, 83 (5), 1337-1345.

●Hirshleifer, D., & Shumway, T. [2003] Good day sunshine: Stock returns and the weather. *The Journal of Finance*, 58 (3), 1009-1032.

●加藤英明，& 高橋大志．[2004]「天気晴朗ならば株高し」『現代ファイナンス』15, 35-50.

●Tversky, A., & Kahneman, D. [1981] The framing of decisions and the psychology of choice. *science*, 211 [4481] 453-458.

●加藤清 [1990]『株価変動とアノマリー』，日本経済新聞社。

●加藤英明 [2003]『行動ファイナンス』，朝倉出版。

第14章 派生証券

Learning Points

- ▶本章では，主要な派生証券の概略，評価方法について学びます。
- ▶派生証券は原資産の価値から派生してその価値が決まる証券です。
- ▶派生証券を用いて，リスク管理を行うことが可能です。
- ▶代表的な派生証券として，先渡取引，先物取引，スワップ取引やオプションなどが存在します。
- ▶オプション価格の評価方法として広く知られたものとして2項モデル，ブラックショールズ式を用いた方法などが挙げられます。

Key Words

派生証券　先渡取引　先物取引　スワップ取引　オプション　2項モデル　ブラックショールズ式

1 リスク管理と派生証券

金融資産を保有することで，資産の価格変動リスクが発生することになります。そのようなリスクは，**派生証券**を用いることでリスクヘッジすることができます。ここで，派生証券とは，株式などの**原資産**の価格から，何らかのルールに基づき価値が決まる証券となります。派生証券との言葉からもわかるように，原資産の価値が決まってはじめて，各ルールに基づき，その価値が決まります。本章では，派生証券の中でも広く知られた証券について説明します。

2 先渡取引

先渡取引は，将来の時点において行われる取引の条件を現時点において取り決めておく取引です。たとえば，1年後にリンゴを1個100円（先渡価格）で合計10個買う契約などが，先渡し契約の例になります。お金とモノの受け渡しが将来の時点（満期）に行われる点が特徴です（**図表14－1**）。このような取引をするためには，契約の相手方が存在する必要があります（相対取引）。この例で言うと，1年後にリンゴを売ってくれる人が必要になります。

先渡取引は，買い手にとっても，売り手にとってもメリットがあります。たとえば，買い手の立場にたてば，1年後，リンゴの価格が高騰したとしても，先渡契約をしていることにより，あらかじめ決められた金額で購入することができます。売り手の立場にたっても，1年後，リンゴの価格が，暴落したとしても，先渡取引により，決められた金額で売却することができます。このように，先渡取引によりリスク・ヘッジが可能です。

先渡取引の契約自体の価値はどのようになるでしょう。たとえば，簡単な例として，1年後にリンゴ1個を100円で購入する契約を考えてみます。1年後，リンゴの価格が150円になっていれば，本来150円のものを100円で購入できるわけですから，契約の価値は50円と見積もることができます。一方リンゴの価格が50円になった場合は，50円のものを100円で購入するわけですから，契約の価値は－50円となります。1年後にリンゴ1個を100

図表14－1 ▶▶▶先渡取引について

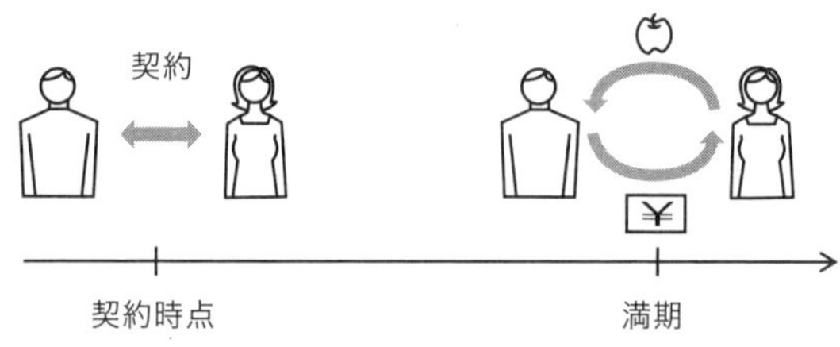

図表 14 － 2 ▶▶▶原資産の価値と先渡契約の価値

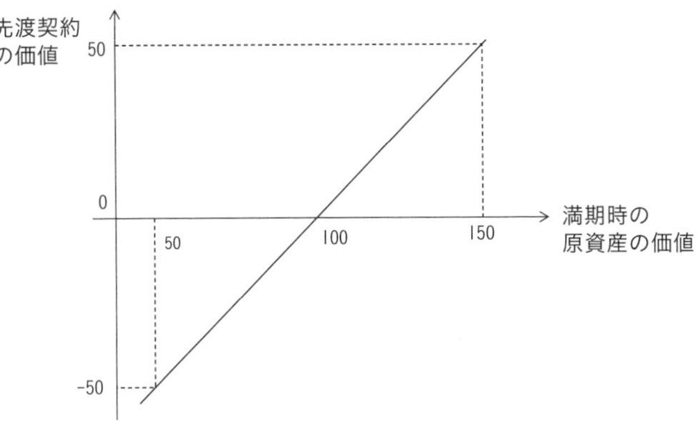

円で売却する契約の場合は，購入の場合と反対の関係になります。1 年後，リンゴの価格が 150 円になっていれば，本来 150 円のものを 100 円で売却するわけですから，契約の価値は－ 50 円となります。一方リンゴの価格が 50 円になった場合は，50 円のものを 100 円で売却するわけですから，契約の価値は 50 円となります。

図表 14 － 2 は，原資産（リンゴ）の価格と先渡契約の価値の関係を示したものになります。**先渡契約の価値**は，**原資産の価値**に依存して決まることがわかります。

契約時において先渡価格をいくらにするのが妥当なのでしょう？　先渡価格は，原資産の空売りが可能，原資産の保管費用がかからないなどの一定の条件が満たされる場合，現在の原資産の現時点の価格(S)，安全利子率(r)，満期までの期間（$T-t$）により，下記の式により見積もることができます。

$$F = S \cdot (1+r)^{T-t} \tag{14.1}$$

なお，式(14.1)の T は満期の時点を示し，t は現時点を示します。

たとえば，原資産の現時点の価格が 100 円であり，1 年後に受け渡しが行われる場合の先渡し価格(F)は，以下の式のように見積もることができます。

第14章◉派生証券

ここで，安全利子率は1%とします。

$$F = 100 \cdot (1 + 0.01)^1 = 101 \tag{14.2}$$

このように，先渡価格(F)は，原資産の現物価格(S)と一定の関係を有しています。

先渡価格の式は，どのような考え方で得られるのでしょうか？　ここでも裁定取引の考え方が重要な役割を果たします。

たとえば，現時点において先渡価格(F)にて原資産を購入する契約をすることで，将来原資産を保有することが可能です（取引A)。同じ状況は，現時点で借り入れをして原資産を購入し，将来まで保有し続けることで実現できます（取引B)。もし，取引Aと取引Bで支払う額が異なれば無リスクで利益を獲得できることになります。そのため，そのような機会が生じないように先渡価格が決定されます。このようなシンプルな考え方から先渡価格の式は導出されます。実は，本章にて扱う派生証券の価格は同様の考え方から導くことが可能です。第12章で学んだ為替予約も先渡取引の一種になります。

3　スワップ取引

スワップ取引とは，変動のキャッシュフローと固定のキャッシュフローを交換する取引です（**図表14－3**)。たとえば，毎月原油費用の支払いを行っている電力会社の支払額は，原油相場の影響を受けて毎月変動します。この

図表14－3 ▶▶▶スワップ取引

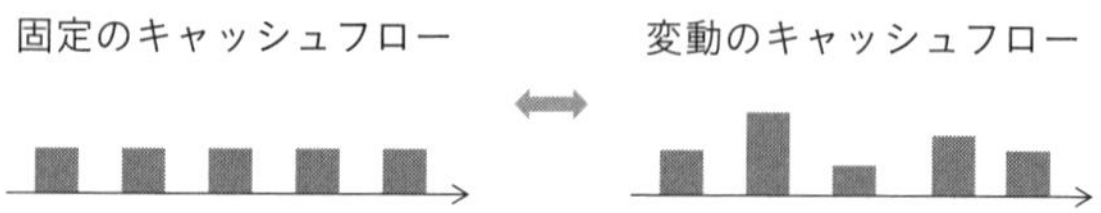

固定のキャッシュフロー　⟷　変動のキャッシュフロー

図表 14 − 4 ▶▶▶固定支払いの水準の見積もり

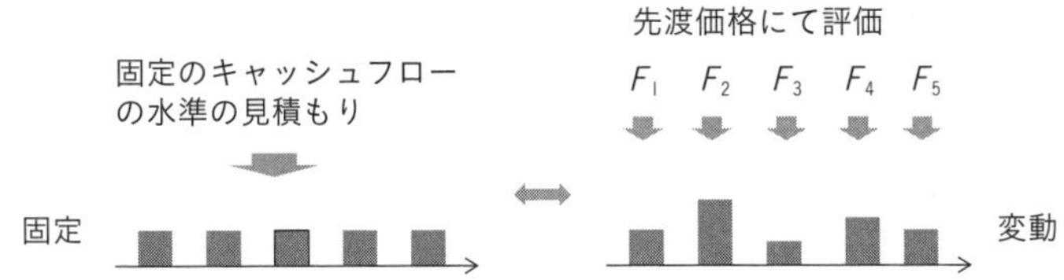

ような中，原油の支払い分と固定の支払いを交換する相手方が存在すれば，電力会社は実質的に原油への支払いを固定支払いにすることが可能になります。

固定の支払いの水準をどのように決めればよいでしょう？　基本的には，変動の支払いと固定支払いの現在価値が等しくなるような固定支払いの水準を払えばよいことになります。

固定支払いの現在価値の合計＝変動支払いの現在価値合計　(14.3)

ここで問題となるのは，変動支払いのキャッシュフローの見積もりです。まだわからない変動支払いの評価をどのようにすればよいのでしょう？　ここで，先ほど学んだ先渡価格の考え方を用いることができます。たとえば，1カ月後に必要となる原油は，先渡取引を通じ購入することができます。そのため，1カ月後の変動費用は，先渡価格により評価可能です。2カ月後，3カ月後の変動費用も同様に，先渡価格により見積もることができます（**図表14 − 4**）。そのため，固定支払いの水準は，先渡価格を用いることで，下記の式を満たす水準に算出することができます。

固定支払いの現在価値の合計＝先渡価格の現在価値の合計　(14.4)

4 先物取引

先物取引も先渡取引と同様に将来時点の取引に関する契約になります。しかし，先物取引は，いくつかの点で，先渡取引と異なります。

先渡取引は相対取引でしたが，先物取引は証券取引所に上場されているため，相手方を探す必要がありません。相手方の信用リスクを考慮しなくてよい点は，先物取引の特徴の１つとなります。

先物価格は市場参加者の取引を通じ日々変動し，価格変動に伴い発生する評価損益は後述する投資家の取引口座に日々反映されます（値洗い）。たとえば，前日，1,000円にて購入した先物が，当日，1,020円になった場合，投資家に＋20円のキャッシュフローが発生します。先物価格が上昇することで，先物を購入した投資家にプラスのキャッシュフローがもたらされるわけです。逆に，当日先物価格が，980円に下落した場合を考えてみましょう。この場合は，－20円のキャッシュフローが発生します（お金が差し引かれます）。

先物取引を行うためには，取引口座を設け，一定比率の証拠金を預ける必要があります。このように日々発生するキャッシュフローは，この証拠金勘定に反映されます（図表14－5）。証拠金には，維持証拠金の水準が定められており，この水準を下回った場合，投資家は，売買をとりやめるか，維持証拠金を上回る水準まで現金を積み増す必要があります。

図表14－5 ▶▶▶ 先物取引と証拠金勘定

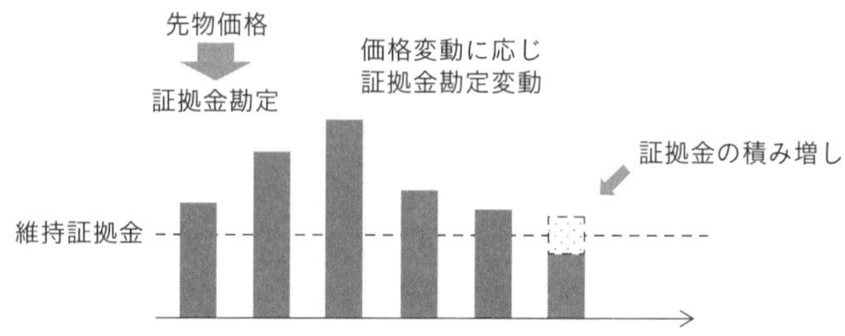

5 オプション

5.1 オプション取引の概略

先渡取引においては，一度契約した取引は損をしたとしても必ず実行する“義務”がありました。たとえば，リンゴを1年後に100円で購入する先渡契約を行った場合，仮に1年後のリンゴの価格が50円となったとしても，契約通り100円で取引をする必要があります。ところが，これが，りんごを購入する“権利”であったらどうでしょう？　権利なので，その権利を使ってもよいですし，状況によってはその権利を使わないとの選択肢も存在します。つまり，取引により損失が発生するような状況では，権利を放棄して取引をしないということができるのです。このように，将来において，取引する権利のことを**オプション**と呼びます。購入する権利のことを**コールオプション**，売却する権利のことを**プットオプション**と呼びます。

具体例を見て確認してみましょう。りんごを1年後に100円（行使価格）で購入する権利（コールオプション）の価値を考えてみます。リンゴの価格が150円になった場合，権利を行使することで150円のものを100円で購入できることから，権利を行使することが期待されます。この場合，契約の価値は50円です。一方，リンゴの価格が50円になった場合，権利を行使した場合，50円のものを100円で購入することになってしまうことから，権利を行使しないことが期待されます。この場合の権利の価値は，0円となります。

1年後にリンゴ1個を100円（行使価格）で売る権利（プットオプション）の場合は，コールオプションの場合と反対の関係になります。1年後，リンゴの価格が150円となった場合，権利行使をした場合，本来150円のものを100円で売却することになってしまうことから，権利を行使しないことが期待されます。この場合の契約の価値は0円となります。一方リンゴの価格が50円になった場合は，権利行使をした場合，50円のものを100円で売

図表 14 − 6 ▶▶▶原資産の価値とコールオプションの価値

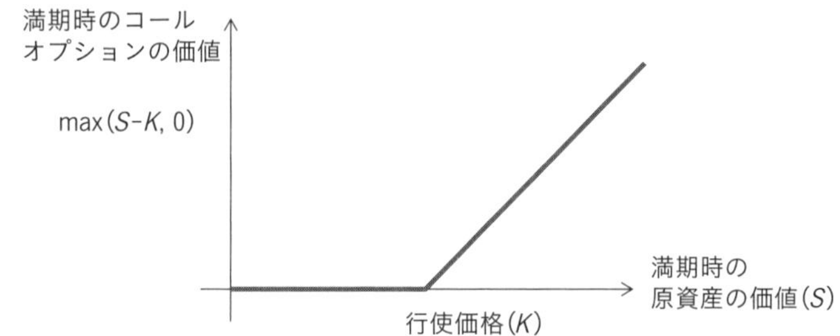

却できることから権利を行使することが期待されます。この場合の契約の価値は50円となります。

図表 14 − 6は，**コールオプションの価値**を示したものです。コールオプションの場合，原資産の価格が，オプションの行使価格よりも高い状況では，オプションの価値はプラスになります。一方，オプションを行使すると損失が発生する状況では，権利を放棄するのでオプションの価値は0になります。満期時の原資産の価格(S)およびオプションの行使価格(K)より，コールオプションの価値は，$max(S - K, 0)$と表すことができます。ここで，$max(X, Y)$は，XとYの大きいほうの値を示すものとします。

図表 14 − 7は，プットオプションの価値を示したものです。プットオプションの場合，原資産の価格が低下する場合にプットオプションの価値が大きくなります。原資産の価値が高く，オプションを行使することにより損失が発生する状況では，権利放棄をするのでプットオプションの価値は0とな

図表 14 − 7 ▶▶▶原資産の価値とプットオプションの価値

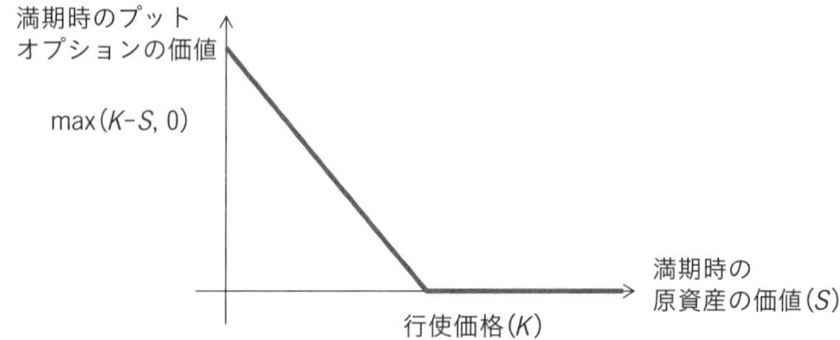

ります。プットオプションの価値は，$max(K-S, 0)$と表すことができます。このように，満期時におけるオプションの価値は，原資産の価値に依存して決まることがわかります。

5.2 オプションの評価

オプションは権利であることから，損失が発生する状況ではその権利を放棄することができます。その意味で購入しているだけであれば，追加的な損失は発生しないので，保有者にとって都合のよい証券とみることもできます。

オプションを保有するためには，いくら支払う必要があるでしょうか？保有者にとって都合のよい証券となると，無料での入手は難しそうです。実際，オプションを入手するためにはいくらかの金額を支払う必要があります。この金額が，オプションの価格，別の言い方をすると，**オプションプレミアム**と呼ばれるものになります。

オプションプレミアムを推計する方法で，最もよく知られた方法として**2項モデル**を用いた方法と，**連続モデル**を用いた方法の2つがあります。それぞれ，見かけは異なりますが，両者とも，裁定取引を用いたシンプルな考え方に基づき，価格式の導出を行うことができます。

5.2.1 2項モデルによる評価

2項モデルは，価格の変動を上昇，下降という2つの変動により表します。ここでは，現時点からオプションの満期までを1期間で表した2項モデルを通じて，コールオプションの価格付けについて考えます。コールオプションの行使価格はKとします。**図表14－8**は，株式，無リスク資産，コールオプションの変動を示したものとなります。

株式は，現在の価格がSで，上昇した場合はu倍となり，下落した場合d倍となります。一方，無リスク資産は，どのような状況においても同じ収益率となることから，いずれもRの水準となっています。ここで，$u>R>d$の条件が必要です。株式が上昇した場合のオプションの価値(Cu)，下落し

図表 14－8 ▶▶▶ 2 項モデルの概略

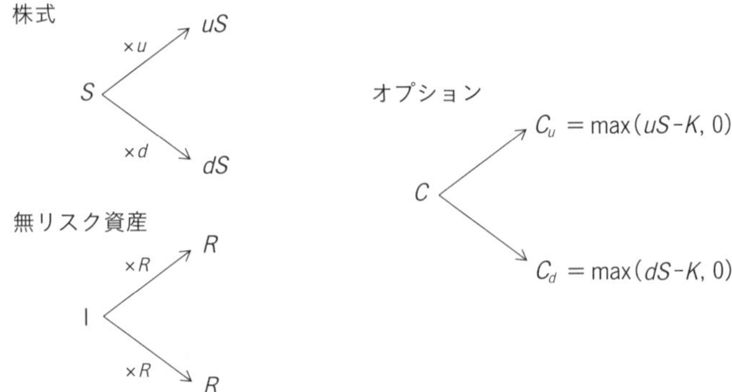

た場合の価値(Cd) は，それぞれの株式の価値と行使価格(K)から，$Cu = max(uS - K, 0)$，$Cd = max(dS - K, 0)$ と見積もることができます。ここまでが準備段階です。いよいよ本題のコールオプションの価値(C)ですが，以下の式により見積もることができます。

$$C = \frac{qC_u + (1 - q)\ C_d}{R} \tag{14.5}$$

$$q = \frac{R - d}{u - d} \tag{14.6}$$

ここで，q は**リスク中立確率**と呼ばれる指標で，一般的な確率のように 0 から 1 までの間の値をとります。数値例を確認してみましょう。たとえば，$S = 1{,}000$，$u = 1.1$，$d = 0.9$，$R = 1.0$，$K = 1{,}000$ の場合，コールオプションの価値(C)，リスク中立確率(q)は，以下のように求められます。

$$C = \frac{0.5 \times max(1.1 \times 1{,}000 - 1{,}000,\ 0) + (1 - 0.5) \times max(0.9 \times 1{,}000 - 1{,}000,\ 0)}{1.0}$$

$$= 50 \tag{14.7}$$

$$q = \frac{1.0 - 0.9}{1.1 - 0.9} = 0.5 \tag{14.8}$$

上記の例は，現在の価格が1,000円の原資産を，1期間後に1,000円で購入する権利が50円であるという見積もりになっています。計算はとてもわかりやすいものになっています。

コールオプションの評価式は，どのような考え方で算出できるのでしょうか？　ここでも裁定取引の考え方が重要な役割を果たします。実は，無リスク資産と株式の組み合わせにより，コールオプションと同じ動きをするポートフォリオを複製することができます（**複製ポートフォリオ**）。同じ動きをするのであれば，両者の価値は等しくなるはずです。**図表14－9**は，**図表14－8**の株式をx単位，無リスク資産をy単位保有した場合のポートフォリオの価値とオプションの価値の比較を行ったものです。特定のx，yの値の下で，オプションと同じ動きとなるポートフォリオを複製できることを理解できるかと思います。

具体的には，以下のx，yのときにコールオプションと同じ動きをするポートフォリオとなります。

$$x = \frac{C_u - C_d}{S(u - d)}, \quad y = \frac{uC_d - dC_u}{R(u - d)} \tag{14.9}$$

たとえば，本節の数値例の場合，$x = 0.5$，$y = -450$のときにポートフォ

図表14－9 ▶▶▶ポートフォリオとオプションの価値の比較

ポートフォリオ
（株式：x単位，無リスク資産：y単位）

$xS + y$ → $xuS + yR$ / $xdS + yR$

⇔ 同じ動きとなるポートフォリオ

オプション

C → C_u / C_d

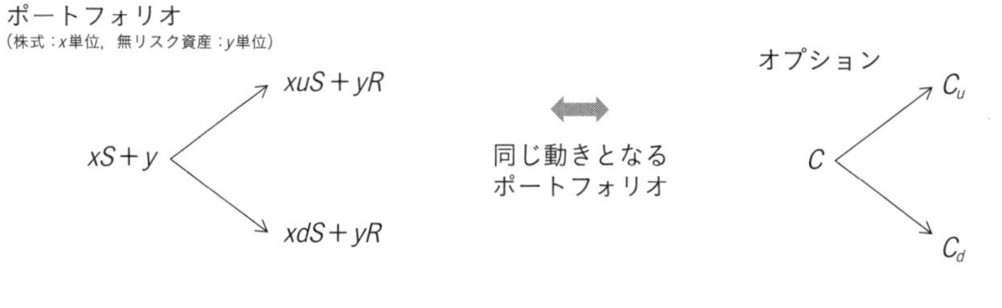

リオはオプションと同じ動きとなります。このようにコールオプションの価値は一物一価のシンプルな考えのもと導出されています。プットオプションの価値も同様の考え方で見積もることができます((14.5)式(14.6)式の導出はやや複雑になるので割愛します)。

5.2.2 ブラックショールズ式によるコールオプションの解析解

2項モデルでは，上昇，下落といったシンプルなモデル化を通じ価格の評価を行いましたが，連続的な価格変動のモデル化を通じた評価も行われています。単純化して言えば，価格変動をトレンドとばらつきにより表現することで，派生証券の満たす式（**ブラックショールズ式**），コールオプションの評価式を導出しています。このとき，コールオプションの評価式(C)は，下記のように与えられます。

$$C = SN(d_1) - Ke^{-r(T-t)}N(d_2) \tag{14.10}$$

$$d_1 = \frac{ln(S/K) + (r + \sigma^2/2)(T-t)}{\sigma\sqrt{(T-t)}} \tag{14.11}$$

$$d_2 = \frac{ln(S/K) + (r + \sigma^2/2)(T-t)}{\sigma\sqrt{(T-t)}} \tag{14.12}$$

S　：原資産の現在の価格
K　：行使価格
$T-t$：満期までの期間
$N(\cdot)$：累積正規確率分布関数
$ln(\cdot)$：自然対数
e　：自然対数の底
r　：安全利子率

解析解が得られることで，表計算ソフト等における取扱いが極めて容易になります。たとえば，表計算ソフトを用いることで，以下の条件のコールオプションの価値を上記の式を用い求めることができます。

条件	$S = 1{,}000$	原資産の価格は1,000円
	$T - t = 0.5$	満期は半年後
	$\sigma = 0.3$	ボラティリティは30%
	$K = 1{,}000$	行使価格1,000円
	$r = 0.1$	安全利子率は10%

コールオプションの価値 $C = 109.1$ 円

図表14－10は，オプションの満期前のオプションの価値と原資産の価格の関係を示したものです。このように，オプションの価値は時間価値と本源的価値に分類することができます。たとえば，**図表14－10**の数値例において，満期のときに，原資産の価格が1,000円であれば，オプションの価値は0になります（**本源的価値**）。しかし，図の例では，満期まで時間があるため，オプションの価値は，109.1円（**時間的価値**）となっています。このような時間価値は，満期までの間に，原資産の価格が上昇する可能性を反映したものです。

また，**図表14－10**の曲線の傾きから，原資産の価格が変動した際のオプションの感応度を見積もることができます。このオプションの感応度を示した傾きは，デルタと呼ばれます。数学的には，コールオプションの式を原資産価格で微分することにより得ることができます。デルタは，派生証券の

図表14－10 ▶▶▶オプションの価値と原資産の価格

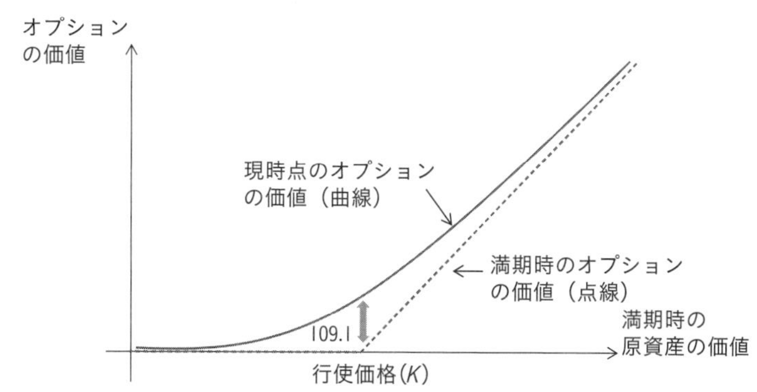

リスク管理などにおいて広く用いられる指標となっています。原資産価格の水準が変わるとデルタの値も変動します。デルタの計算は，市場環境の変化に応じ逐次行う必要があります。

Training　解いてみよう

次の文章を読み，以下の設問に答えなさい。なお計算問題については，数値が小数第2位で割り切れない場合は，小数第3位を四捨五入して小数第2位まで答えること（計算途中での四捨五入は行わない）。

現在の価格 S_0 が1株当たり288円の株式Aは，次期以降，1期につき，確率 $p = 50\%$ で価格が上昇して直前の価格の $\frac{5}{3}$ 倍になるか，確率 $1 - p = 50\%$ で下落して $\frac{3}{5}$ 倍になると予想されている（Aの株価に関する下図参照）。なお，1期間あたりの無リスク利子率 r は10%とする。

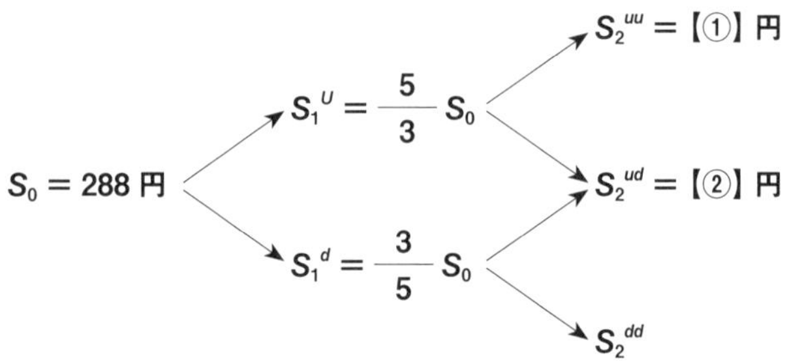

株式Aの1期間当たりの期待収益率を求めると，【③】となる。この株式Aに対する株価上昇のリスク中立確率 p^* は，

$$p^* = \frac{【④】}{【⑤】}$$

となる。ただし，リスク中立確率とは，無リスク利子率を使って割り引かれた次期の株価の期待値が今期の株価と等しくなるような確率を意味する。

この株式Aに対して，1期後（$t=1$）に満期を迎える行使価格 $K=288$ 円のヨーロピアン・コール・オプションが現時点（t＝0）で売られているとする。このオプションの満期ペイオフは，現時点（$t=0$）において，株式Aと安全資産をそれぞれ，

$$\begin{cases} \text{株式Aを【⑦】ポジションで} \dfrac{【⑧】}{【⑨】} \text{株} \\ \\ \text{安全資産を【⑩】ポジションで} \dfrac{【⑪】}{1+r} \text{円} \end{cases}$$

（平成23年公認会計士試験論文式　経営学　問題3）

参考文献

●Luenberger, D. G.［2013］*Investment science*, Oxford University Press.（今野浩・鈴木賢一・枇々木規雄訳『金融工学入門』日本経済新聞社，2002年）

●Hull, J. C.［2017］*Options, Futures, and Other Derivatives*, Pearson.（三菱UFJモルガン・スタンレー証券市場商品本部訳『フィナンシャルエンジニアリング―デリバティブ取引とリスク管理の総体系』金融財政事情研究会，2016年）

第15章 コーポレートガバナンス

Learning Points

▶本章では，企業に対する資本提供者が投資リスクに見合ったリターンを得るための仕組みであるコーポレートガバナンスを学びます。

▶ここまでの章では，経営者は投資意思決定においてNPVルールに基づいて企業価値を最大化することを前提としています。しかし，経営者が自分自身の私的利益を最大化するためにNPVルールに反した投資を採用する懸念があります。

▶経営者が企業価値最大化につながる経営を行うように，資本提供者が経営者を監視し，動機付けするメカニズムがコーポレートガバナンスであり，株式市場の発展の根幹となっています。

Key Words

コーポレートガバナンス　エージェンシー問題
フリーキャッシュフロー問題　フリーライダー問題　不完備契約

1 株式所有の分散化と経営者のエージェンシー問題

ここまで投資プロジェクトの選択において，NPVが正の投資プロジェクトを採用することで企業は企業価値の増大を図れることを説明しました。しかし，企業の経営者が，常にそのような基準で投資決定をしているとは限りません。特に上場企業では株主構成が分散化するため，企業の経営者と所有者（株主）は分離し，両者の利益は必ずしも一致しなくなります。このため，経営者が企業価値最大化以外の目的，たとえば経営者個人の私的利益を重視して会社の経営に関する意思決定を行う可能性が発生します。

たとえば経営者個人にとって，大企業の経営者のほうが中堅企業の経営者よりも世間の注目を浴び，社会的地位も高く感じられるとしましょう。このとき経営者は，企業規模を最大化することを目的にNPV が負の投資プロジェクトまで実行する動機を持つ可能性が生じます。企業価値よりも企業規模を優先する意思決定は，企業価値を棄損する点で非効率な決定ですが，経営者個人の視点では自分自身の利益が最大化されている点で合理的な意思決定と言えます。実際に自社の手がける事業分野が成熟化して投資機会が少なくなり，内部留保として現金を蓄積してきた企業が，その余剰現金を株主に還元するのではなく，経営者自身がNPV が正であるとの確信のないM&Aまで実行して企業規模を拡大する行動は市場でしばしば観察できます。

会社の経営者が株主の利益に一致しない意思決定を行うとすれば，投資家にとっては事前に想定した要求収益率が獲得できなくなる点で大きな問題となります。会社に関する法制度上，株式会社の所有者は会社の残余財産請求者である株主と位置付けられます。株主は専門的な経営者を選び会社の経営を任せている点から，経営者は株主のエージェント（代理人）の位置付けとなります。上記の問題点は，経営者が株主のエージェントとしての役割を適正に果たさないことにあり，これを**経営者のエージェンシー問題**と呼びます。なお，株主はエージェントである経営者に経営を委託する依頼者本人（プリンシパル）に位置付けられるため，エージェンシー問題は**プリンシパル・エージェント問題**とも呼ばれます。

また，資本提供者が経営者のエージェンシー問題のために受ける損失と，エージェンシー問題の対策として要する費用の合計を**エージェンシーコスト**と呼びます。エージェンシーコストは，株式投資家にとって大きなコストになる可能性があり，その最小化はファイナンスの重要な課題となっています。

2 情報の非対称性と経営者のエージェンシー問題

経営者のエージェンシー問題は，経営者と資本提供者の間の情報の非対称性と密接に関係しています。ここでいう情報の非対称性とは，経営者は会社の内部情報を持っている一方で，資本提供者は内部情報を持たない状況を指

図表 15 − 1 ▶▶▶エージェンシー問題と情報の非対称性

所有と経営の一致している状態

経営者

経営者の持つ経営の選択肢

A：株主利益は減少するが，経営者の個人的利益は大きなプロジェクト

B：株主利益は最大化されるが，経営者の個人的利益は小さなプロジェクト

ただし，Aの個人的利益の増分 < Bの株主利益の増分

株主＝経営者

経営者がすべて，または大きな割合の株式保有

合理的経営者の判断

Bの方が，自分の保有する株主価値が最大化され，Aの個人的利益より大きいので，Bを選択しよう！

所有と経営の分離している状態

経営者

情報の非対称性

AとBの差が，経営者は観察できるが，株主は観察できない

株主（幅広く分散化）

経営者自身はほとんど株式を持たない

合理的経営者の判断

Aの方がBよりも自分の利益は大きくなるぞ！しかも株主はそれに気が付かないぞ。Aのプロジェクトを採用しよう！（モラルハザード）

エージェンシーコスト発生：AとBの株主利益の差額

出所：筆者作成。

します。こうした状況の下では，経営者は，資本提供者が内部情報を持たないことを利用して経営者自身の私的利益を増大する行動をとることが可能になります。このように，経営者が情報の非対称性を利用してそこから私的利益を獲得する行動をとることを**モラルハザード**と呼びます。

たとえば，NPV が負の投資プロジェクトを経営者が採用しても，それを採用時点で認識することは，内部情報を持たない投資家には難しいでしょう。このことが，経営者が企業価値最大化に結びつかない意思決定を行う余地を生みます。つまり経営者のエージェンシー問題は，株式会社における**所有と経営の分離**と，経営者と資本提供者の間の**情報の非対称性**という 2 つの問題に起因すると言えます。この関係は**図表 15 − 1** に示しています。

事業内容が高度に多角化している企業や事業内容そのものが複雑な企業では，株主にとって経営者のモニタリングは難しくなり，経営者と株主の間の

情報の非対称性は大きくなります。このような株主によるモニタリングの限界を踏まえ，経営者が多角化M&Aなどを通して自社の事業内容を複雑化させて，モニタリングが働きづらい状況を作り出す懸念があります。これは経営者によるエントレンチメント（立てこもり行動）と呼ばれています。

3 株主と債権者の負担するエージェンシーコスト

株式会社は主として株式と負債という2つの資本調達手段を持ちますが，経営者によるエージェンシー問題の影響をより強く受けるのは株主です。負債は事前の契約で返済スケジュールが確定しており，これを履行しないことは債務不履行となり会社の倒産につながるため，経営者は負債の返済は確実に履行しようとします。なぜなら，会社が倒産すれば，経営者が会社から得られる私的利益は消滅しますし，経営者個人の評価も下落し，経営者の私的損失が発生するからです。負債の契約は，企業が債務不履行のケースも含め契約後に発生するさまざまな事態に対する対応を細かく定めています。このため，情報の非対称性の下でも，債権者の負担するエージェンシーコストは限定されます。

一方，株主に対する利益還元は，会社の収益状況や投資機会に依存して決定されるため，事前の契約によっては何も決められていません。たとえば，株主は，株主総会の議決権を通して会社の配当方針を決定する権利を有しています。しかし，株主構成が分散化していると大株主以外の個々の株主は影響力を持たないため，実質的には経営者が株主総会に提案する配当方針がそのまま承認されることがほとんどです。株式の所有が分散して個々の株主の影響力が低い中で，経営者のエージェンシー問題が生じると，それに伴うエージェンシーコストの大きな割合は株主の負担となります。

このように債権者の利益は，将来に起きうるさまざまな状況に対して事前の契約で守られていますが，株主の利益は事前の契約だけでは十分に守ることが困難であることから，負債契約は**完備契約**，株式に関する契約は**不完備**

契約と分類されることがあります。株主の視点から見ると，経営者と株主の間の情報の非対称性が存在する中で，不完備契約の下での株主利益を保護するメカニズムが必要となるのです。

4 経営者のモニタリングと株主のフリーライダー問題

経営者のエージェンシー問題の存在を前提にすると，株主には経営者を**モニタリング**（監視）する動機が発生します。たとえば大株主であれば，自らの利害が会社の経営状態により大きな影響を受けるため，時間とコストを使って会社の経営をモニタリングする経済合理性があります。また，経営に問題があれば大株主としての議決権を行使することで会社の経営を正すことも容易でしょう。その意味で，大株主の存在はエージェンシー問題を減少させる効果を持つと期待できます。

一方で，大株主が存在せず，株主が広く分散化している場合は，個々の株主がコストと時間を使って投資先企業の経営者をモニタリングすることは合理性が低いでしょう。これは株主自身の富への影響が小さいだけでなく，コストと時間を使ってモニタリングを行ってもそのことによる株主価値の改善効果のほとんどは自分以外の株主に帰属するためです。このため株主は自分自身では経営者に対するモニタリングを行わず，他の株主によるモニタリングにまかせよう（フリーライドしよう）とするでしょう。

このため株式の所有構造が幅広く分散した企業では，どの株主も自分自身ではコストを負担してまでモニタリングを行わないことが予測できます。このことは，株主の**フリーライダー問題**と呼ばれ，経営者へのモニタリングが働かず，エージェンシー問題が解決されない重要な原因となります。フリーライダー問題と経営者のエージェンシー問題を図示したものが**図表 15－2**です。

図表 15 − 2 ▶▶▶ フリーライダー問題とエージェンシー問題

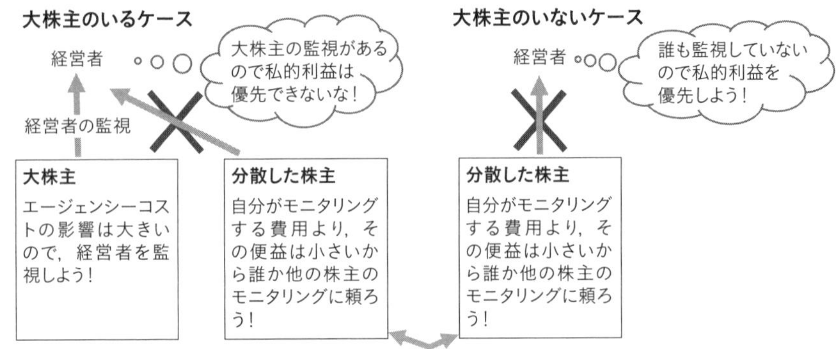

出所：筆者作成。

5 財市場における競争の欠如とエージェンシー問題

会社が生産活動を行っている財市場（製品やサービスの市場）において同業他社との間で激しい競争が行われている場合，会社は非効率的な経営は行いません。なぜなら非効率な経営を行っている会社は，財市場での競争に負け，会社そのものの存続が困難になるためです。一方で業界内で独占・寡占の地位にある企業や規制で守られた企業は財市場において激しい競争にさらされることはありません。こうした独占・寡占企業や規制業種の企業では，業界内の競争の欠如により経営者のエージェンシー問題が深刻化する可能性が高くなります。

6 会社の非効率な行動の事例

経営者のエージェンシー問題は，どのような企業行動を伴って現れるでしょうか。この問題に関しては過去の実証研究がいくつかの示唆を与えてくれています。

6.1 経営者の私的利益の獲得

典型的なエージェンシー問題として，株主利益を犠牲にした経営者自身の便益の獲得があります。具体的には会社の業績と無関係な経営者への巨額の報酬の支払い，経営者に対するプライベートジェットなど報酬以外の役得に巨額の費用を支出することなどです。また自分や親族の関係する会社との取引を会社に実施させ，自分や親族の関係する会社に利益や資産を誘導することもあります。これは，**利益のトネリング**（Tunneling）と呼ばれます。このような自分や親族の関係する会社への利益誘導は，エージェンシー問題に対する法規制や株主に対する情報開示制度が十分に整備されていない発展途上国で幅広く見られます。

6.2 フリーキャッシュフローと過大投資問題

エージェンシー問題の中で，深刻な問題の1つに過大投資問題があります。過大投資とは，NPV が負の投資プロジェクトにまで投資することです。**過大投資問題**は，企業規模の最大化が経営者の私的利益に結びつくことが原因とされています。たとえば，経営者報酬が売上高に連動しているケースでは，経営者が企業規模最大化のために過大投資を行う合理的な動機が発生します。経営者としては，自らの経営の支配下における資産の規模を維持するため，余剰現金が存在してもそれを株主に配当などで還元せず，非効率な投資を行うのです。こうした非効率な投資の代表例として，シナジー効果の見込まれない多角化 M&A が挙げられます。

会社が余剰現金を豊富に持つケースでは過大投資問題が発生しやすくなります。経営者が自由に使途を決定できる現金を会社が保有していないケースでは，投資を行おうとすれば外部から資本調達を行う必要があります。新たな資本調達の際には，投資家はその資本の使途について事前のチェックを行うため，経営者が非効率な投資のために外部から資本調達を行う余地は小さくなります。逆に会社内部に経営者が自由に使途を決定できる余剰現金を豊富に持つケースでは，会社の資金使途に対する投資家のチェックは働きづらく，経営者は比較的容易に非効率な投資を実行できます。経営者が自由に資金使途を決定できる性格の資金は，その定義通りにフリーキャッシュフローです。このため会社がフリーキャッシュフローを多く抱えるほど非効率な投資が行われる可能性が高まります。このエージェンシー問題を，ファイナンスでは特に**フリーキャッシュフロー問題**と呼んでいます（第11章のジェンセンのフリーキャッシュフローも参照）。

なお，過剰投資問題とは逆に，経営者が会社の成長のために実施すべき投資やリストラクチャリングを行わないケースもあります。これは，Quiet Life 問題（平穏な生活）と呼ばれます。経営者が，NPV が正の投資機会やリストラクチャリングの機会があってもそうした行動を行わない1つの理由として，そうした行動は経営者個人の努力が必要となり，経営者の効用を下げるためです。これも一種のエージェンシー問題です。

7 エージェンシー問題の解決策

経営者のエージェンシー問題を前提に，経営者が企業価値最大化につながる経営を行うように，資本提供者が経営者を監視，または動機付けするメカニズムや制度を**コーポレートガバナンス**（**企業統治**）といいます。コーポレートガバナンスは，資本提供者が自らの利益を保護するための重要なメカニズムで，円滑な株式市場の発展の根幹となります。

7.1 国や取引所によるエージェンシー問題の解決

特に先進国では国の金融監督官庁や証券取引所が，コーポレートガバナンスの改善に積極的に乗り出しています。具体的には経営情報の開示の強化や，取締役会内部でのモニタリングを強化するための独立取締役（社外取締役）の比率を高めるルールの導入などです。こうしたルールは法律や証券取引所規則として制定されるほか，企業の自発的なコーポレートガバナンスの強化を促すコーポレートガバナンス・コードの導入などさまざまな形で導入されています。コーポレートガバナンス・コードとは経営者のエージェンシー問題に対する市場の懸念を緩和するため，コーポレートガバナンスの強化に効果があると期待されるさまざまな施策の自発的な導入を企業に求める，証券取引所などが定める指針（ガイドライン）です。また，世界的に機関投資家による株式の保有が増大していることを背景に，機関投資家に対しても投資先企業のモニタリングやそれに基づく適切な議決権行使など，株主としての責任ある行動を求めるスチュワードシップ・コードの導入も進んでいます。スチュワードシップ・コードも機関投資家のフリーライダー問題を緩和し，株主によるコーポレートガバナンスを強化しようという試みです。

第**2**節で説明したように，経営者のエージェンシー問題の発生する背景には，経営者と株主の間の情報の非対称性があります。一般的に情報優位のプレイヤーと情報劣位のプレイヤーが取引を行う場合，情報優位のプレイヤー（経営者や大株主）は情報格差を自分に有利になるように利用します（本章第**8**節も参照）。そのため情報劣位のプレイヤー（一般株主）はそのような不利な取引，すなわち株式投資への参加を縮小します。こうした状態は，その国の証券市場の発展を阻害するため，国および証券取引所は証券市場における情報の非対称性の解消に積極的な役割を果たそうとしています。具体的には株主利益に影響を及ぼす経営情報の速やかな開示義務の制定，大株主と会社の間の取引，契約，ならびに資本取引に関する情報開示を強化することなどです。さらに国内の投資家のみならず海外の投資家の投資を促進するため，企業会計の国際的な透明化を求めて，会計原則の国際的な標準化を目的とした国際会計基準の導入なども進められています。

7.2 個別企業におけるエージェンシー問題の解決策

国や証券取引所だけでなく，個別企業においてもエージェンシー問題に対する株主の懸念を解消するため，さまざまな取組みを行っています。本節ではそうしたエージェンシー問題の解決策のうち代表的なものを解説します。

第1の対策が**インセンティブ報酬**の導入です。会社の経営者に対するモニタリングを強化しようとしても，経営者と株主の間の情報の非対称性を完全に取り除くことは難しいですし，そのための大きなコストもかかります。このため，経営者報酬を株主利益と一致させ，経営者が株主利益を最大化する行動を自発的にとるように動機付けし，誘導することが，エージェンシー問題の解決に効果を持つと期待できます。このように，経営者報酬と株主利益を一致させることをアラインメントと呼びます。その代表的なものとして業績や株価に連動した業績連動報酬，株式報酬，またはストックオプションの導入が挙げられます。これらの報酬体系は経営者が企業価値最大化につながる意思決定や行動をとらせるように動機付けしている点で，インセンティブ報酬と呼ばれています。

インセンティブ報酬は，経営者自身に企業価値最大化行動をとらせる点において，コーポレートガバナンスにおける株主のフリーライダー問題が懸念される状況でも効果があると期待できます。ただし経営者報酬の決定に対し経営者自身が影響力を行使することが可能なため，経営者が自らに都合のよい報酬体系を導入する懸念があります。また，経営者が株価を誘導しようと情報開示の時期を恣意的に動かしたり，会計上の利益調整を行ったりすることも潜在的な問題として指摘されています。

第2の対策として，**取締役会の機能強化**があります。日本の会社法の下では，会社の経営方針のうち株主総会で決定されるものは取締役の選任や配当政策など，会社法や会社の定款で定められた重要事項に実質的に限定されており，重要な投資計画などのビジネス上の方針のほとんどは取締役会で決定されます。このため経営者のエージェンシー問題を防ぐ上で取締役会の役割は重要です。取締役会の経営者に対するモニタリングや規律付けを機能させる上で，経営者から独立した取締役，すなわち独立取締役の存在が有効であるとの期待が株式市場にはあります。

独立取締役とは，取締役である以外に会社と利害関係を持たない取締役のことを指します。これに対し会社の従業員から昇進した取締役などは内部取締役と呼ばれます。取締役会に独立取締役が参加していることは，経営者とその部下にあたる内部取締役だけの内輪の議論を避け，株主の視点が取締役会の議論に反映されることが期待できます。取締役会における独立取締役の比率が高まれば，独立取締役の経営者に対する交渉力が増大するため，経営者に対するモニタリングと**規律付け**も強化されると期待できます。米国では，上場企業に対しては少なくとも50%の独立取締役が法律で要求されています。日本では，最近までほとんどの上場企業に独立取締役がいない状態でしたが，2015年のコーポレートガバナンス・コード導入により最低2人の独立取締役が要求され，その後も独立取締役の比率を高める方向の改革が継続しています。一方で独立取締役は会社内部の情報を十分に持たないことや，会社のビジネスについて知識や経験が乏しいこともあり，独立取締役の比率が高いほど取締役会が機能するとは限らないという意見もあります。

このほか，取締役会の議長である取締役会会長とCEO（最高経営責任者）の兼職をさせず，分離することが，CEOの取締役会に対する過度な影響力を制御する上で重要との考え方もあります。会社の重要なビジネス上の意思決定を行う取締役会の機能強化は，コーポレートガバナンス上の重要な課題です。

7.3 株主によるエージェンシー問題解決のための行動

7.3.1 株主自身による経営者への働きかけ

経営者のエージェンシー問題への対策として，株主自身も経営者を直接的に規律付けする行動を起こします。経営者のエージェンシー問題が深刻化したとき，株主が非効率な経営を行う経営者を交代させることが可能であれば，その経営者の地位にとどまりたい経営者に対して大きな規律付け効果を持ち，経営者が非効率な経営を行う誘惑を事前に制限できるでしょう。

非効率な経営者を株主が交代させるには，株主総会で既存の経営者を不信任することが必要となります。大株主の存在，または少数株主間の連動した行動があれば，経営者が株主総会で不信任される可能性が高まるため，経営者に対する大きな規律付け効果を持ちます。少数株主間の連動した行動と関連して，最近では主に機関投資家に対して議決権の行使内容についての助言を提供する議決権行使助言会社の影響力が増し，株主総会の議決に大きな影響を及ぼすようになってきています。また，機関投資家同士が共同して経営者に経営改善を促す共同エンゲージメントと呼ばれる行動も出てきました。こうした株主が非効率な経営を行う経営者に議決権行使やエンゲージメントを通じて改善を促す行動を一般に**ボイス**（Voice）と呼びます。

7.3.2 敵対的買収

会社の経営に批判的な株主が，議決権行使などボイスを通した規律付け行動をとることなく単に保有株式を売却する行動は，ニューヨーク証券取引所の所在地名にちなみウォールストリート・ルールと呼ばれています。経営に不満を持つ多くの株主がウォールストリート・ルールに従って保有株式を売却する場合，非効率な経営を行っている企業の株価は下落していきます。このような企業の中には，経営を効率化することができれば企業価値の大きな増大の可能な会社も存在します。そこで現在の経営者と異なる別の経営者チームが株式を大量に買い付け，支配株主として会社の経営権を獲得し経営改善することで利益を上げようという試みが出てきます。一般にこのような非効率な経営を行っている会社の株式の買い付けに対し，その会社の既存の経営者は抵抗するため，敵対的買収に発展していきます。敵対的買収とは，買収ターゲット企業の取締役会が支持しない買収提案を，株主と直接的に交渉して実現しようとする試みをいいます。一般に株主が幅広く分散化している一方でM&Aが盛んな米国や英国では，自社が敵対的買収のターゲットとなる懸念が経営者を事前に規律付けしています。

このように，複数の経営者チームが会社という貴重な経営資源の獲得を目指し，M&A市場で競争することは**会社支配権市場**と呼ばれています。最も能力が高く効率的な経営者チームが会社の経営資源を最大限に活用することが可能であるため，会社支配権市場において最も高い買収価格を提示することが予測できます。この場合，自由で制限のないM&A市場における価格メカニズムを通して，最も効率的な経営者チームに経営資源が配分されることが期待できます。米国や英国では，敵対的買収を阻害しないことが，コーポレートガバナンスの強化につながると考えられています。このため，企業が敵対的買収を制限する制度，いわゆる敵対的買収防衛策に対して，米国や英国の市場は批判的です。米国では1980年代から，日本では2000年代後半にポイズンピルと呼ばれる敵対的買収防衛策が多くの企業により導入されましたが，最近では日米とも機関投資家の反対運動により防衛策導入企業は減少しています。

日本では，ポイズンピル型（新株を買収者以外に交付し買収者持分を希薄化する仕組み）の買収防衛策に加え，多くの企業が自社の取引先など友好的な株主に株式を長期間にわたり保有する安定株主になってもらうことで敵対的買収を実質的に防止してきました。会社間で相互の株式を保有し合うという**株式持ち合い**の関係を構築し，強固な買収防衛策としている会社も数多く存在します。こうした買収防衛策は，株主による規律付け行動を阻害し，経営者のエージェンシー問題を深刻化する可能性が高くなります。このため，

図表15－3 ▶▶▶ コーポレートガバナンスの強化によるエージェンシー問題対策

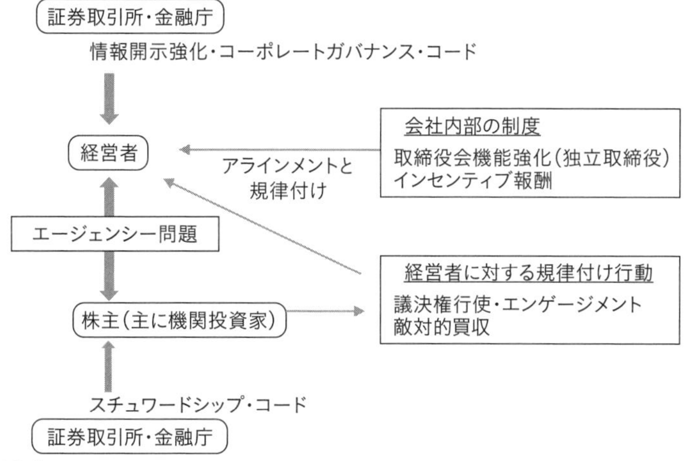

出所：筆者作成。

日本のコーポレートガバナンス・コードでは，投資目的でない株式（政策保有株）の開示を上場企業に要求するなど，株式持ち合いの弊害の是正に乗り出しています。

図表15－3はコーポレートガバナンスの強化によるエージェンシー問題への対策を示しています。

8 大株主による少数株主利益の収奪問題

本章第4節で紹介したとおり，エージェンシー問題は，大株主が存在するケースでは経営者に対する株主の影響力が増すために緩和されると期待できます。一方で**大株主**が存在すると，影響力の大きな大株主が**少数株主**（minority shareholders）の利益を収奪する懸念があります。ここで少数株主とは，大株主の存在する会社における大株主以外の一般株主のことを指します。株式会社では，保有する株式数に応じて議決権と配当権が株主に帰属します。したがって，より多くの議決権を持つ大株主が少数株主よりも会社の経営に大きな影響を及ぼすことは当然です。問題となるのは，大株主が保有する株式比率以上の利益を，その影響力行使により自分自身に帰属させるケースです。

最もわかりやすい例は，大株主が会社とビジネス上の関係を持ち，大株主としての影響力を行使して自分自身に有利な条件で会社との取引を行うケースです。この場合，その大株主は株式保有比率に基づく配当のほかに，ビジネス上の取引を通して通常では獲得できない利益を獲得することになります。この取引自体は会社の本来得られる利益が大株主に移転されるため，結果的に少数株主の利益が大株主に収奪されることになります。典型的な例として，ビジネス上の取引を通して親会社が子会社の利益を収奪するケースや，創業家など大株主が自分たちの保有する会社に利益を誘導するトネリングのケースがあたります。

これ以外にも大株主が影響力を行使することで，会社の経営を自分自身のビジネス上の利益につながる方向に誘導する可能性もあります。過剰な配当金の支払いを要求し会社の将来の成長性を阻害したり，大株主自身が有利な価格や条件で会社を買収したりしてしまうケースです。このように大株主には経営者のエージェンシー問題を緩和する影響力を持つ一方で，少数株主利益を収奪してしまう懸念もあります。

会社の経営上の意思決定は，保有株数に基づく株主による多数決で決定されるため，大株主が会社の経営に対して強い影響力を持つことは株式会社の前提となっています。このため，少数株主だけで大株主を阻止することは難しくなります。しかし大株主の影響力をコントロールしなければ，少数株主は大株主から不利な取り扱いを受ける懸念を持つため，株式投資を抑制してしまうでしょう。実際に大株主の存在が幅広く見られる国々では，一般投資家の株式に対する投資が盛んではなく，株式市場そのものの発展が遅れているという指摘もあります。このため国の法制度や証券取引所のルールに基づく**少数株主の法的保護**の強化が試みられています。日本では，2019 年に経済産業省が「公正な M&A の在り方に関する指針」を発表し，大株主や経営者による会社の買収において少数株主を保護するために会社がとるべき行動のガイドラインを示しています。

9 コーポレートガバナンスをめぐる新たな課題

9.1 株主による短期的利益の追求問題

近年，株主の中で大きな割合を占めるようになってきた**機関投資家**は，年金基金や保険などの資金を運用しています。機関投資家の間での運用資金の獲得をめぐる競争が激しく，常に他の機関投資家よりも良好な運用パフォーマンスを目指して投資戦略を策定しています。こうした機関投資家は，他の機関投資家との競争上，四半期（3 カ月）ごとの短期的な投資パフォーマンスを追求し，投資先の企業に対しても短期的利益を要求することで弊害が生じているという指摘があります。会社の経営者に対する機関投資家の短期的利益の追求の要求が強くなってくると，本来は短期的プロジェクトより大きなNPVを生むが投資資金の回収までに時間を要する長期的プロジェクトが抑制され，結果的に企業価値が最大化されない可能性が生まれます。

しかし，理論的には株主価値は会社の将来キャッシュフローの現在価値で決定されることから，株主が短期的利益を追求しより大きなNPVを持つ長期プロジェクトを犠牲にすることは株主自身の利益に反します。「短期的利益を追求する株主」のために，長期的だが相対的に大きなNPVを持つ投資プロジェクトを会社が選択しなければ，その会社の株主価値は減少するでしょう。この場合，「短期的利益を追求する株主」は本来の価値よりも低い株価でしかその会社の株式を売れないことになり，自らの投資パフォーマンスの最大化ができなくなります。この点から，「短期的利益を追求する株主」は経済合理性に反する株主となるので，その存在や影響力には懐疑的な見方もあります。

9.2 会社を取り巻く複数のステークホルダーに対する配慮とESG投資

ここまでコーポレートガバナンスについて，主として不完備契約の下で資本を提供している一般株主の利益を保護するメカニズムとして説明してきました。一方で，経営者は株主以外の不完備契約関係にあるステークホルダーも考慮すべきであるという考え方も根強くあります。たとえば会社の従業員と会社の関係も実質的には不完備契約と言えるし，会社を取り巻く地域社会や環境問題も会社が結ぶ契約には一般に含まれていません。このため会社の経営者や取締役会は，株主のみならず，従業員，地域社会，または環境に対しても責任を持つべきであるという考え方があります。この考え方は**企業の社会的責任**（Corporate Social Responsibility：**CSR**）と呼ばれています。このように株主以外の複数のステークホルダーを配慮することを強調したコーポレートガバナンスを，**マルチステークホルダー・ガバナンス**と呼ぶことがあります。

現実として会社は地域社会や環境に対して影響を与えることから，CSRの考え方は正しいと言えます。一方で，経営者の意思決定を複雑にすることで，経営者の裁量余地も増えることから，結果的に経営者のエージェンシー問題が増大する懸念もあります。

最近は機関投資家を中心に会社のCSR活動を重視し，会社の環境，社会，株主に対する責任行動を積極的に評価し，投資銘柄を選択する動きも出てきています。こうした投資行動は**ESG投資**（ESGはEnvironment，Social，Governanceの頭文字）と呼ばれています。2006年には国連の責任投資原則（UNPRI）が発効し，これにサインをする機関投資家が増加し，機関投資家の運用におけるESG投資の割合は増加しています。ESG投資は，企業のCSR活動を促進すると同時に，企業のリスクを低下させるという考えです。このようなESG投資の考え方は，コーポレートガバナンスのあり方にも影響を及ぼしています。ただし，ESG投資が高い投資パフォーマンスに結びつくという明確な証拠はなく，ファイナンスにおける今後の分析テーマとなっています。

9.3 日本の資本市場の課題と対策

日本は銀行中心の資本市場を発展させ，戦後から1970年代にかけて急速な経済発展を実現しましたが，その後は経済が成熟化する中でM&Aを通した産業再編が遅れ，ベンチャー企業の創出に失敗するなど問題点も顕在化してきました。そうした中で，リスクマネーを供給し経済のダイナミズムを支える株式市場の重要性が増し，株式市場の信頼性を高めるための施策も次々と打たれています。2015年前後には，機関投資家に対し責任ある投資行動を求める**スチュワードシップ・コード**の導入，株主利益に十分に配慮した経営を求める**コーポレートガバナンス・コード**の導入などコーポレートガバナンス改革が行われました。こうした動きは日本だけでなく世界中で進められています。

こうした改革の背景には，各国の資本市場の間の垣根が低くなり，国際的な資本市場間での投資資金の移動が活発化していることがあります。先進国の間では，資本市場をめぐる法律や制度は同質化の方向にあり，各国の資本市場はますます融合する方向に動いていくと予想されます。社会主義国家の中国でも，国営企業民営化の中でかつての国営企業が次々と株式市場に上場し，上海市場は時価総額ベースでアジア最大の株式市場に成長しつつあります。世界の株式市場の株価は連動するようになっており，各国の企業は有利な資本調達を行うために，株主に対する情報開示の質を高め，コーポレートガバナンスを強化しています。

世界の株式市場では，制度面での同質化が進む一方で，企業，金融機関，投資家の考え方や行動には国ごとの個別性も残っています。各国の資本市場のニュースを注意深く読んでいると，各国の企業や投資家の考え方や行動の違いが見えてきます。そうした違いがどこから生じているかを考えることは，各国の歴史や法哲学の違い，人々の考え方や文化の違いが見えてくる興味深い研究テーマです。

コーポレートガバナンスの望ましいあり方は，経済や社会の環境，経済発展の段階や各国の文化によって少しずつ異なると考えられます。どのようなコーポレートガバナンスのメカニズムも，参加する人々の共感を得なければ機能しないでしょう。しかし，経営者のエージェンシー問題や大株主による少数株主利益の搾取を最小化し，一般株主が安心して投資できる株式市場を育成するというゴールは変わりません。その下で，株主だけでなく，会社を取り巻くステークホルダー全体を守ることは会社の持続可能性を高める上で不可欠です。国の望ましい統治のあり方が常に検証と改善の対象であるように，会社の望ましい統治のあり方も不断の検証と改善努力が必要です。

Discussion　議論しよう

最近の企業に関するニュースで，これは経営者のエージェンシー問題にあたるというニュースがないか調べてみよう。そうした問題が発生したときに，取締役会や株主が何か問題解決に向けた行動を起こしているかも調べてみよう。もし，そうした問題解決に向けた行動を確認できたら，それはどのような効果が期待できるのかを考察してみよう。

▷▷▷ファイナンス最重要定義式・公式集 —これだけは押さえろ！—

各章で登場した定義式・公式のうち，特に重要な式を選びました。期末試験，大学院入試，各種資格試験対策としても覚えておくべき式ばかりです。ファイナンス実務家であれば様々な実務の局面で理解が試されるコンセプトです。本書の総復習として，自分の理解度の確認に使ってみましょう。

▶第２章　投資意思決定と資本コスト

■投資意思決定におけるNPV（Net Present Value）ルール（NPV法）

NPV ＝ 将来回収の見込める金額の現在価値 － 当初の投資金額

投資条件：NPV ≧ 0（NPV が負でない場合のみ投資）

■確実なキャッシュフローの現在価値

$$PV\ (CF_t) = \frac{CF_t}{(1+r)^t} \tag{2.6}$$

r：利子率，$PV\ (CF_t)$：t 年後の確実なキャッシュフロー CF_t の現在価値。

■投資家の要求収益率

要求収益率 ＝ 安全利子率＋リスクプレミアム　(2.8)

■投資プロジェクトの価値（NPV）

NPV ＝（－当初投資額）＋ 将来の期待キャッシュフローの現在価値の合計 (2.11)

▶第３章　投資意思決定と NPV

■ IRR

$$CF_0 + \frac{CF_1}{1+r} + \frac{CF_2}{(1+r)^2} + \frac{CF_3}{(1+r)^3} + \cdot\cdot\cdot\cdot + \frac{CF_t}{(1+r)^t} = 0 \tag{3.1}$$

r：t 期までキャッシュフローが発生する投資プロジェクトの *IRR*。

■定額配当割引モデル（永久年金の公式）

毎年定額のキャッシュフローが永久継続する場合の将来キャッシュフローの割引率 r の時，現在価値の合計。

$$\text{将来キャッシュフローの現在価値の総計} = \frac{\text{1年当たりのキャッシュフロー}}{r} \quad (3.2)$$

■定率成長を前提にした永久年金の公式

毎年の g% で成長しながら永続する将来キャッシュフローの，割引率 r の下での現在価値の合計。

$$\text{将来キャッシュフローの現在価値の総計} = \frac{\text{1年当たりのキャッシュフロー}}{r - g} \quad (3.5)$$

▶第４章　株式市場におけるリスクとリターンの関係

■株式の収益率

$$\text{収益率}：r = \frac{P_1 - P_0 + D_1}{P_0} \quad (4.1)$$

P_0：購入時（現在時点）の株価，P_1：将来時点における売却時の株価，D_1：将来受け取れる配当。

■期待収益率

$$\text{期待収益率}：E[r] = \sum_s Pr(\text{状態}\ s)\ r_s \quad (4.2)$$

$E[r]$：期待収益率，r_s：投資家が想定する状態 s のときの収益率，Pr（状態 s）：状態 s が生じる確率。

■収益率の分散と標準偏差

$$\text{収益率の分散}：Var[r] = E[(r - E[r])^2] = \sum_s Pr(\text{状態}\ s)(r_s - E[r])^2 \quad (4.6)$$

$$\text{収益率の標準偏差}：SD[r] = \sqrt{Var[r]} \quad (4.7)$$

r_s：投資家が想定する状態 s のときの収益率，$E[r]$：期待収益率，Pr（状態 s）：状態 s が生じる確率。

■割引配当モデル

$$P_0 = \sum_{t=1}^{\infty} \frac{E[D_t]}{(1 + r_E)^t} \quad (4.29)$$

P_0：現在時点の株価，r_E：株式資本コスト，$E[D_t]$：時点 t に支払われる配当の期待値。

▶第５章　ポートフォリオのリスクと期待収益率

■２銘柄からなるポートフォリオの期待収益率

$$E[r_p] = w_1 E[r_1] + w_2 E[r_2] \qquad (5.3)$$

$E[r_p]$：銘柄１と銘柄２からなるポートフォリオの期待収益率，w_1：銘柄１への投資比率，w_2：銘柄２への投資比率，$E[r_1]$：銘柄１の期待収益率，$E[r_2]$：銘柄２の期待収益率。

■２銘柄間の収益率の共分散

$$Cov[r_1, r_2] = E[(r_1 - E[r_1])(r_2 - E[r_2])]$$

$$= \sum_s Pr(\text{状態 } s)(r_{1,s} - E[r_1])(r_{2,s} - E[r_2]) \qquad (5.5)$$

$Cov[r_1, r_2]$：銘柄１の収益率と銘柄２の収益率との間の共分散，r_1：銘柄１の収益率，r_2：銘柄２の収益率，$E[r_1]$：銘柄１の期待収益率，$E[r_2]$：銘柄２の期待収益率，Pr（状態 s）：状態 s が生じる確率，$r_{1,s}$：状態 s のときの銘柄１の収益率，$r_{2,s}$：状態 s のときの銘柄２の収益率。

■２銘柄間の収益率の相関係数

$$Corr[r_1, r_2] = \frac{Cov[r_1, r_2]}{SD[r_1]\,SD[r_2]} \qquad (5.7)$$

$Corr[r_1, r_2]$：銘柄１の収益率と銘柄２の収益率との間の相関係数，$Cov[r_1, r_2]$：銘柄１の収益率と銘柄２の収益率との間の共分散，$SD[r_1]$：銘柄１のボラティリティ，$SD[r_2]$：銘柄２のボラティリティ。

■２銘柄からなるポートフォリオの収益率の標準偏差

$$SD[r_p] = \sqrt{w_1^2 SD[r_1]^2 + w_2^2 SD[r_2]^2 + 2w_1 w_2\, Corr[r_1, r_2]\, SD[r_1]\, SD[r_2]} \qquad (5.14)$$

$SD[r_p]$：２銘柄からなるポートフォリオの収益率の標準偏差，w_1：銘柄１への投資比率，w_2：銘柄２への投資比率，$SD[r_1]$：銘柄１の収益率の標準偏差，$SD[r_2]$：銘柄２の収益率の標準偏差，$Corr[r_1, r_2]$：銘柄１の収益率と銘柄２の収益率との間の相関係数。

▶第６章　投資家のポートフォリオ選択と資本資産評価モデル

■資本市場線（capital market line: CML）

$$E[r_p] = r_f + \underbrace{\frac{E[r_M] - r_f}{SD[r_M]}}_{\substack{\text{リスクの市場価格} \\ =\text{市場ポートフォリオのシャープレシオ}}} SD[r_p] \qquad (6.2)$$

$E[r_p]$：市場ポートフォリオ M と安全資産からなるポートフォリオの期待収益率，$SD[r_p]$：市場ポートフォリオ M と安全資産からなるポートフォリオの収益率の標準偏差，r_f：安全利子率，$E[r_M]$：市場ポートフォリオ M の期待収益率，$SD[r_M]$：市場ポートフォリオ M の収益率の標準偏差。

■ CAPM

$$E[r_i] = r_f + \beta_i(E[r_M] - r_f) \tag{6.4}$$

$$\beta_i = \frac{Cov[r_M, r_i]}{Var[r_M]} \tag{6.3}$$

$E[r_i]$：銘柄 i の期待収益率，r_f：安全利子率，β_i：銘柄 i のベータ，$E[r_M]$：市場ポートフォリオの期待収益率，$Cov[r_M, r_i]$：市場ポートフォリオの収益率と銘柄 i の収益率との間の共分散，$Var[r_M]$：市場ポートフォリオの収益率の分散。

▶第 7 章　運転資本管理・フリーキャッシュフロー・財務比率

■フリーキャッシュフロー

フリーキャッシュフロー

＝ *EBIAT*＋減価償却費－設備投資金額－純運転資本増加額＋非資金損失－非資金収益 (7.8)

ただし，EBIAT は利息前・税後利益。

■収益性の指標：ROA（Return on Asset：総資産利益率）

$$\text{ROA} = \frac{\text{税後利益}}{\text{総資産}} \tag{7.10}$$

■ ROA の分解

$$\text{ROA} = \text{売上利益率} \times \text{総資産回転率} \tag{7.12}$$

ただし，

$$\text{売上利益率} = \frac{\text{税後利益}}{\text{売上高}} \tag{7.13}$$

$$\text{総資産回転率} = \frac{\text{売上高}}{\text{総資産}} \tag{7.14}$$

■デュポン式

$$\text{ROE} = \text{売上利益率} \times \text{総資産回転率} \times \text{レバレッジ} \tag{7.15}$$

■トービンの q

$$\text{トービンの}\ q = \frac{\text{株式時価総額＋負債市場価値}}{\text{資産の再取得価格}} \tag{7.20}$$

■ PBR（Price to Book Ratio：株価・純資産倍率）

$$\text{PBR} = \frac{\text{株式時価総額}}{\text{純資産額}} = \frac{\text{株価}}{\text{1 株当たり純資産額}} \tag{7.21}$$

▶第 8 章　企業価値評価とその適用

■企業価値（その 1）

企業価値 ＝ その企業の予想将来キャッシュフローの現在価値の総計
　　　　＋ 余剰現金額　(8.1)

■企業価値（その 2）

$$\text{企業価値} = \text{株主価値} + \text{有利子負債金額} \tag{8.6}$$

■株価（利益還元モデル）

$$\text{株価} = \frac{\text{1 株当たり利益}}{\text{株式資本コスト} - \text{利益成長率}} \tag{8.4}$$

■加重平均資本コスト（WACC: Weighted Average Cost of Capital）

$$\text{WACC} = \frac{E}{E+D} \times \text{株式資本コスト} + \frac{D}{E+D} \times \text{負債資本コスト} \times (1 - \text{実効税率}) \tag{8.5}$$

E：株式資本の市場価値，D：負債資本の市場価値。

■ 1 株当たり株主価値（株価）

$$\text{1 株当たり株主価値（株価）} = \frac{\text{株主価値}}{\text{発行済株式数}} \tag{8.8}$$

■企業価値評価実務で頻繁に使用される市場価値倍率

$$\text{PER（株価収益率）} = \frac{\text{株価}}{\text{1 株当たり利益}} \tag{8.13}$$

▶第 9 章　債　券

■債券価格

債券価格 ＝ キャッシュフローを利回り（r）で割り引いた現在価値の合計　(9.1)

■債券価格(P)と利回り(r)の関係式

$$P = \frac{CPN}{r}\left(1 - \frac{1}{(1+r)^{T-t}}\right) + \frac{FV}{(1+r)^{T-t}} \tag{9.3}$$

CPN ：クーポン（年１回），

FV ：債券の額面

$T-t$ ：満期までの期間

■修正デュレーションを用いた債券価格変化率の見積り

$$債券価格変化率 \fallingdotseq -（修正デュレーション）\times（金利水準変化） \tag{9.5}$$

■フォワードレート

r_1：i 年のスポットレート，r_2：2 年のスポットレート，$f_{1,\,2}$：1 年後から 2 年後のフォワードレート。

$$(1+r_1) \times (1+f_{1,\,2}) = (1+r_2)^2 \tag{9.7}$$

第 10 章　資本構成

■ MM 命題（完全資本市場）

$$V_L = V_U \tag{10.5}$$

V_L：負債のある企業の企業価値，V_U：負債のない企業の企業価値。

■加重平均資本コスト（完全資本市場）

$$WACC = \frac{E_L}{V_L} r_E^{\,L} + \frac{D}{V_L} r_D \tag{10.9}$$

$WACC$：加重平均資本コスト（完全資本市場），$r_E^{\,L}$：負債のある企業の株式資本コスト，r_D：負債資本コスト，V_L：負債のある企業の企業価値（$V_L = E_L + D$），E_L：負債のある企業の株式価値，D：負債価値。

■株式資本コストと資本構成の関係（完全資本市場）

$$r_E^{\,L} = r_E^{\,U} + (r_E^{\,U} - r_D)\frac{D}{E_L} \tag{10.15}$$

$r_E^{\,L}$：負債のある企業の株式資本コスト，$r_E^{\,U}$：負債のない企業の株式資本コスト，r_D：負債資本コスト，E_L：負債のある企業の株式価値，D：負債価値。

■修正 MM 命題（法人税あり）

$$V_L = V_U + t_C D \tag{10.17}$$

V_L：負債のある企業の企業価値，V_U：負債のない企業の企業価値，t_C：実効税率，D：負債価値。

■加重平均資本コスト（法人税あり）

$$WACC（法人税あり）= \frac{E_L}{V_L} r_E^{\ L} + \frac{D}{V_L} r_D\ (1 - t_C) \qquad (10.24)$$

$WACC$（法人税あり）：加重平均資本コスト（法人税あり），$r_E^{\ L}$：負債のある企業の株式資本コスト，r_D：負債資本コスト，t_C：実効税率，V_L：負債のある企業の企業価値（$V_L = E_L + D$），E_L：負債のある企業の株式価値，D：負債価値。

第 14 章　派生証券

■コールオプションの評価式（1 期間 2 項モデル）

$$C = \frac{qC_u + (1 - q)\,C_d}{R} \qquad (14.4)$$

$$q = \frac{R - d}{u - d} \qquad (14.6)$$

C：コールオプションの価格，q：リスク中立確率，C_u：原資産（株式）が上昇した場合のオプションの価値，C_d：原資産（株式）が下落した場合のオプションの価値，u：原資産（株式）が上昇した場合の原資産の上昇倍率，d：原資産（株式）が下落した場合の原資産の下落倍率，R：無リスク資産の変化倍率（$u > R > d$）。

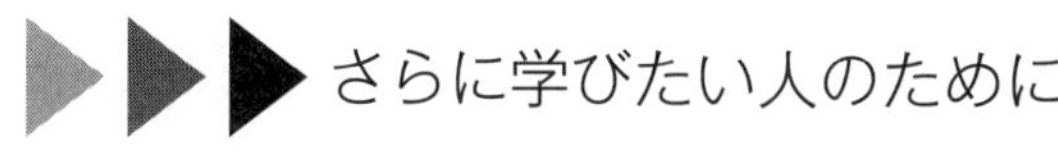

さらに学びたい人のために

今後の学習のためという視点で，いくつかの文献を紹介しておきます。

◆入門書

この教科書でファイナンスに興味を持ったら，応用分野に入る前に，最初に入門書を読んでみてはどうでしょうか？　いずれもファイナンスと株式市場の本質を深く学べる良書です。

(1) バートン・マルキール著　井手正介訳［2019］『ウォール街のランダム・ウォーカー――株式投資の不滅の真理』日本経済新聞出版社。

市場効率性についての非常に面白い読み物ですが，自然とファイナンスの知識が身につきます。

(2) ラグラム・ラジャン，ルイジ・ジンガレスほか著　堀内昭義訳［2006］『セイヴィングキャピタリズム』慶應義塾大学出版会。

ファイナンス市場の本質，コーポレートガバナンスの重要性などを学べます。ゼミなどの輪読にも最適です。

(3) 砂川伸幸［2017］『コーポレートファイナンス入門（第2版）』（日経文庫）日本経済新聞出版社。

本書を読んで，もっと簡単に全体像を直感的に把握したいと思った時にお薦めの本です。

◆ファイナンス全般に関するより一歩深く学べるMBA向け教科書

本書は，ファイナンスに関して重要な点を概説しましたが，初学者向けの教科書としてファイナンスに関して必要不可欠な点に限定しています。同じように基本的ですが，各項目に関して本書よりも少し詳しい解説を行っている教科書として次のようなものがあります。いずれも，MBA向けの教科書として世界標準の教科書と位置づけられますので，本書の次に挑戦する教科書として最適です。

(4) リチャード・A. ブリーリー，スチュワート・C. マイヤーズ，フランクリン・アレン著　藤井眞理子ほか訳［2014］『コーポレート・ファイナンス　上・下（第10版）』日経BP社。

米国MBAのファイナンス，コーポレートファイナンス（経営財務論）のスタンダード教科書です。直感的な説明でファイナンスの先端的課題までカバーしています。

(5) ジョナサン・バーク，ピーター・ディマーゾ著　久保田敬一ほか訳［2013］『コーポレートファイナンス　入門編・応用編（第2版）』丸善出版。

入門編だけでファイナンスの重要分野を抑えられますが，特に実務への応用や大学院での研究の入り口に立つという目的であれば応用編まで読むことをお薦めします。(4)のブリーリーたちの教科書より，少し難易度が上がっている印象があります。

◆少し特徴のある教科書

(6) 手嶋宣之［2011］『基本から本格的に学ぶ人のためのファイナンス入門―理論のエッセンスを正確に理解する』ダイヤモンド社。

ファイナンスの応用を学ぶ上で前提となる基礎数学の講義を入れながら資本構成の理論，資本資産評価モデルを解説した教科書。数学的な部分で引っかかる場合は手にとってみてはどうでしょう。

(7) 辻　幸民［2016］『企業金融の経済理論（改訂版）』創成社。

理論的解説に重点をおいた教科書です。ファイナンスの理論的背景に興味を持つ人向けです。

(8) 岩村　充［2013］『コーポレートファイナンス』中央経済社。

特にMBAの学生やファイナンス実務者を対象に，実務への応用を意図しながら，関連する理論的背景も踏まえた教科書です。

(9) クリシュナ・G.パレプ，ビクター・L.バーナード，ポール・M.ヒーリー著　斎藤静樹監訳　筒井知彦ほか訳［2001］『企業分析入門（第2版）』東京大学出版会。

ファイナンスに必要な会計的知識を学びながら企業価値評価を学ぶ教科書です。ケースも豊富で，企業価値評価に焦点を当てたMBA向けの教科書と言えます。会計分野の学生が企業価値評価を学ぶ時に最適。

◆ファイナンスのうち，特定の分野の教科書

(10) ツヴィ・ボディー，アレックス・ケイン，アラン・J.マーカス著　平木多賀人ほか訳［2010］『インベストメント　上・下（第8版）』マグロウヒル・エ

デュケーション日本経済新聞出版社。

世界の MBA で広く使用されている証券投資論の教科書。

（11）鈴木一功［2018］『企業価値評価入門編』ダイヤモンド社。

企業価値評価に焦点を当てた実践的教科書です。

（12）デービッド・G・ルーエンバーガー　今野　浩ほか訳『金融工学入門』日本経済新聞社。

債券や金融工学分野を集中的に学べる応用的な教科書です。

（13）池田昌幸［2000］『金融経済学の基礎』（ファイナンス講座 2）朝倉書店。

ファイナンスをミクロ経済学に基づくアプローチで理解したい人向けの上級レベルの教科書です。

（14）Jean - Pierre Danthine, John B. Donaldson 著　日本証券アナリスト協会編　祝迫得夫監訳　可児　滋ほか訳［2007］『現代ファイナンス分析　資産価格理論』ときわ総合サービス。

大学院レベルのファイナンス教科書。大学院で専門としてファイナンスを学び始めた時に最適です。

（15）榊原茂樹・加藤英明・岡田克彦編著［2010］『行動ファイナンス』（現代の財務経営 9）中央経済社。

行動ファイナンスの基本をカバーする教科書です。

（16）花崎正晴［2014］『コーポレート・ガバナンス』岩波書店。

新書ですが，すらすら読めるコーポレートガバナンスの入門書と言えます。

（17）Hull, J. C., Basu, S.［2017］*Options, futures, and other derivatives*, Pearson Education.

原書ですが，金融工学を学ぶ上での必読書です。挑戦してみてください。

（18）Shleifer, A.［2000］*Inefficient Markets*, Oxford University Press.

原書ですが，行動ファイナンスを専門として学ぶなら，最初に手をとるべき教科書です。

◆研究入門書

ファイナンスの専門的トピックを日本語で読める研究入門書です。ゼミなどの輪読にも適しています。

（19）金子　隆［2019］『IPO の経済分析—過小値付けの謎を解く』東洋経済新報

社。

企業の新規株式公開（IPO）を学べる研究書です。

(20) 鈴木健嗣［2017］『日本のエクイティ・ファイナンス』中央経済社。

日本市場における株式資本調達を包括的に学べる研究書です。

(21) 石川博行［2007］『配当政策の実証分析』中央経済社。

(22) 森　直哉［2017］『配当政策のパズル―投資家の消費選好と利害対立』中央経済社。

配当政策に関する研究書です。前者は実証，後者は理論なので両方を併せて読むと良いでしょう。

(23) 井上光太郎・加藤英明［2006］『M&Aと株価』東洋経済新報社。

日本のM&Aをファイナンス的視点で学べる研究書です。

(24) 加藤英明［2003］『行動ファイナンス―理論と実証』（ファイナンス・ライブラリー5）朝倉書店。

行動ファイナンスの基本を解説し，研究への入門となる本です。

(25) ダニエル・カーネマン著　村井章子訳［2014］『ファスト&スロー―あなたの意思はどのように決まるか？　上・下』（ハヤカワ・ノンフィクション文庫）早川書房。

プロスペクト理論を始め行動ファイナンスの背景となる心理学を非常に興味深く解説しており，行動ファイナンスに興味を持ったら是非読むべき1冊です。

(26) 星岳雄・アニルカシャップ著　鯉渕賢訳［2006］『日本金融システム進化論』日本経済新聞社。

日本のファイナンスの歴史を学べる研究書です。資料としても役立ちます。日本でコーポレートファイナンスを学ぶ人間の必読書です。

◆事典

(27) 証券経済学会，日本証券経済研究所編［2017］『証券事典』金融財政事情研究会。

ファイナンスに関して知らない用語や概念に出会ったとき，辞書的に引ける事典です。

索　引

英数

あ

か

さ

た

な

は

ま

や

ら

わ

▶著者紹介

井上 光太郎（いのうえ　こうたろう）　第1，2，3，7，8，15章

東京工業大学工学院教授。博士（経営学，筑波大学）。

東京大学卒業，マサチューセッツ工科大学MBA，筑波大学ビジネス科学研究科博士課程修了。大手銀行の総合企画部調査役，KPMGのM&A部門ディレクター，名古屋市立大学経済学研究科助教授，慶應義塾大学ビジネススクール准教授を経て現職。

専門はファイナンス，コーポレートガバナンス。日本ファイナンス学会副会長，行動経済学会理事。2017年まで公認会計士試験・試験委員。主著に『M&Aと株価』（2006年，東洋経済新報社，第1回M&Aフォーラム賞正賞受賞）等がある。

高橋 大志（たかはし　ひろし）　第9，12，13，14章

慶應義塾大学経営管理研究科，慶應義塾大学ビジネススクール教授。

博士（経営学，筑波大学）。

東京大学工学部応用物理学科部門物理工学科卒業。富士写真フイルム研究員，国内金融機関シニアリサーチャー，岡山大学准教授，キール大学客員研究員，慶應義塾大学准教授を経て現職。専門は，ファイナンス（資産運用，企業金融），計算機科学。総務省ビッグデータ等の利活用推進に関する産官学協議のための連携会議座長等歴任。

主著に，"Agent-Based Approach to Investors' Behavior and Asset Price Fluctuations in Financial Markets," *Journal of Artificial Societies and Social Simulation*, Vol.6, 2003等がある。

池田 直史（いけだ　なおし）　第4，5，6，10，11章

日本大学法学部准教授。博士（商学，慶應義塾大学）。

慶應義塾大学商学部卒業。慶應義塾大学大学院商学研究科後期博士課程修了。三菱経済研究所研究員，東京工業大学助教を経て現職。専門はファイナンス（特にコーポレートファイナンス）。主著に『IPOの理論・実証分析：過小値付けと長期パフォーマンス』（2015年，三菱経済研究所）等がある。

ファイナンス

2020年4月10日　第1版第1刷発行
2024年1月25日　第1版第6刷発行

著者　井上光太郎
　　　高橋大志
　　　池田直史
発行者　山本継
発行所　㈱中央経済社
発売元　㈱中央経済グループパブリッシング
〒101-0051　東京都千代田区神田神保町1-35
電話　03（3293）3371（編集代表）
　　　03（3293）3381（営業代表）
https://www.chuokeizai.co.jp
印刷／三英グラフィック・アーツ㈱
製本／誠製本㈱

＊頁の「欠落」や「順序違い」などがありましたらお取り替えいたしますので発売元までご送付ください。（送料小社負担）

ISBN978-4-502-33111-4　C3034